后浪出版公司

龚选舞回忆录

龚选舞

# 一九四九
# 国府垮台前夕

前《中央日报》记者亲历一个政权的大败局

世界图书出版公司
北京·广州·上海·西安

# 出版说明

龚选舞1946年大学毕业后进入《中央日报》，以记者的身份，亲历了抗战结束后国民政府还都、审判汉奸、制宪国民大会等重大历史事件，通过一幕幕场景的回忆，以旁观者身份记述所见所闻，触摸那个时代的大变化。

作者从冠盖云集的庐山写起，继而谈及其亲临周作人、周佛海及丁默邨等人的审判和行刑现场，通过扎实的文字功底、风趣的叙事风格及超人的记忆力，将汉奸们的百态窘状表现得淋漓尽致，是一部可读性很强的作品。

身为报人，龚选舞先生知晓"秉春秋之笔，严善恶之辨"此一新闻准则之道理，所以通篇读来，清晰可见一位拥有独立人格的新闻人，以旁观者的视角，将近代中国的"旧境"，立体式地呈现出来。

当然，因所处时代和《中央日报》记者身份，作者所持的观点和批评标准或许与我们不尽相同，但是这些鲜活的文字记录却可以丰富我们对这段历史的认知。

2012年7月

# 推荐语

  他把他一生中最精彩的部分，用鲜活的文字记录下来，你可以不看黄仁宇的大历史，却不该错过龚选舞的小历史，因为从龚选舞的小历史中，你反而更容易看到波澜壮阔的大历史图景。

——杜念中，《苹果日报》社长

  记者当下所记的为事，事后所记的便为史。
  龚老惊人的记性、细腻的观察、生动的文笔，夙受我辈钦重，读他见证一九四九年国府垮台前夕种种，沉淀了历史情结，还原了场景、人物、事件的本质，诚是不可多得之经典，值得政界、史界、新闻界视如瑰宝。

——周天瑞，新新闻传媒事业群总裁

  龚选舞是笔耕不断的新闻老兵，他重返六十多年前的新闻现场，见证一九四九年神州巨变，在苍茫的历史夜色中，发现了那些拒绝消失的人性微光，也发现了被历史所掩埋的时代秘密。

——邱立本，《亚洲周刊》总编辑

  龚老（选舞先生）不仅仅是资深新闻前辈，更难得的是，他亲身经历的时刻，都是历史关键时刻，胡宗南进攻延安，龚老是首批亲历的记者，又譬如陈仪被枪毙之后，任职《中央日报》的他，则是挑选出"验明正身"的记者。在一九九〇年初，每周五下午龚老来《中国时报》纽约新闻中心交稿，大家围坐听他讲故事。那是回忆中最快乐的时候。

——郭崇伦，《时报周刊》总编辑

新闻生涯何其有福分,八〇年代后期,竟能有机会于纽约经常听闻龚选舞老前辈的采访经验谈,于是更加知晓"秉春秋之笔,严善恶之辨"此新闻准则之道理。

龚老记忆力惊人,在那个没有Google的年代,晚辈记者们在相关题目上如有疑问,经历过一场场惊心动魄新闻战的龚老,就是大家的Google。

——冯光远,作家

# 序言 撰写"历史初稿"的老报人龚选舞

少年时代就喜欢看报,那时候最爱看的是国内外大事和运动新闻,尤其是亚洲铁人杨传广与克难篮球队的消息。上初中不久,即常在《中央日报》上看到"本报驻欧洲特派员龚选舞"的通讯,此后一直记得这个笔画很多的名字。没想到,四分之一世纪后,我竟和龚老在美洲《中国时报》纽约编辑部共事。在两年多(一九八二年九月至一九八四年十一月)的时间里,常一起搭乘报社的车子下班。

和龚老同车时,我常问他过去跑新闻的经验以及他所接触过的民国政要与报坛人物,我总是听得津津有味,破晓时分回到家赶紧在日记本上记下来。龚老的老同事徐佳士说他:"一下笔就停不了,有'龚三千'的美誉。"龚老不仅会写,亦能说。在那两年多的时间里,以及其后无数次的电话、通信与聚会,龚老所亲自经历和采访过的近代史,从抗战胜利后南京审判战犯与汉奸到国共内战,从《中央日报》的李荆荪和陆铿到杨传广罗马奥运夜夜春宵,都通过他那摄影机式的超群记忆力还原现场。

龚老常说他"生逢乱世",其实这正是他的运气。他历经抗战、内战、"国府"迁台并驰骋于台湾和欧美新闻战线,令我们这批生在太平之世而又欠缺时代冲击的晚辈既羡且妒。抗战胜利后,龚老即投身新闻界,他在一九九二年十月,为《新新闻》(第二九三期)撰写《一九七〇年蒋经国纽约遇刺现场目击记》里说:"记得那是一九四六年夏,我这个大学刚毕业的法科学生,原想做个公公正正的判案法官,谁知误冲误闯,却干上了平平实实的采访记者。同样的意想不到,由于当年的大闹记者荒,我这个初出校门、在编制上只是个'额外临时试用助理记者'的小角色,一开始便派往庐山,采访'老蒋总统'与美特使马歇尔元帅斟酌和谈的大新闻。更属意外的是,当我结束外勤记者生涯前夕,在纽约,我又碰上了'小蒋总统'遇刺的惊险事件。"这个"额外临时试用助理记者",日后成为享誉中国近代新闻史而又广受敬重的名记者。

龚老当年所发的通讯与报导,今天也许只能从图书馆的馆藏旧报或从显微胶卷以及网路上(如果有的话)寻找了。龚老于二十世纪八〇年代中开始在取代美洲中时的美洲《时报周刊》上撰写回忆文章,持续数年,直至周刊停刊。不久,龚老又在老友欧阳醇所主持的台北《新闻镜》上续写回忆录。可惜的是,龚老在做"自由撰稿人"的漫长时期,因缺乏发表园地,而那些年台湾社会又陷入剧烈的政治波涛中,对于回顾性的文章兴趣缺乏,导致龚老没有机会把他储存在记忆中的许多珍贵旧事,与世人共享。否则,龚老的回忆录当不只三本。直至年前兴起一阵回顾一九四九和庆祝辛亥百年的热潮,海内外才开始产生历史好奇心。

读者看龚老这部新问世的《一九四九国府垮台前夕》,最好能和他在一九九一年出版的《龚选舞回忆》以及一九九五年推出的《国共战争见闻录》(两书皆由时报出版)合读。这样会更具历史现场感,亦可透过龚老生动的笔触和翔实的叙述来了解那段惊心动魄的时代动乱。龚老不仅写活了历史,也使人听到孔尚任所哀叹的:"养文臣帷幄无谋,豢武夫疆场不猛;到今日山残水剩,对大江月明浪明,满楼头呼声哭声。"

不论中外,任何一个大转折的时代,都会出现一批光彩照人的新闻工作者,为苍生做见证,为历史留纪录。这批记者都有一个共通点,就是在采访之余或退休之后,撰写回忆录,深入叙述他们(她们)当年在争分夺秒和截稿时间的压力下所无法表达的往事与感触。"二战"前夕及初期,哥伦比亚广播公司(CBS)驻柏林和维也纳记者夏尔(William L. Shirer)即以其所见所闻和参考大量史料,于一九六〇年推出了畅销巨著《第三帝国兴亡史》(*The Rise and Fall of the Third Reich*),而名满天下。大卫·霍伯斯坦(David Halberstam)于六〇年代初以《纽约时报》特派员身分派驻西贡采访初期越战而获得普利策奖,七〇年代初离开《纽约时报》后推出名著《出类拔萃的一群》(*The Best and the Brightest*),剖析肯尼迪和詹森政府中的精英如何把美国推入越战泥淖(quagmire),震撼美国读书界。二〇〇三年三月布什政府入侵伊拉克,采访战事的《纽约客》(*New Yorker*)杂志撰述乔治·培克(Geroge Packer)和《纽约时报》特派员德克斯特·菲尔金斯(Dexter Filkins,

现已加入《纽约客》)皆曾公开表示他们在战地行囊中都有一本《出类拔萃的一群》,有空就看,颇具启发。他们发现笃信"美国至上主义"和单打独斗的片面主义的布什政府,根本未从越战中学到任何教训。

在四〇年代末负责《大公报》驻台办事处发行与广告业务的严庆澍,回到香港后以"唐人"笔名在《新晚报》连载演义小说式的《金陵春梦》,专门挖苦蒋介石(诬他是河南人郑三发子),尽情嘲讽国民党,六〇年代开始结集出书。在禁书时代长大的台湾留美学生,几乎人手一册,影响极大。严庆澍(一九八一年去世)以唐人为笔名的动机,也许是当时香港有一栋过气国民党将官居住的公寓叫"唐人新村"。严氏的《大公报》老同事罗孚的儿子罗海雷在《我的父亲罗孚——一个报人、"间谍"和作家的故事》一书中指出,《金陵春梦》出了八集,"写得最好看的是第一集,以后就逐渐有些绚烂归于平淡"。又说:"《金陵春梦》在艺术上的一个缺陷,是写得比较粗糙,后边的比前面更是这样。"这是很含蓄的批评,其实《金陵春梦》的败笔就在于太多歪曲、太不忠于历史!

真正能呈现蒋介石政府"金陵王气黯然收"的实况,就是龚老的回忆录。西方媒体有句名言"新闻是历史的初(粗)稿"(Journalism is the first rough draft of history)。龚老的前半辈子在第一线跑新闻,从南京、庐山、延安、"徐蚌会战"(淮海战役)、撤退台湾、韩战接俘到欧洲行脚和观察新大陆,一直在为历史写初稿,数十年如一日。充分体验到孔尚任所说的:"曾见金陵玉殿莺啼晓,秦淮水榭花开早……眼看他起朱楼,眼看他宴宾客,眼看他楼塌了。这青苔碧瓦堆,俺曾睡风流觉,将五十年兴亡看饱。"龚老的"历史初稿"写得引人入胜,为后人提供最有价值、最有兴味的文字纪录。"残山梦最真,旧境丢难掉",龚老把他所亲历亲见亲闻的近代中国的"旧境",立体式地呈现出来,功若史家。

认识龚老近三十年,谊兼师友,我从这位新闻界老前辈的言谈与著作里增进了不少知识。记得当年曾问过龚老"传奇性"的多笔画名字。他幽默地说,小时候每逢考试,他总是吃亏,要花很多时间写名字。等到写完名字,别的同学已答了一大堆题目。因此,他决定不让其后代"重蹈覆辙",乃将三个子女取名一才(长子)、又才(次子)、珊才(女儿)。这三"才",个个都杰出而孝顺,尤其是珊才,住在纽约市郊,常探访父母,并接至乡间度周末。龚老和夫人杨惜玉女士都是忠厚的长者,他们有优秀的子女,又有幸福的晚年。即使从《中央日报》退休后未拿到分文退休金,亦无损于龚老的达观与福分。

多年来,我一直关心这本书的出版,曾在时报为龚老编过两本回忆录的主编李濰美(亦曾为我编过五本书,现已转到大块出版社),这次发挥了"催生"之功。卫城出版社总编辑庄瑞琳是个有远见而又具历史素养的编辑人,看到书稿即首肯出书。

在龚老伉俪欢度八八米寿之际,我们三个晚辈为两位寿星做了一件有意义的事,当作衷心的贺礼。

林博文
前《中国时报》主笔,现为自由撰稿人
二〇一一年九月七日凌晨于纽约

# 目 录

出版说明 ...................................................... 1
序言　撰写"历史初稿"的老报人龚选舞 .................. 林博文 4

## 楔 子

第一章　如此偶然，那般注定：阴错阳差的新闻人 ............... 3
　　　　人生的转折　4
　　　　土包子立志当记者　6
　　　　一篇小说进入第一大报　7

第二章　鼓勇登堂，入室犹待：旧报纸是我启蒙师 ............... 9
　　　　读旧报纸练基本功　10
　　　　糊里糊涂的处女采访　11

第三章　人少事多，新人难做：六十五年前大报纸小记者的一日 … 14
　　　　小记者见到大明星　16
　　　　下关车站事件　17
　　　　第一篇见报的新闻　18
　　　　就寝前还在写新闻　19

## 第一部　夏都庐山

第四章　尔小子！荣登夏都：巧遇洋同业惹来麻烦多 ............ 23
　　　　惨胜国府现阴霾　24

　　　　偶遇中宣部长彭学沛　25
　　　　搭美宣传顾问的便车　26
　　　　萍水相逢反被怀疑　28

第五章　名山租界,白红夏都:庐山牯岭的沧桑史 …………31
　　　　冠盖云集的小朝廷　32
　　　　中国名山里的欧美小镇　33
　　　　随政事起伏迭宕的牯岭　35

第六章　登临之道,古今有异:如何上庐山 ……………………39
　　　　腾云驾雾的山轿　40
　　　　步行车行两相宜　42

第七章　登山怀古,天地悠悠:隔半世纪上下匡庐感慨多 ……45
　　　　蒋介石马歇尔对门而居　46
　　　　五十年后美庐一探究竟　48
　　　　为历史站岗的新闻老兵　50

第八章　自由之风,吹彻夏都:四大秘书长山上齐贺记者佳节…53
　　　　新闻自由的黄金时期　54
　　　　牯岭山径两遇蒋主席　56
　　　　有眼不识"太子"蒋经国　57

第九章　山高水远,有报存焉:两度出刊的《中央日报》庐山版…61
　　　　为一个人办报纸　62
　　　　换人如流水的央报社长　63
　　　　编采工务协力赶出报　64

第十章　庐山庐山,与我有缘:"驾轻就熟"让我得结良缘………69
　　　　再次被派上庐山　70
　　　　天注定的姻缘　71

## 第二部　汉奸大审

第十一章　惩奸大事,听我道来:习法不曾白费,听审不费工夫…77
　　　　　军统局全国逮汉奸　78

9

　　　　　　计抓群奸一网打尽　79
　　　　　　四千人的大审判　81
　　　　　　意外首位受死的缪斌　82
　　　　　　陈公博从容褚民谊狡猾　83
　　　　　　汪精卫之坟遭炸开　84

第十二章　狮子老虎,尽噬群奸:从怕看杀人到不得不看 …………87
　　　　　　布眼线抢看处决现场　88
　　　　　　从小怕看官府杀人　89
　　　　　　死前手抄汪精卫诗　90
　　　　　　残酷场面秉笔直书　92
　　　　　　遭同为立委的审判长判死　94

第十三章　冷漠孤傲,失足下水:周作人(上) ……………………95
　　　　　　文人雅士何以成汉奸　96
　　　　　　苦茶斋主自伤身世　97

第十四章　苦茶斋主,晚节不保:周作人(下) ……………………101
　　　　　　批日亲日动摇矛盾　102
　　　　　　自小寄养性格孤傲　103
　　　　　　文艺大家动摇多变　105
　　　　　　入狱出狱一生唏嘘　106

第十五章　冤魂缠身,首恶难逃:丁默邨 ……………………………111
　　　　　　特务头子失踪记　112
　　　　　　超级特务上演色戒　114
　　　　　　可逃不逃皆是报应　117
　　　　　　有情有义的前妻　118
　　　　　　杀人魔王胆小畏死　120

第十六章　汉奸祖宗,细声温语:殷汝耕 ……………………………123
　　　　　　日本通成老牌汉奸　124
　　　　　　叛国者的明星风范　127
　　　　　　与日人合流其来有自　128
　　　　　　钻漏洞却难逃重刑　130

第十七章　多言速祸,受死第一：缪斌 …………………… 135
　　政坛暴发户卖官下台　136
　　代表国府赴日和谈疑案　137
　　招摇有功反先受死　139

第十八章　老耄汉奸,免其一死：温宗尧 …………………… 143
　　清末曾任驻藏大臣　144
　　因老失权亦因老保命　146
　　轻判与重判之争　148

第十九章　政坛钻营,花丛浪迹：罗君强 …………………… 151
　　从共产党变成国民党　152
　　政治得意风月亦精采　154
　　献策组周系十人团　156
　　结拜兄弟李士群遭毒死　158
　　官小权大列十大汉奸　162
　　破例不判处死刑　163

第二十章　大审汉奸,万人空巷：周佛海(上) …………………… 167
　　不满时局反为周鼓掌　168
　　与汪合流的低调抗战　170
　　只手造就汪精卫政府　173

第二十一章　法曹公忠,不纵奸邪：周佛海(中) …………………… 177
　　自认有功仍遭判死刑　178
　　周妻上演救夫记　179
　　CC派与陈布雷皆求情　181
　　逃过法网难逃天谴　183
　　刚正赵琛拒蒋说情　185

第二十二章　巨奸诡辩,万众欢呼：周佛海(下) …………………… 187
　　戴笠一死大喊完了　188
　　展口才法庭狡辩　190
　　演说煽动民众情绪　191
　　国府崩溃已见征兆　193

11

## 第三部　南京再见

**第二十三章　还都复员，民主是尚**：六朝古都多少也沾点洋气 …… 197
　　表相太平的黄金时代　198
　　美军剩余物资大抛售　199
　　民主自由之风吹起　201

**第二十四章　据实写稿，关掉一报**：到今日山残水剩 ………… 205
　　孔宋贪污向蒋诤言　206
　　央报揭发陆铿辞职　208
　　"台湾难官百态"一文封报　209

**第二十五章　藉新书手，释孔宋权**：从扬子、孚中案的揭发说起 … 213
　　无惧当道的新闻追击　214
　　蒋介石亲自下令调查　215
　　财政改革失败丢大陆　217

**第二十六章　处变不惊，燕燕争鸣**：隔江但闻征战声 ………… 219
　　歌舞升平掩盖炮声　220
　　两个小燕一时风靡　222
　　国军如何失民心　223

**第二十七章　打打谈谈，纠缠不清**：冷眼旁观直觉一头雾水 …… 227
　　马歇尔调停国共失败　229
　　纷乱中的制宪与行宪　229

**第二十八章　制宪国大，五光十色**：国民大会巧遇家乡土豪 …… 233
　　制宪前国共彻底分裂　234
　　遭逢制宪国大盛会　235
　　土豪劣绅因反共而死　236

**第二十九章　三垮齐至，怎么不垮**：战后闹垮国府的学潮 …… 241
　　浙江大学率先发难　242
　　学生罢课要饭吃　245

**第三十章　一马当先，万夫莫敌**：南京五二〇国府路学潮 …… 249

跨校大游行挑战当局　250
　　抗议游行发生肢体冲突　251
　　人马对峙学生撤离　253

**尾声　我的一九四九与《中央日报》** …………………………… 257
　　风声鹤唳草木皆兵　259
　　逃难到宝岛台湾　261
　　蒋介石暗中安排后路　263
　　国共终成两岸对峙　264
　　复刊与否的争议　265
　　第一大报的陨落　268

一九四九年前的旧南京市地图

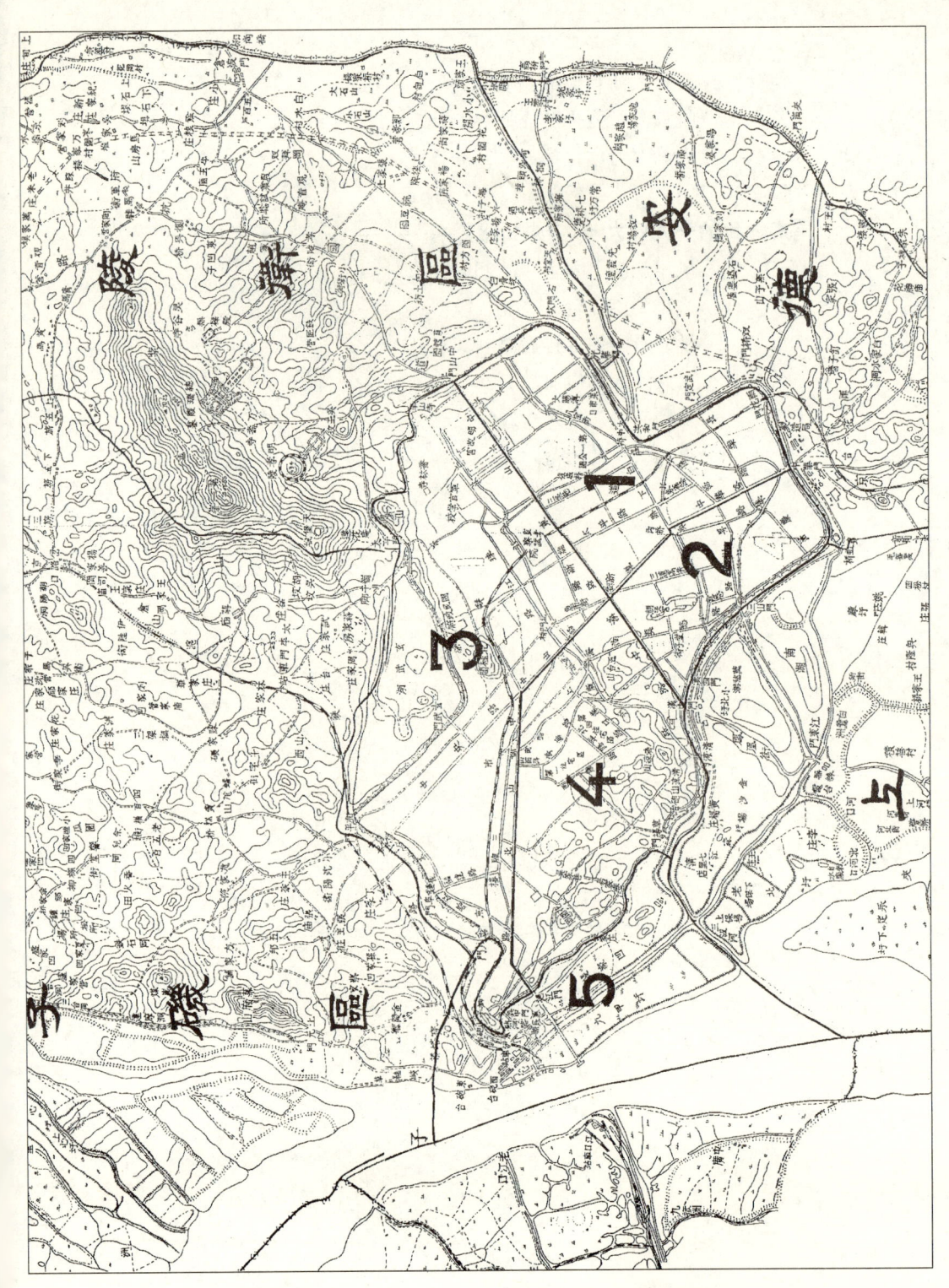

楔子

第一章

# 如此偶然，那般注定

阴错阳差的新闻人

在新闻圈子里打滚了六十来年,除了记者,在履历卡所余尽是空白!可是,我清清楚楚理解:从来,我就不是个十分称职的记者。事实上,在离开学校之前,我也压根儿不曾想到搞新闻这个行当。

一切,就是如此偶然! 一切,竟是那般注定!

## 人生的转折

从头说起,影响我这一生的,是一位比我大上两岁一路引导着我的同乡同学宋焱如兄。初中毕业那年,我们一批小乡巴佬结伴到省城成都去考高中,由于没有信心,几乎把所有能考的学校全都考了,结果却意外地考取了所有学校。

因为家境不太富裕,兄弟姐妹又多到一十二人,作为第一个顺利进入高中的我便决定选择全部公费的四川省立高级工业学校。准备三年毕业之后,先做几年技师,赚了钱再求深造。

可是,我那位学长就偏不肯放过在下,在省立成都中学高中部新生入学的最后一天,发动一群同学在成都市到处寻找,终于在一家熔化辅币、改铸铜器的店门口抓住了正观赏入神的我,然后不由分说把我押往省中注册。记得我们是冬天进入这家一律住读的学校,当晚下面临时买席油布垫着,上面盖着一床借来的薄被,下半夜直冻得床板随人颤抖!

也许有人会问,那位宋老哥为何定要把我绑进普通高中?答案很简单,他觉得我这名颇为懂得应付考试之士理当一气呵成地进高中、上大学。

高中上了一年,依照规定便该分别升入文理两组,当年正是抗战初期,理工吃香之至,文法视同末路,学校为了限制理组注册人数,规定一年级数学成绩平均八十五分以上才能选读。糟的是学期考试时宋老哥正在大打摆子(疟疾),数学只得了八十三分。

照理,我这位一年前还立志学工的学子必然会选理组,但一想从此便会与"领导"宋兄分手,不由得有点犹豫,加上临进入校长室选组前,又听到一位平常最看不起的同学在答复校长询问时,骄矜地答上一句:"我平均八十五分,当然选择理组!"

这下可把我惹火了。趁那名神气活现的同学还未出门,便豪气干云地答以:"学生平均一百分,依照志愿,当然选读文组!"

"是吗?"胖胖的老胡校长宇光抬起头,从镜片下诧异地望我一眼。我恭谨地行礼告退。对于这位在家父考上这间中学时便担任校长的长者,我一直有着崇高敬意。

一出门,在颇觉有些快意之余,心头却也不由地冒出一丝怅然之感。从此,我知道我就不会再谈什么理工报国的理想啦。

两年后毕业,再逢冬季,翻过年只有几间私立大学招生,我拣了最难考的金陵大学报名,而且选择了它作为招牌的农业经济系,入了学,觉得颇有兴趣,也能适应,不过也遭遇了两个困难:首先,金大是出名的贵族大学,学费既贵,同时限定来自战区才发公费。而我这名兄弟众多而家产不丰的四川

1-1　一九四八年宋焱如(前排左二)自政大新闻系毕业,选舞(二排左三)参加同乡会欢送宴会时,已在《中央日报》工作两年。宋焱如是我人生转折的关键。

本地学生，一概列为"绅粮子弟"，无权申领（金陵大学抗战时迁至四川成都）。其次，我天生双眼视力大有差距，使用显微镜倍感困难，一遇昆虫、细菌学科，在实验室里便事倍功半、满头大汗。恰于此时，连年担任学生会长的宋老哥打听出远在重庆的中央政治学校大学部虽然取录最严格，但在校四年食宿全部供应，另发服装零用；毕业后更由校方分发职务，还核发赴任、治装等费。

略一盘算，暑假我们便留在成都，专考政校，决定考上便束装东下，考不取便接下去把金大读完。记得这年政校发榜极迟，害得我们秋天先在金大缴费上学。等到政校榜上有名后，方才在十一月赶往报到。先是，我已年近弱冠，颇欲自立，报考时让宋老哥先填志愿，一看他填了经济，我便选了法政，这年政大只招法政、经济和外交三系学生，我这个土包子从来不曾想到要搞外交开洋荤，绝未料到此后竟在欧美蹉跎近五十载！

一年后分科，我选读了法制，实际上就是一般大学的法律系。宋老哥突又改变主意，牺牲一年学历，毅然转入恢复招生的新闻系。再过年半，政府号召十万青年从军，我们率先报名，不久，即在鞭炮声中披上红带，昂然列队入营。谁知一向体弱的宋老哥被留下充当列兵承办军报，而看来健壮的我，却因心脏瓣膜有疾，医云不能当兵吃粮，而被送回学校继续学业！那时，政大法政系是出了名的县长训练班，毕业几年后派主县政者大有人在，家乡人一听我从军不成，便说龚家那个孩子本来生就的便是县太爷的贵命嘛！

## 土包子立志当记者

未久，抗战胜利，青年军复员，宋老哥也返校，经过这一先一后既拖且拉，竟足足晚我两年。

一九四六年初夏我应届毕业，学校分发职务前照例要填志愿。本来这是应景的事，法政系毕业不填中央部会，便选各地省府，我一如往常就商于宋老哥，他却幽幽叹口气说："同学十二年，今后可要分道扬镳，自奔前程啦！"

我这时才填好两个志愿，照章可以再选一个。听他叹气惜别，一时为示安慰，顺手便填上一家报馆。心想，这不过是在表达友情罢了，学校绝对不会把一名法政系学生送去一间报社。

天下事也真难预料,凑巧这年没有新闻系毕业生,而出身政校、复由政校资送美国留学归来的前新闻系主任马星野师,此时正由中宣部新闻事业处处长转任南京《中央日报》社长。毕业生指导部主任这时正为胜利后党部声势下降,数百学生难于安插发愁,一看我与另一位孙姓同学填了报馆,便不由分说分往南京《中央日报》"候差",连立志去国际宣传处为官的漆敬尧兄,也一起分发前往。

这下我可慌了手脚,急往指导部理论,辩称从未学过新闻,做报一定难以胜任,但主任先生却直指原系照我自己所填志愿分发,不能谓为滥行分派,且改行分发例子一开,几百人若请援例,如何得了。是时,分发南京一带同学即将随校本部复员人员出发,我力争无效,也就只好匆匆上船启行。一路上,总在想象报馆是个啥子样子,记者、编辑该是如何办事,连景色佳丽的三峡也无心欣赏。记得船至武汉上岸观光,在大智门车站初见火车,不免多看两眼,一位好开玩笑同学睹状不由大叫:"看啊,这土包子第一次看见铁房子走路!"

这小小的玩笑,无意间却转变了我的就业意向,心想,这个首次看见火车的土包子,一干上记者这行,将来所见风土人物千奇百怪,又何止于这会走路的房子,说实在话,我原打算在《中央日报》三月实习期满,照章取得文凭之后,再转回法政部门就业,而今,既然立志要看世面,记者这行,我是干定的了。

## 一篇小说进入第一大报

五月初,船到下关,正逢国府还都之日,但见天上一片骄阳,人间一团喜气,雇了辆马车,蹄声嘚嘚地沿着中山北路南行,一路上,但觉得这六朝古都正对我展开怀抱,而千百行人也含笑相迎。可一到新街口,进了央报的社长室,却发现新任社长的马师一脸愁容,他始则指出当年新闻系虽然没有毕业生,但历届毕业同学却陆续涌来相投;继而问我既然想干记者,不知对南京的机关街道,是否熟门熟路。平心而论,马师说的也是真话,因此,我答应回学校去等,让他和学校商洽解决。

想不到此后学校和报社却斗上了气,社方不欢迎我这个非新闻系学生,校方却坚持如我不去报社实习便不能算毕业，夹在中间，一时我也无法可想。好在学校正逢暑假，分发不出去的同学校方管吃管住，我也就伴同一些命运相似的同学，苦中作乐前往南京各处名胜游览去了。

几天后，由于曾在马师初任讲师之际兼职首任新闻系主任的程教育长天放亲自出面交涉，报社方才答应我前往一试。只因我既不曾学过会计，又没有干过事务，会计、总务主管对我先后表示歉难收容。最后负责接待我的宅心仁厚的协理周天固兄看我到处碰壁，突然想起上任不久的采访主任陆铿（大声）处可能要人，便介绍我去试试。在一路受阻之余，我原对再走一处不存希望，一到采访组复值陆主任公忙，不暇接待。谁知我正打算一走了之，大声兄却突然抬头问我中文怎样、英语如何？没好气的，我抗声答以"政大难考、教学又严，毕业生中英文程度应该不是太差"。

可能是他对我这种不卑不亢态度颇为欣赏，便要我两三天内写篇文章给他看看再说。告别出门，心烦意乱哪有心情构思作文，回到住处，开箱取物，无意间却发现一篇未曾寄出的小说稿可不正在箱里。于是取出整理之后，随即送了前去。心想小说也是文章，正好应命。

又过了几日，依然没有半点消息。此际，我已完全失去任职央报希望，决心赖在校里静候另行分发。犹忆那天，尽管日上三竿，我照常躺在上铺大困其觉，不料一位同学，三脚并成两步地赶了进来。一面拉我下床，一面喘气呼呼高喊："成了，成了，你成了，快快跟我去看。"就这样，他连拖带拉把我带到校门口的贴报牌，指着央报副刊版对我说："你瞧，这一整版便只登了你那篇小说。看来，报馆准是接纳你了。"

下午，我真就接到当晚前往央报实习的通知。尽管初期仍受不少折磨，我却一路干了下去，而且一干便是六十来年，一切，就是如此地偶然，一切，竟也是那般地注定。

# 第二章

## 鼓勇登堂，入室犹待

旧报纸是我启蒙师

一九四六年初,南京《中央日报》不惟是首都第一权威大报,而且正如初升旭日,依然冉冉而上。

## 读旧报纸练基本功

报大,门槛自高,跨越亦难,但一跨过去,虽不能遽尔入室,但登堂也就方便得多。记得那年五月底进入央报采访组,穿的是一袭先在重庆拍卖行买来的二手西装,打的是那条"领结不解"的老式领带,足踏的犹是轮胎底的厚重皮鞋!一身全是多带土气的"重庆客"打扮,既不引人注目,也傻乎乎地不叫人讨厌。

一上班,原来紧张地以为马上就会被派出门,谁知面对着的却是两叠厚厚的合订本。记得,陆主任当时诚挚地对我说:"看来你文字还算不差,但写新闻却可能不懂诀窍,现在,静下来先用心读读这些存报,看看别人怎样写稿。"

老实说,在此之前,我虽然常常在学校壁报上写点不成器的小说,偶尔,也替人代写过几封自以为颇为缠绵的情书,但写新闻却从未尝试。既不知有所谓导言,也不晓什么一个 H 和五个 W,眼看就要上阵,也只好熟读报章啦。

陆主任给我三天时间读报,我可是专专心心逐页细阅默诵。初时,读来尚觉头昏眼花,茫无头

2-1 叫我从读旧报纸开始的陆铿

绪,渐渐地,我也慢慢悟出其中规律——写新闻要开门见山,一提笔便得把事件简单做交代;写特写则不妨比较轻松地运用写小说的技巧,情节要有穿插,行文宜多变化。

到了第三天下午,当几位窃窃私语的女同事还对我这可怜的啃报虫寄予同情时,我已振臂而起,向主任面陈读报心得,自信勉强可以工作。

第二天,适逢陆军军官学校举行三十二周年纪念大会,打听蒋兼校长(蒋介石)因事不能参加,主任才放心派我这名新任"额外临时试用助理记者"首度出马。而我乃率同一位照相馆出身的胡姓摄影记者,共乘联勤总部新近拨借的军用吉普,直奔军校礼堂。这位矮胖、和气的胡大哥一向只知道跟随记者出门,一路上还不时要我"指示"。

## 糊里糊涂的处女采访

在政校四年,自蒋兼校长以次,不断有着一连串大小官员来校讲演,久之,见惯不惊,对之也就敬而不畏。这天,初次出马虽预知参加者必有一群要人,心里仍能保持平静。

可是会议一开始,我便遭遇意外困难,在学校,我先后见的几乎全是文官,这天台上演说的却全是武将。这样,谁做主席、谁在演说,清一色全是三颗两粒将星,尊姓大名可就一个不晓。急切中,我总算找到救命王菩萨——大学受军训时的大队长胡琏少将(不是当过十八军长的那位上将),连忙上前向他请教,他也糊里糊涂地一一代为指认。

有了将官帮忙,我原以为万无一失,谁知当晚写稿,却以讹传讹把李济琛写作了贺衷寒,而贺衷寒却误作了陈继承……陆主任心细,对照一下中央社稿,便对我和颜悦色地说:"稿子写得很好,不过,这类官式新闻我们照例用中央社,你的稿子我会送去资料室保存。"一闻斯言,我还高兴地点点头,回想起来,当时我也真是太嫩,连人家为我圆场的话也听不出来。

再过一天,主任令我去水利部访薛笃弼部长谈黄河合龙进展,其实,我虽看过是类消息,但合龙究做何义,依然不甚了了,乃在出门之前,赶到图书室先查辞源,始知治河堵塞缺口成功谓之"合龙"。再阅旧报,进一步了解抗战之初,军方为阻挡西进甚锐日军,不得已在河南省花园口处决堤,让黄河大水泄流东南,终致夺淮在江苏北部入海。胜利后,得美国援助复在决堤处鸠工堵塞,重引河水沿旧道循山东利津流入渤海。

准备停当,我细心拟定串联好的六个问题,一路上还不停依次复诵,自以为背得滚瓜烂熟,乃知一进了部长室,首次会见了一位尚书级的老部长,态度便不太自然,结结巴巴问完了三个问题,连带而下的第四问突然忘记,第五、第六两问自然也就记不上来。

好一位老道而又慈祥的薛部长,他一看我这个初出茅庐的小子急得窘态初露,连忙先敬我一支香烟,再转过话题,与我闲话家常,这样才让我安静下来想出我的问题,好好结束这次访问,写出我第一条在报纸上刊露的新闻。翌日,在得意地从要闻版上剪存这则新闻之际,却也由衷感激那位薛老先生,尽管他在民初便已叱咤风云,列土封疆,但礼遇后进,一点也不摆架子。

说起抗战初在花园口的决堤和胜利后在同地的兴工合龙,都是民国史上的特等大事,约近七十年来,各方对此聚讼纷纭,莫衷一是。实际上,这都是国府在军事上所采取的阻敌与围敌的紧要措施,只不过阻敌是在阻挡日寇,而围敌则在包围共军。

而今,这两桩大事已再无机密可言,不妨在此追述,让大家了解当日真相。

先谈决堤,是当年国军对付日本侵略的"以水代兵"之策。在此之前,一九三八年四月初台儿庄国军大捷,虽击败日军板垣、矶谷两精锐师团,但我军伤亡极为重大,且造成日军增援大举来犯。五月十九日国军自徐州突围后,日军更沿陇海线西进,同月二十六日即攻陷商丘,续分两路西犯,一路沿铁路线西向开封,另路则指向西南,攻陷睢县,直指太康。当时以程潜为首的第一战区长官部认为,如国军不能确保自黄河南岸起、经郑州至许昌一线,不仅平汉铁路郑州、汉口段的运输联络将被敌遮断,而且敌人从此南进可以威胁武汉,西来亦可进逼洛阳、西安,甚至由西安进而略取汉中,窥伺我大后方的西南。为应付这种关系国家存亡情势,只有忍痛掘开黄河南堤,放水将敌人隔绝在豫东一带。

其实,决堤之议其后虽由军方执行,但最早献策者则为原先主持导淮的陈果夫,早在同年四月上旬,他便已致函蒋委员长,主张在河南武陟县境的沁河口决黄河北堤,引水北趋漳卫制敌。想不到其后敌锋转向黄河以南,因而决堤改为朝向南岸。

其时开封势已不保，蒋委员长不得已乃下令于六月四日夜十二时在中牟县境赵口决堤放水，想不到河堤出乎意料坚固，在两团士兵竟日挖掘、工兵协助以炸药爆破堤内石基的一致努力下，虽掘开缺口，但因缺口两边斜面过于急峻，遂致倾颓，水道依然阻塞不通。负责此事的第三十九军军长刘和鼎，以上峰交相指责，乃另派兵一团，在赵口下流三十米处开掘，仍告失败。此时，开封已失，情势更急，最后乃另行选择在花园口开掘，改由新八师师长蒋在珍负责，于六月八日调来两团官兵，分在河堤两面同时动工，方才在九日午前九时掘通放水，而赵口决堤阻塞处，也被冲开，至此豫东、皖北泛区，顿成泽国，进侵日军乃被阻于此，不仅辎重弹药损失甚大，且先头进至新郑附近，一度切断平汉铁路的第十四师团一个支队，更全遭消灭。本来，日军原是决定沿陇海线两侧同时西进。决堤乃使此一计划付诸"东流"。此后，不得沿江西犯，而国军也争取到重组防线的宝贵时间。

说来决堤之举，在军事上固然达成阻敌歼敌目的，但在偌大黄泛区却也造成民众生命财产的极大损失，因此，国府当日为扭转视线，经由中央社发布新闻，指出决堤乃由日本以飞机大炮猛烈轰炸所致，行政院且在六月十二日召集有关机关，商讨救济云云。

但此举当时虽瞒过国内多数民众，部分外国记者赴现场察看之余，却也发现真相，如法国的《共和报》在就此事发表评论时，即曾以当年法王路易十四侵犯荷兰，荷兰被迫决堤自卫来相比喻，文内并说："中国已准备放出黄河长江两条火龙，以制日军死命。"

堤决八年之后，日军投降，国府迅即复员，在战后重要施政中，导引黄河重归故道自始列为优先，先后动用中外专款亿计，而动员河工，亦达数十万人，就中工程重点即为原溃决处的花园口进行合龙，这也就是我当年访问薛部长时谈话的主题所在。

不久，花园口成功合龙，国府曾为此大事庆祝，当然，这是项有利国计民生的绝大工程，在治水福民之外，也还有着军事上的意义。原来，国军当局在胜利后一直视鲁省，特别是鲁西南集结的陈毅所部共军为心腹之患，亦不愿见原在晋冀一带的共军刘伯承部南下与陈部合流，为求有效应付，一箭双雕，乃加速进行河复故道工程，一面藉复归故道黄河阻断刘、陈两部联系，一

2-2 日军遭黄河决堤之水所阻，图为当时日本报纸的报导。

面更想尽驱陈部于复道黄河、运河与淮河之间的三角地带，一鼓加以歼灭！想不到共军以机动见长，一见国府治河，便凭其灵活游击战术跳出圈外，不断扩大，及刘部强渡黄、淮，南下大别山区扎营，更与陈部连成一气。最后，国军自外线转入内线，孤守长线，备多力分，逐渐陷入被动；而共军则续采机动出击战法，到处围点打援，次第消耗国军战力，而渐占上风。

　　本来，河复故道在军事上不失为一条妙计，也似曾为国军创造上佳地利，但国军费了极大气力，最后却不曾把跑得太快的共军围住、隔开。凡此，看似题外之话，但确与我处女作的采访之事有关，附记于此，也许还有些价值，何况，决堤、合龙，背后都有保持多年的天大秘密，藉此解开，读者或许会在听我讲古之余，拍案大叫一声："原来如此！"

## 第三章

# 人少事多，新人难做

### 六十五年前大报纸小记者的一日

那年头，报纸还不像今天这样的组织庞大、分工严密。即令是在首都南京名列第一的《中央日报》，整个报馆也不过三百多人，编辑部尤其小得可怜，全部人员加起来恐怕还赶不上今天台湾任何一个大报的采访组。

唯其人少，就显得事多，特别像我这种临时试用的实习人员，更是如此。起初，被人当成地位犹未确定的小徒弟，天天还闲得发愁。举例说，先在编辑台边枯坐几个整夜之际，不仅不曾有人和我招呼，而且除了奉命标点一条通讯社发来的短稿，并随即被编辑先生扔入纸篓之外，便一直无事可做。可是一经决定留用，却又日夜被人抓差，像煞小媳妇般忙得不亦乐乎。

记得，一俟我改派采访组实习，在报社四楼单身宿舍里确定占用了一张小床，不再打游击似地专找空床东睡西躺，我就觉得自己一下子变成了专打杂差的"要角"。就以一九四六年六月二十三日这天为例，从一连串没完没了的工作中，便看得出我这个试用的新进人员竟然是多么的"重要"！

## 小记者见到大明星

一早晨，八点钟才过了一会，经理部一位事务人员便赶上楼来，不由分说地将我从梦中摇醒，要我代表报社接见宾客。整装下楼，还不曾问明访者何人，便已在二楼编辑部大厅面对着一队衣冠鲜艳的红男绿女，待我手忙脚乱接收了来客献旗，方才明白原是享誉全国的童芷苓剧团，在上演之前先来拜山，而含笑与我握手寒暄的可不就是这位以"劈"、"纺"（指名剧《大劈棺》、《纺棉花》）成名的顶尖头号坤伶——其时她正当妙龄，美得像朵初春盛放的鲜红玫瑰，叫人不敢正视。特别是我这个初出茅庐的后生小子，在她大方道出此番来京献演，敬请捧场指教的江湖客套之余，竟嚅嚅不知所对！

送走客人，我责怪那位事务人员，抱怨他不该把我从床上拉起来应付这种场面，他倒是振振有词答以："人家指名要拜访的是编辑部嘛！这样早，也只有您这位记者先生睡在楼上。"听他言来,不禁略感飘然,觉得自己还算有点"分量",开始意识到干记者这行,的确可以面对各种人物,接触不同课题,渐渐地,也就认定这偶然碰上的职业值得持续。

大约一年之后,移住报社后楼单间宿舍的我,还有过一次几乎完全相同的遭遇,记得那天我一样被人从床上拉起,一样要我代表报社接见另一个剧团。不过来访的不是北国著名花衫,而是南方崛起青衣新秀顾正秋。那时,顾小姐虽然已是上海剧校台柱,但领队的还是她和张正芬的业师关鸿宾校长。回忆中,当关先生熟练说完他拜码头的客套话后,顾、张两位小姐还代表剧团送给报社锦旗一类礼物,而我在社会阅历一年之后,居然也代表报社发言,表示了欢迎之忱。

那时顾、张两位小姐大约只有十七八岁年纪,长得都有似初放蓓蕾,只不过一朵是玉堂富贵的牡丹,一位则是清标玉立的水仙罢了。此后五十年间,不论在台在美,当不同剧团演出时,我都有机会再度观赏这几位已成京剧大师人物的剧艺,可是,我都一直不肯前往捧场,宁愿留下当年惊艳欲痴的美好回忆。

## 下关车站事件

由于事情前后相关,我把问题扯得太远,现在,书归正传,让我再回头继续谈谈五十六年前那天的遭遇。

一早被童剧团吵醒,虽然先一晚只盹了五小时,但兴奋之余再无睡意。心想,与其让一向严厉的陆铿主任照例赶来催跑《中央晚报》新闻,倒不如自动早点上街去找点"大城小事"。读者有所不知,原来我们兼跑的晚报上新辟了这一加框专栏,把一些不够独立成篇,却也饶有趣味的小事凑在一起逐日刊出,久之居然变成了读者必读,且报纸必刊的"杂碎"。我们这般小记者在搜索枯肠,仍难着墨之余,便只有信步肆上,在大街小巷上去"撞"了。

这天我算走运,刚出门,便在新街口一带"碰"上了"三六九"对街新开了"四五六"之类的芝麻小事。匆匆赶回报社,正准备写稿交卷,突闻电话铃响,一看四面无人,也只好拿起听筒。

交谈良久,对方就是不肯说出是什么衙门,却坚邀我报立即派人前往商谈一件大事。从对方的语气，我意识到一定是条不小新闻，只好赶去。谁知到了那里，在一座像是旧时花园的角落里，遇到的却是一位穿中山装的中年人，他说他名叫王秀春，在党部工作，预知这天在下关车站可能出点事情，要我转告报社负责人妥为处理。

回社后立向编辑部负责人照实报告，一听他只说"知道了，这不是你分内要管的事"。我识趣没再吭声，当晚资深同事从下关采访回来，大家才知道从上海来京替中共说项的民众代表马叙伦等在车站里被一群苏北难民打了一顿，在场还有一二位同业也被波及，这件事我一直不敢多问，过些时，才知道那位王先生原是位资深的情报人员，而所谓下关事件也变成了当时国、共互相攻讦的大问题。

这是历史一页，我无意间碰上，却幸未卷进！早年，做官报党报记者，间亦有相同遭遇，总以不介入为无上准则。

## 第一篇见报的新闻

下午，先到刚刚成立不久的首都高等法院跑了一趟，对即将来临的汉奸大审了解一番，回社后打了几个例行电话，便约了新近从湖南老家赶来报社上班的漆敬尧学兄，一同前往公余联欢社去访问司法行政部新近聘来的顾问庞德博士（Roscoe Pound）。庞德先生是美国著名法学专家，原任哈佛大学法学院院长，战时，英、美废除对华领事裁判权，并另定平等新约后，亟愿了解中国法制，并图从旁推动改革，适逢庞德先生循例休假一年，乃经由其时担任国府司法行政部刑事司长的哈佛博士杨兆龙推介，来华担任法部顾问职务。

本来，我是法科毕业生，司法又是我主跑路线，这次访问工作原该由我独力完成。可是，一来我阅历太浅，二来采访对象层次过高，三来，我的英语能力尚不足以单独掌握专门的法学词汇，因此，才拉了同届毕业的漆老哥帮忙。

公余联欢社是南京最高级的涉外俱乐部，出门前，我们先向本地同事打听该社地址，据告：出门向北行去，一过鼓楼便到。我们想，既然不远，不妨步行前往，也好熟悉熟悉城北衙门集中地区环境。谁知才到鼓楼，已经叫人汗出如雨，原想另觅交通工具，而沿途好心指路行人复不断告以前面就是、马上就到……于是,就在这种随口道来的鼓励下,经过一个多小时,我们方才拖着疲乏步子,走进靠近挹江门的这间俱乐部。隔着窗门望去,一位须发俱白的高大洋人已经坐在小客厅里等候了。

说明了一路辛苦行程,老人不待我们对他道歉,倒先向我们道乏。一看他是那样和善不摆架子,我们进门时的紧张心情先已放松,随之,老人家更以循循善诱方式缓缓而道,让整个访问得以相当顺利进行。回社后,在敬尧兄协助下,写好了一篇短而又短的访问记,好歹向主任交差。第二天我的名字虽然仅以六号字紧紧排在文后,但总还是破题儿第一遭见了报。

3-1 庞德博士

当晚工作一完,敬尧兄向我挤挤眼,我会了意,于是两人一前一后溜出门,直奔中山东路的一家歌场而去。那儿原是家颇为豪华的舞厅,自从《中央日报》一连开炮,迫使市府下令关闭所有舞榭之后,才不得已略加改装,改营歌场。

为了庆祝首次联合采访成功,我们先在歌坛左近选好座位,叫了饮料,静静听了几支老歌。谁知正当我闭目养神之际,耳边却传来一阵娇滴滴的道歉声,原来,我们的漆老哥也蛮会促狭,点了首不常见的洋歌,难着了歌小姐,害得她不得不亲自下台,趋前致歉,恭恭敬敬请我们另行点唱。

归途上,我笑着责备敬尧,不该难为人家,他笑着答以:这般小姐平日爱拿架子,借机会叫她们移樽就教,也好让她们略减几分骄气。点点头,我觉得一向道貌岸然的他,做得也对,说得也是,再说如此这般的一半正经,一半玩笑之余,也好叫人在累了一天之后,写写意意略为享受享受轻松。

## 就寝前还在写新闻

想不到,这轻松之感竟然在瞬间消逝!原来艰苦工作早已做完,逢场作戏也告了个段落,理当是一迳上床寻梦,千不该万不该,就不该跑回办公室去收拾台子。这样,一转身给主任撞见,正好被拉去接听几通长途新闻电话。

3-2 漆敬尧(左)与我穿着一同订制的新装参加徐佳士兄嫂婚礼,漆兄陪着我完成第一篇见报的新闻。

接接写写一直干到午夜过后依然不得抽身,更糟的是,这下子,更造成了恶例——编、采两边在齐声赞我"接得好,写得也快"之余,从此便把我这额外包袱,当成了正常负担,晚间,只消长途电话一响,我便睡不成好觉!

说起接长途电话,当年也是一门不小的学问。首先,讲究的是线这边不疾不徐、语清词顺,而线那边更需气定神闲、静听速记,如能彼此熟悉到互存默契,更可收事半功倍之效。不幸的是,半个多世纪前长途电话由于设备不佳,距离越远,杂音越大,常常说的这端已经是叫得舌敝唇焦,吼声如雷,而听的那边却但闻嗡嗡作响,不知何意。闹到最后,不是讲者高声责骂,便是接者一怒甩机。

最糟糕的是,讲者敝帚自珍,一定要按自己写好的稿件逐字念读,一遇上古怪姓氏和深奥词句,彼此"一言不合",便不由在线的两端彼此争吵怒骂。至于在下则不然,一拿起话机,我总能保持平静,先专心记下对方所述事实,然后参照有关资料,重为组合,在不失原意准则下,务使旅行者的急就章,变得更有条理,也更具文采。

大约是我的"美化"功夫还算不错,此后,同事们在出差之前,例必殷殷致意,既宴请我接他电话,并授权代为改写,而归来之后,也多致赠土产,或邀约小酌,原因是,这是人情上的私人请托,谁也不好说这是我的额内工作。

凡此具属题外话,正经的是:在一九四六年六月二十三这天这晚,我总算在接完一连串电话,写完了好几个新闻稿件之后,终于在翌日凌晨一时有半上楼就寝入睡,而且睡得很熟、睡得很甜。而今回忆前尘,当日幸好年轻体健,一个人才能做好几个人的工作,不觉得太累太苦,私心里还自我安慰说:不做得很多,怎显得你还有用?

第一部

**夏都庐山**

# 第四章

## 尔小子！荣登夏都

巧遇洋同业惹来麻烦多

此生,大约与庐山有缘。从小,近在家门口的道家圣地青城山只去过两次,离家不远的佛门道场峨眉山,一直到古稀之年返里探亲之余,始得攀登,倒是远在江西的匡庐,却三度访游。

## 惨胜国府现阴霾

记得初访庐山是在一九四六年的炎夏八月。那天,舒适地坐在中航自南京飞往九江的豪华客机里,我这名首度腾空的二十来岁土包子,不禁有些茫然。当时,我曾经闭目冥想:"小子,伴同这些个绅士淑女,你正在飞往夏都牯岭,这举国权力的临时中枢,亲自从事高阶层的采访!难道,这是真的?难道,这不是真的?"想着想着,我真不知道自己应该摇首,还是点头。

仅仅在四个月前,我们这批法科刚毕业,结伴自重庆前往南京谋职的小伙子,一路上候船遭人白眼,几次但求在江轮甲板上谋求一席之地而不可得。直到两个月前,公请私托,屡经面试,好不容易才在南京《中央日报》幸获个"额外临时试用助理记者"的职位,跟着在人后面打杂当差。而今,仅因胜利复员,各地大报需才孔急,挖走央报的原有大牌记者,复缘蒋主席上了山,央报必须在山上办个小报给他阅读,一时需人上班应卯,于是连我这个小卒,也临时派上用场。

航机平静西飞,思潮却起起伏伏,骤看来,国事倒也算得光明一片;对日抗战八年,终于获取最后胜利,尽管有人说这只是跟定盟国而来的惨胜,但是惨胜总还是胜。比起两三年前日军打通中国南北,逼近贵阳,威胁重庆陪都时节,不啻有天壤之别。再说,国家再具统一规模,领袖,也变成了历史性的英雄。看样子,国家重建就在眼前。

可是几个月来身处首都新闻中枢,却也在光明之中瞥见了层层阴霾。首先,久战国力已疲,国共斗争方殷,先是在平汉线上北进的高树勋、马法五两部一降一俘，打通南北遂成泡影……而在其他地区，陈毅纵横鲁南苏北，刘伯承、聂荣臻、贺龙控制晋、察、豫北。事实上，原处后方的国军诸部如无美军强大海空运输支持，与日伪军的暂时奉命代守，即今是原沦陷区的通都大邑也颇难顺利接收，事实上，纵使前进国军及时光复重要点线，广大乡村仍多为中共控制。其次，重庆客的接收"劫收"、五子登科，业已助成了经济金融紊乱，再加上国府强以法币一元兑换伪中储券二百，更失去了沦陷区的广大民心。

4-1 汪精卫政府发行的中储券

当然，国军总数及火力，仍然远远超出共军，上层依旧深具以军力一匡天下之志，这也就是传说中蒋主席不肯被动接受美国调停，远避庐山，以免马歇尔特使天天当面纠缠的缘故。

## 偶遇中宣部长彭学沛

正当我思潮起伏不定之际，驾驶员宣布航机即将降落九江。这时，从未单独出门的我开始有点着急。原已在庐山的同事先一天从电话上告诉我，自九江机场经城区再转赴山脚下的莲花洞，必须先行渡江、乘车，最后再乘轿登山。一路上提着行李跋涉，必然相当麻烦。

正苦思无计，不意一转头便在不远处看到一张熟悉的脸。那不正是编辑部朱沛人朱副老总？敢情他也搭乘这班客机赶回江西老家。可是定睛一看，这位先生却比朱先生老了不少。略一思索，脑子里突然灵光一现，立刻拾回了一点记忆——不久前，编辑部同仁开玩笑，戏言朱先生与中央宣传部长彭学沛先生两人长相神似，一如孪生弟兄。

那么，这老上许多的朱副老总，定然是主管新闻宣传的彭部长。这真是个大好机会，碰上大官，既可问点新闻，也好托他之福，方便上山。于是我上前自我介绍，果然证实他可真是应召陪同外宾上山的彭部长，此后，一切自然迎刃而解,先乘专轮过江,再在九江一同扰了社会服务处张维主任一顿浔鱼江酒,之后再乘服务处一辆吉普车奔往十三四里外的莲花洞。

说起这位大大有名的彭部长,而今提笔为文,很自然便想起发生在他身上的种种轰传事件和最后一次最大不幸。原来这位彭先生算是英年得志,早岁留学日、美,归国先参加了汪精卫、陈公博一伙搞的改组派,一度还主持过该派报纸。一九三二年汪出掌行政院,彭也先后出任内政部次长及政院政务处长,也就在等同副秘书长的处长任内更与老报人成舍我先生主持的《民生报》发生纠纷,造成轰动一时的不法查封该报事件,引起新闻界的公愤;及一九三八年十二月,他虽利用其时担任交通部次长之便,为汪精卫、陈璧君和曾仲鸣等弄到由渝经昆转往河内机票,帮助汪等出走叛国,但是他自己却能凛于民族大义而悬崖勒马。

此后,他转而受知于国舅宋子文,胜利前遂得宋氏推介出任中宣部长,并于战后乘便兼任上海《中央日报》董事长,谁知竟由此种下祸根。一九四八年,在偕同该报社长冯有真先生自沪飞穗(广州)筹备迁地出版之际,竟因飞机失事而双双罹难!说来这也是一场意外,原来,国府自京迁穗,该随同迁往的是南京《中央日报》,可是由于京社社长马星野先生偶然访问新光复的台湾,觉得远较安定的台北更适宜于报纸发展,乃毅然决定一劳永逸地迳迁台北,免去了一路追随国府播迁穗、渝的奔波。彭、冯两先生一见马先生放弃了首都党报的尊荣,乃图取而代之,不幸因而坠机,而上海《中央日报》也就在大陆巨变之际解体。犹忆一九四八年十二月二十二日晨,我与先行赴台筹备复刊的黎总经理世芬老哥在台北办事处阅报之际,突见彭、冯两氏罹难新闻,不禁为之太息。想不到过了不久,原拟搭乘沉没台海的太平轮来台的马社长突然心血来潮,临时退了船票,改乘飞机,我们在台久候机场,不闻讯息,也曾大感疑惧,一直到获知班机因气候关系,改降福州,方才舒口大气!

## 搭美宣传顾问的便车

那些年兵荒马乱,世事不宁,加上交通工具又不如今日安全可靠,陷身危境、船沉机坠一类的不幸事件,时有所闻,至今思之,犹令人心悸不已!

转回头,再继续叙述那天上山的事,尽管托与部长同行之福,一路上有饭可吃、有车可坐，最后更是权充大老，乘了四人大抬软轿登山。可是从机上自我介绍、结识彭氏开始，就意外惹了一些麻烦。

原来就在我向彭部长打听上山任务之际，承他告以此行是陪同新聘洋人宣传顾问约翰·比尔（John Robinson Beal）前往山上晋谒蒋主席，检讨对美宣传策略。接着，他介绍我与这位美国资深同业和中宣部主任秘书卢祺新先生见面。这位原曾任职中央社的卢先生，瘦削而有精神，矜持却也有礼，记得就在两三年前，当美国密苏里大学新闻学院以最高新闻奖颁赠重庆《大公报》之际，由于该报一时未曾派出专人到场领奖，乃托请时任中央社华府分社主任的卢氏代领。据云，卢家移民美国已久，祺新先生尊人卢莲前辈，远在清末便已在科罗拉多的典华城（今译丹佛）经营中国餐馆有成，并且资助革命不遗余力。及辛亥革命成功，国父适抵该城，因腹饥欲往卢家餐厅用膳，道经回廊报馆，顺便购一报携入餐厅阅看，谁知竟由此得见"武昌已为革命军占领"的大新闻。

又，祺新先生在华府主持中央社分社期间，亦曾尽力为美国各地侨报服务。举一个例，其时白宫与国务院每年例必分别邀请地方报纸及外文报纸负责人，至华府参加为时三日的世情及国情简报，届时自总统、国务卿以次各部门首长，均先后到场提出报告并备询问。部分侨报因人员精简，无法派人前往，多商请祺新先生代表参加，事后他必将与会经过写成报告，连同大包文件，一并寄予各报以供参考。一九六七年后，我奉派担任"央报特派员"并兼任纽约《美洲日报》总编辑，前后也曾以该报代表名义，被邀往华府参加此类背景说明会多次。一九六九年，并曾在新闻前辈《华美日报》社长赖琏先生带领下，与当时纽约华埠《中国时报》总编辑王桂生兄共同访见国务卿罗杰斯（William P. Rogers），赖先生并面致如何加强华府、台北关系说帖一件，当蒙罗氏当场阅览，对其中若干意见表示赞同。未料外交大权此际已为白宫安全顾问基辛格攘夺，未久季氏乃有密往北京之行。说来，白宫与国务院举行这些会报，对地方及外文报纸着实非常有用，部分与会者更视之为华文新闻人员与美国当局间的特别管道。

话题已经扯得太远，还是转回正题，继续谈谈我们那次的上山行程。记得那天在九江吃好午饭，彭部长、卢主秘、洋顾问比尔、一名随员和我五人乃合乘一辆吉普车前往山口所在的莲花洞。一路上，比尔先生与彭部长坐于前座，为了礼遇外宾，彭部长挤在司机座旁，而将前座正席，让予了比尔，而我这条黄鱼，连同卢先生及那位随员，只好像沙丁鱼似地挤在后座，与一大堆行李箱笼为伍。

想不到一路上坐得最为安逸的洋顾问竟是唯一大发牢骚的人，他抱怨车子太小太旧，让他坐不舒服，言谈上，对我这个临时凑上去的中国记者颇为不满，大家听了只是苦笑不言。

## 萍水相逢反被怀疑

后来到了山上略一打听，确知此人来头不小，他原是个老记者，远在一九二六年便进入新闻界，先在合众社长期工作，一度负责采访重要的国会新闻，战后改任《时代》杂志华府新闻编辑不久，即由美国特使马歇尔将军介绍充任国府公关高等顾问。

原来，在抗战中，美国公私各方虽把单独对日作战久而不屈的中国捧上了天，但在胜利后却由于国府接收混乱、经济不振，和谈停滞不前，加速引起美国不满。及马特使来华，为了纠正美国误解，乃建议国府聘请懂得美式宣传之道的美国资深优秀新闻人员担任顾问，协助南京规划并执行对美宣传业务。事实上，在比尔任

4-2 马歇尔至延安与毛泽东、周恩来等会面

4-3 马歇尔与蒋介石夫妇

职一年多期间,确曾精心提出种种建议。在消极方面,他认为北平之查封共报、下关难民之群殴记者,及昆明闻一多、李公朴被刺案件的不幸发生,确为国府在美声望下跌的主要原因;另在积极方面,他也提出"盛名创造新闻"理论,要求国府首长们利用种种机会,多多接近外国新闻人员,并尽量接受访问,以求主动影响美国舆论。他还特别提到在国共和谈期间,共方代表周恩来即善用此策,经常在新闻酝酿及发生之际,接见遭受国府要员挡驾的外籍记者,充分供应有利中共的新闻资料与评论。这样,即便号称立场客观的美国新闻界人士,亦不免为周的宣传所影响。

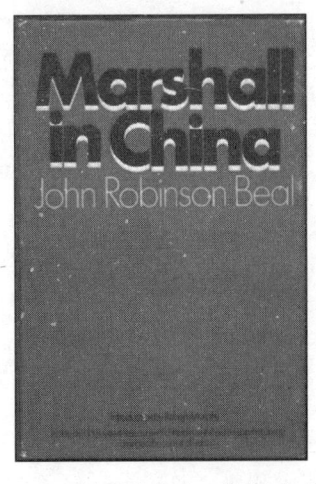

4-4 《马歇尔在中国》英文书封

不过,他说得不少,做的却是不多。自从他一九四六年四月二十八日赴华上任,以至八月前往牯岭数谒蒋主席的四个月时间,其所精心制作者,不过是八月十四日以日本投降周年蒋主席"告全国军民书"形式发表的一篇演说罢了。事后,这篇演说也始终未在美国发生转变舆论的预期作用。此后,他虽然一直拿中国薪水,但做的却多是马帅与国府的联系工作,说得更正确些他只是担任了马帅的在华耳目。

一九七〇年中,我的央报驻美特派员职务不知如何突遭解雇,为了一家五口生活,我除了在两家侨报工作外,不得不为国府"驻纽约新闻处"撰写美国书刊论文摘要以赚取稿酬,不料第一本要摘的书,便是比尔先生那本重有若辞典的大作《马歇尔在中国》(*Marshall in China*)。叫人哭笑不得的是,他还没有忘记当年坐车前往庐山的那段"拥挤的行程",竟在书中指责我这个体重仅及他一半的"额外不速之客",挤得他无法安坐!看他言外之意,似乎以为我之"临时插队",或许是在从旁监视云云。自视高人一等的洋人在他们认为的"落后"之区,总是既骄横又猜忌,怀疑无意间碰上的当地人都是负有特别任务,一直都在监视他们的行动,刺探他们的机密!

其实,我这个初出校门的小记者,只不过搭趟便车,再顺手逮条新闻。如斯而已。

第五章

# 名山租界，白红夏都
庐山牯岭的沧桑史

一九四六年夏,在奉派前往庐山采访之前,一向喜欢"打破砂锅问到底"的我,便曾有过一个疑问:为什么蒋主席在抗战前后,都把这座只能用脚才能爬上去的深山,选做国府的夏都?

## 冠盖云集的小朝廷

远在一九三一年,蒋先生便自南昌北上庐山的牯岭歇夏。翌年,他在牯岭召开五省"剿共"会议之际,也曾在山上发表了后来引起争议的"攘外必先安内"的重要谈话。一九三三年夏,他进而在牯岭长住,一面召开庐山会议,一面在山上举办了庐山军官训练团。次岁入夏,他更在山上扩大举办了军官训练团,决定了对共战略。接下去,一九三五年,他虽因巩固后防,把军官训练团暂时改在四川峨眉山举行,但仍把注意力放在庐山,下令有关方面在收回牯岭英国租地协定上正式签字。第二年,他依然回到庐山避暑。

一九三七年夏,牯岭一隅更成为全国政治中心。这年,蒋先生提早在五月二十七日便上了山,之后,他继续办训练团,也扩大召开谈话会,一时,全国名流显要咸集山间,不曾被邀登山者,无不被人视为不够分量。即令是行政院院会,七月六日也改在山上举行。

也就是为了让集中在山上的政要学人有一份报纸可看,南京《中央日报》赶在当年六月下旬在牯岭创刊。想不到山上要人们正在商谈如何应付日本的压力之际,七七卢沟桥事变也就同时发生。由于报社的消息灵通,这家临时性的小报顿时成为山上冠盖云集之所,特别是在晚间,急于知道事变发展的要人们,更赶去打听新到的电讯。

抗战中庐山陷敌,蒋先生自然不能继续上山歇夏,但在南京组织伪府的汪精卫却也曾装模作样前往避暑一番,好像夏天不上庐山,便有损他的"元首"身分。及抗战胜利,一九四六年七月十四日蒋先生夫妇即提前再度上山。

当时,有人说他此行是为了逃避美国特使马歇尔有关和谈的纠缠。说来,这真是有点冤枉。诚如前述,他在战前便曾习惯性地登山避暑,那时也不曾听说是为避免什么样的麻烦。事实上,马歇尔根本是躲不掉的,据我们所知,这位美国大老这年夏天不仅让夫人也住在山上,与蒋府隔溪对门而居,而且不惜往返奔波,在庐山竟有过八上八下的纪录。

那么,是什么原因竟促使蒋先生和他手下的大批政要年年都要远远赶去消磨一阵呢?

5-1 蒋介石在庐山进行对日抗战演讲

## 中国名山里的欧美小镇

我的答复是:庐山清凉秀丽,它不仅让人大可逃避南京火炉般的酷热,而且洋人们在牯岭留下的近代消闲设备,更为中国大老们提供了现代化的享受。

为了说明方便,我们不妨从庐山的历史谈起。在远远的八千万年之前,这里发生了一次强烈的地壳运动,一时地层断裂,错动上升,形成山体,遂成原始的庐山。其后,在距今约计二三百万年前后,地球上发生第四纪大冰期,一时,北方寒流,不分冬夏,滚滚南下压来,在庐山、鄱阳湖一带形成冰川,而冰川所挟大小岩石一路冲撞锉磨,更把庐山琢磨成一座峭壁千仞,深涧幽谷的天工雕塑。

又经过很长时期,人类发现此山欣赏斯境,开始为它命名,《尚书·禹贡》称之敷浅原,《山海经》名之为南障山,到殷周之际,据云有匡氏兄弟七人在此结庐隐居。忽一日,人去庐空,不知何往。世人异之,美其所居曰"神仙之庐"。自此,山名"匡庐",简称之曰庐山或曰匡山。及太史公作《史记》,正式采用了庐山之名。

此后的千百年间,人们一直把庐山视为文人遨游之所、神仙修道之处,与乎大儒讲学之坛。诸如陶渊明在此醉卧山谷、王羲之来此养鹅习字、吕洞宾在仙人洞修仙论道、朱晦翁（朱熹）在白鹿洞开院讲学，其余诗人墨客如颜真卿、柳公权、白居易、苏东坡、米南宫（米芾）、唐伯虎和郑板桥，也都曾在此吟哦作书。概括而言，历来，除了长年山居的樵子与偶然一至的雅士而外，一般人之于庐山，只有从文人雅士诗书之中加以欣赏。

一直到清光绪年间，在长江沿岸一带传教的洋人在盛夏苦热之余，才纷纷来此登山避暑，光绪二十一年（公元一八九五年），英人李德立（Edward Selby Little）更进一步在两山环立的牯岭幽谷之中购地建屋，做久居之计。翌年，清政府更将该地立约租与英人，从此，因外人来此避暑或居住者日众，竟由当地英美德法各国侨民自组董事会，并设牯岭公事房，径自执行警察、财政、工务、卫生及一切地方性公共事宜，牯岭遂俨然成为深山密林之间的又一租界。

5-2 千年来不断吸引文人墨客与政治人物的庐山（图片来源 Wikimedia commons/pfctdayelise）

5-3 五代后梁画家荆浩的《匡庐图》

5-4 经英传教士李德立开发，庐山牯岭变成中西名人的别墅区。（图片来源 Wikimedia commons/ pfctdayelise）

说来令人惭愧，洋人们不仅在我们攀爬始得登临的深山秀谷里擅立租界，而且在那里立公所、开旅社、建筑了一组星罗棋布的别墅之余，还搬去了电灯和自来水！总说一句，他们不是在那里寄寓避暑，而是把一座欧美的山间名胜小镇整个儿活生生搬上了我们的牯岭。若把一位中国的乡巴佬突然送到斯地，他绝对茫然不知置身何处。天上人间？抑人间天上？

## 随政事起伏跌宕的牯岭

把一座欧美小镇硬搬上中国名山，自难为（也羞为）国人所接受。及民国成立，迭经政府与洋人交涉，先在一九二七年收回，八年后更进一步正式终止了英人在山上的租约。此后，洋人虽仍准在山上居住，但原订地契全被缴还，至于地方行政及公共事务，也都由中国地方政府收回办理，一些洋人一见情势转变，开始售屋离去。举一个例，蒋主席夫妇那幢位于河西路名为"美庐"的别墅，便是蒋夫人在这时以八千块大洋自一位洋教士手中购下的。

战前，恕我年幼，无缘登临斯地，但新闻前辈兼我的忘年老友鲁潼平先生，其时却在山上盘桓颇久。他说他在一九二七年自美研究新闻学归国后，先后任教浙江大学及任职外交部，总觉得未能一展所长，一九三五年一处新闻机构计划开创英文部，有人介绍他上庐山谒见蒋先生碰碰机会，谁知他一到牯岭，蒋先生却到山那边的海会寺主持军官训练，等了个把月方蒙接见。在等待期间，他住在放假空出的美国学校，天天外出寻幽访胜；无聊时便约同楼桐孙、陈茹玄与史尚宽几位立委做竹林之游，在幽静清凉、与世隔绝的名山之间，过了一段非常悠闲的生活。据他回忆，"围剿"江西共军是当时国府首一要务，蒋先生为了就近指挥军队、训练军官乃驻节山上，而举国政要、名流，不论是为了办事、谋事或是论事，事事都得上山，于是，牯岭无形间遂成夏都。

不过，中国的上层人物虽然云集山间，原居是山的洋人们，却也依然住在谷中"长衢"两面的大小别墅，而美国学校也只有在暑假期间方才暂充旅舍。

只是经过了八年抗战，洋人在山上遂成"稀有动物"。记得一九四六年八月我上山采访时，马歇尔、司徒雷登以及他们的极少数随员们还不时得见，第二年夏间，由于国内局势开始逆转，连酷爱庐山的蒋主席夫妇都只在牯岭抽空小住九天，中国的公卿、西洋的教士们更都在山间绝迹不见，像我这个八月间便被派上山去守候蒋先生驾到的特派记者，没等到他老人家上山便被召返京去了。

不过，一九四六年胜利复员之际，国事既然一度有若日丽中天，牯岭也就盛极一时。记得这年夏初，这处最具洋式享用设备的中国名山，由于久经战乱屋主远离，原来的西式别墅率多残破不堪，有的更是屋顶倾覆，徒余四壁。可是消息最为灵通、也最能窥伺上意的励志社总干事黄仁霖将军，一听牯岭又将重做夏都，便立即赶上山去，以重金雇用了大批技艺高超的木匠、瓦匠、漆匠和泥水匠，在一夕之间便把一幢破屋重整成舒适洋房，而专门服务该社的画师更能在几小时内挥舞彩笔，及时为新屋壁间配上新画。即令是与洋房搭配的沙发与席梦思床也不缺一样，因为由黄总干事派出去的采购专员，早就沿江把上自汉口、下至芜湖的上好家具收购一空！这种大手笔的壮举,历史上,大约仅有曹雪芹老家当年接驾盛事堪与一比!

溯自中西交往以来,资本、帝国、殖民主义者在中国做了太多太多的坏事,极少极少留下来的一点好东西,其中之一便是在中国天然名胜之中留下具有现代享受的休闲绝好去处。上述的牯岭、河北的北戴河、山东的青岛和河南的鸡公山都是,就中,牯岭与北戴河更是不断与政治和政要密切相连,总是脱不了关系。

即使是自视普罗大众的中共,也丢不下这块包袱,一样承受了洋人的遗产。一九九三年夏,我偕妻回到湖北武穴展拜岳家庐墓,乘便跨过新建的九江长江大桥,再返庐山一游。其间,我首次走进当年视为禁地而今日转做博物馆的"美庐",也参观了毛泽东上山歇夏的大别墅。让我略感惊讶的是,美庐看上去不过有若美国的中产之家。

# 第六章

## 登临之道，古今有异

### 如何上庐山

前面提到八千万年之前,一次地壳变动,让古拙又粗糙的庐山在长江与鄱阳湖间崛起;此后的七千七百万年,自北而南的冰川挟带着大小岩石,更把它锉磨成一座雄伟绮丽、峰壑幽深的天工雕塑。于是,神仙居于是,诗人隐于斯,洋人来此消夏,冠盖相聚避暑,而名山遂称夏都,甚至不才如我,亦得以随众登山,学习采访之道。

记得那天,冒昧自荐,搭了部长便车抵达山麓,原自以为得计,谁知在莲花洞旁,竟也被人视为显要,不由分说被拥上一乘四人大抬的山轿,对我这个来自"滑竿"之乡的蜀人而言,近似滑竿的山轿虽然见惯不惊,但这种四人大的阵仗,却还是受之有愧。

## 腾云驾雾的山轿

如何登山,在胜利之初便有过一番争论。江西省政当局为了便利行旅,曾有修建登山缆车之议,而蒋主席却以庐山天然胜景不容人工破坏为由,加以批驳。可是蒋先生年事已高,而达官辈复养尊处优,他们既无徐霞客策杖攀援、寻幽访胜的雅兴,作为官邸大总管的黄仁霖将军,便只好为大家准备山轿代步了。

这山轿虽如上述,形似蜀中早年用以代步的滑竿,但也绝非简便粗陋的滑竿可比。首先,工匠把一只特制藤椅妥实地安置在两杆之间,让人斜坐其上,自头、背以至臀、脚,都获得适当安排,大可安坐其上、畅观山色。更难得的是,这批轿夫都是饱经训练、久走山路的精壮汉子。坐在轿上,在他们极富韵律的捷巧步法下,真令人有腾云驾雾、直薄青天的轻快之感。

至于蒋主席和马歇尔特使这两对夫妇所乘"御轿"级的乘舆,其舒适轻快处,更非四人大抬的达官级轿子可比。远在这年三四月间,善观风色的黄总管察知蒋主席夏间必往牯岭避暑,而马特使为了促进和谈,也必然上山交涉。因此,很早便叫巧匠精制了特级六人大抬山轿,同时在年轻轿夫中,特选体貌俱优、忠实可靠者三十余人,先期勤加训练,每天他们每六人合一轿,在莲花洞至牯岭间陡峭山径上来回奔驰,得要到登峰如履平地,下岭若放轻舟,黄大总管方才满意。

更叫人啧啧称奇的是训练的务实作风。最先,黄总管和他的几位部属权且试乘,坐上御轿叫轿夫上下,充满实感,后来上上下下不免厌倦,乃改在轿上紧缚着一块块一两百磅的山石。

此后山居日子里,在"美庐"与马帅公馆之前,我们便常常见到这批御前轿夫,他们身着浅蓝中式衣裤,一组组静坐待用,闲时一个个面容肃穆、庄重,但一起轿子却又步履轻快、举重若轻。有一次,我和中央社资深特派员胡定芬老哥站在牯岭镇外突出的小天池亭前下望,刚见马特使所乘有似玩具盒子般大小的轿子自莲花洞驶出山背,便有若小型飞机似冉冉直升,轻快无比,而在我们谈笑指顾之间,体恤下力的特使已经下轿步行,走近牯岭镇前了。

当然,我当日所乘四人大抬,不如御轿舒适派头,但小民如我,坐上去却已是诚惶诚恐,深觉芒刺在背。所幸庐山雄奇峻峭,云雾缭绕,片刻间便觉置身清凉仙境,在如烟、如练、如絮、如毯、如绵、如海、如雪、如银的变幻莫测的云雾之中,但见奇峰突兀、峭壁似隐,一瞬间,我突然忆起小时候读东坡居士所咏的《题西林壁》一诗:"横看成岭侧成峰,远近高低各不同,不识庐山真面目,只缘身在此山中。"

如今,我岂不也在此山之中,而眼前的远山近壑,随云雾而变幻,一切都是那般虚无缥缈,也真叫人看不真切。人云读古人诗,如不身临其境,便难有真切感受。庐山正是如此,千载之上,它令诗人难测,而今,它也叫人迷离!

气温也随入山之深而等比下降。初到白太傅当年江上送客、惊闻琵琶的浔阳城(九江),但觉盛夏热气蒸人浑身是汗;及行至山脚,仰见这峭峻奇突苍翠若滴的山色,已叫人尘念顿消,打从心底透出一股凉意,但这还只是感觉上的清快,必至攀上山径、云生脚下,方觉寒侵肌肤,遍体爽畅。这上下一千一百公尺之间,气温竟相差华氏二十度之多,无怪长江沿岸的中西人士都想上山了。

我们一行分乘四顶四人大抬轿子上山。多年后,我虽然忘记到底花了多少轿资，只记得约莫花了半月薪水，倒是那位来自美国的洋顾问比尔先生，在二十五年后撰写《马歇尔在中国》大著时，还没有忘却这天所花的轿费折合美金九元六角！不过，在斤斤计较之余，却也赞美这是他平生遍游世界中最为奇异舒适的旅程。

## 步行车行两相宜

写到这里，不由忆起这几十年来我个人的登山之旅，和旅途中所曾使用的种种交通工具。

先说庐山，我前后去过三次，使用过各样各式的交通工具。一九四六年夏初度登临之日，为拣便宜，跟随彭学沛部长上山，无意间摆了次阔，也做了一次冤大头，让人捧抬上去，花了我半个月的薪水。当年九月二十一日，送走了蒋主席，拍发了有关新闻电讯，乃邀约政大同级同学李赣熊兄一道下山。赣熊兄是民国大老李烈钧先生哲嗣，由于烈钧先生民元已任江西都督，民四参与云南起义，北伐中更一度参与国府最高决策，在江西，李家久已被人普遍视为"第一家庭"。在我意念中，前往牯岭整修别墅的赣熊兄一定是位公子哥儿，因此下山前便问他雇不雇山轿代步。不料话还未说完，他已经开始骂我腐化、封建，说是年轻人一双健腿分明长在身上，为什么还要别人抬着才能行动？

我被他骂得非常心服，捆好行李背在背上，便二话不说与他步行下山。一路上山雨欲来，山雾隐现，而在奇峰幽谷之外，时见长江一水如练，甘棠湖面似镜。古人一言风景，必然山水并列，这一路步行尽情欣赏，方才悟出这一番道理。更奇妙的是，我们一路谈天说地，时为浮云所隔，但闻其声不见其影，此情此景，又岂是下界忙人所能领会！

下了山，他返南昌，我去南京，在互道珍重之余，我不禁由衷感谢这位公子同窗，没有他的坚持步行，又怎能尽情览胜。

第二年上山下山固然全靠双腿，而且山居有暇，更遍访名瀑名潭，寻幽深谷深涧，更体会出古人探险觅奇的旅行方式实有足多好处。事实上，步游也是我自小旅游方式，记得小时候两番游览青城都是徒步前往，有次更与同侪在密林古道之中竞奔而上，独占鳌头！

其他，在道家圣地的鹤鸣山，我曾迷路山顶老林，茫茫中循千涧而下，方得脱险；在史迹迷离的建文峰，更曾在夕阳返照、荒草萋萋的荒径里，发怀古的幽思……

在此之前，我一直服膺蒋老先生名山不容筑路通车，但能褰裳而登的中式旅游信念，认为即令衡之于今日新的观念，也该维护自然环境，避免人为破坏。对于这种传统观念，一九四八年到台湾，游日月潭、登阿里山，开始有些怀疑，因为，坐汽车直达潭畔市集，展望日月潭，并不觉得后面的公路破坏了天然景观；坐火车绕神木迳上山顶，也阻挡不了眼前漫天涌出的云海。

后来到了欧美，遍游了崔巍壮丽的冬宫、凡尔赛、罗亚尔古堡和圣米歇尔山，走过了四季宜人的莱梦湖和终年积雪的少女峰与阿尔卑斯，再徜徉在大峡谷、黄石公园和优胜美地……发现这些名胜无处不与近代交通工具接轨，但不论公路、铁道，甚至机场，率都淹没在浩阔无尽的大自然里。即令身临其间，也不觉它们压倒了一旁的自然景观。总说一句，近处的公路、铁道，稍远的机场、港口，与大自然相较，实在是太渺小啦！

一九九三年再回中国大陆，重游匡庐、初上峨眉全都坐汽车。发觉那一上一下的两条公路，只蜿蜒隐伏在林树之间，而自山后几乎直达金顶的那条新建的水泥路，更远离了山前的景区。

有了这些现代交通工具在旁，今人个个都可像徐霞客一般寻幽览胜，像苏东坡一样登临赋诗，甚至像朱晦翁那般在山上兴学。

## 第七章

# 登山怀古，天地悠悠

### 隔半世纪上下匡庐感慨多

集党、政、军无上大权于一身的蒋主席，一九四六年七月十四日偕夫人上庐山，驻跸牯岭"美庐"。同月十八日，美国特使马歇尔偕美国新任驻华大使司徒雷登随即赶了上去，十九日，司徒大使更破例在山上呈递国书。中国政要们，则在职的前往述职请示、闲散的跟去请安谋事，而三民主义青年团第二次全国代表大会也凑热闹赶在庐山传习学舍召集。一时，套两句古话，清凉的牯岭冠盖云集，顿成夏都，而燠热的南京则门庭冷落，反倒有若闲置。

## 蒋介石马歇尔对门而居

　　当然，这个夏都是小而又小，从莲花洞登山，中经斗笠树、踏水河、小天池，一转身便步入一处两脉青山环伺的幽谷，谷口是只有一条弯曲长街的牯岭小镇，而在这一排酒庄、餐室、咖啡座、杂货店，以及专售景德镇瓷器组成的主街尽头，便是庐山的精华之处——是大自然的中国清幽与人世间的西洋舒适交相糅合而成的一片乐土！

　　说它是片乐土一点也不过分。平坦的谷底流过一条清澈见底、淙淙有声的小溪，而在两面苍翠欲滴的松林间，高高低低、错错落落掩映而出的，则是好些个粉白黛绿的西洋别墅。溪路尽头是雄伟开阔迭经世变的庐山传习学舍，而在行到尽头之先，则是洋人留下的群楼连环，正是著名的仙岩旅馆。由于它位列河西路九十四号，因此中外熟客总是叫它"九十四号"而不名。

　　就在这小溪两畔，蒋主席与马特使对门而居，蒋府住的别墅名曰"美庐"，由于门前搭建一座翠绿发亮的朱藤架，再衬上四围的茂密松林，路人所能看到的只是隐约若现的烟囱与檐角，倒是对岸暂充马特使行馆的，却是庭院深深、宅前绿草如茵的精舍。

　　两家望衡对宇，中间横立着一座石色斑斓、古意盎然的小桥，通过这座

7-1 蒋介石夫妇的美庐别墅(图片来源 Wikimedia commons/Gisling)

小桥,马家夫妇常赴美庐作客,或啜茗叙谈或倚窗小奕。有次,一位新出道的记者经过,亲眼得见马家夫妇过溪往访"美庐"且停留甚久,乃据之撰写稿件,竟谓蒋、马两氏会面长谈,对和谈前途当大有裨益。不料次日官邸发表新闻却力加否认。事后获悉,那天马帅夫妇果然前往"美庐"逗留甚久,但仅与蒋夫人闲谈对弈,蒋主席因当日时机未到,不愿与马帅对谈,早就在马家去访之前,出门浏览山色去了。这码子事,虽因牵涉华洋颇为微妙,竟意外没有惹起风波,但对我们这批初学乍练的小记者,倒适时上了一堂实实在在的新闻课。

那座小桥,也曾给我留下难忘回忆。记得一天下午,当我路过桥上时,适逢马帅夫人正独自凭栏小憩。她见我行过,很自然含笑打了个招呼,这原是西洋人的例行礼数,可我却突来灵感,认为这正是个访问的绝好机缘。于是我稍一迟疑,便有点结结巴巴地开始一次访问。我相当费力地提出些有关她的家乡、她的爱好,和她对中国印象的小问题,她都乐于一一作答。她说马帅为调停国共对立，必须随时赶赴各地奔波，她个人倒是乐意留在山间消夏，还赞美牯岭很像他俩宾州的那幢老屋。

马夫人白发红颜，长身挺立，对人和蔼，一点也没有大帅夫人的架子。那天，回到《中央日报》庐山版后，我写了篇短短的访问记，第二天，挤在满篇的政治、军事的硬性新闻间，倒格外显得别致。

## 五十年后美庐一探究竟

转过头来再谈那幢"美庐"。那原也是一位西洋传教士建在山上的别墅，战前经蒋夫人以八千"袁大头"买来，一直作为第一家庭消夏的别业，一九四六、四七两年，我因上山采访，不知在门前经过多少次，可是由于门禁森严，一直只能看见门首朱藤与林间檐角。延至一九九三年，我因偕妻返伊故里广济扫墓，侧闻京九铁路的九江长江大桥刚刚建好，尚未正式通车，经询得知广济与九江虽分属鄂、赣两省，却隔江对望，相距非遥。为再游庐山，一探美庐究竟，乃由内侄孙及内侄孙婿两名壮汉陪同，偕妻雇车前往。那天为求早去早回，我们没吃早饭便动身上道，不料还未开到新建大桥，一行五人便觉腹中肠鸣，乃由司机带路，开往江边露天小豆浆打尖，我们每人吃了一碗豆浆、一副烧饼油条，男士外加新出炉雪白馒头一个，加起来仍不及美金一元！

更令人回味无穷的是，它让我忆及当年与三五同学少年在自家乡赶往成都上学路上，大家横七竖八围坐，不拘形迹吃小吃的情景。想不到，在乍暖还寒的初春，于大江之畔，竟让一个七十老翁跌回到少年时节。

更想不到的是，在这全新宽阔的新建桥上，铁轨犹未铺设，却先让我们驱车其上"试桥"。司机告诉我们，像这样的长江桥，已经建好五六座了。我们在桥上慢行约半小时，一过桥便直奔庐山，一路上由于阴雨多雾，除了车前寻丈之地，便只觉身在云中，浑然一体，未久，即抵达素有"云中山城"之称的牯岭。

司机把我们送到"花径"前面，建议我们游毕远处新建名胜，然后再经"天桥"、"锦绣谷"、"仙人洞"、"大天池"与"龙首崖"……他会在那边山下等候。

"花径"是因公元八一五年白居易来此观赏桃花著名于世。据说，当谪官

7-2 一九九三年四月,三度攀登庐山遇雨摄于牯岭河西路畔。

江州、贬作司马的诗人暮春四月游此之际,小径桃花不过数丛,但他看花述怀,却赋了传世的如下绝句:"人间四月芳菲尽,山寺桃花始盛开。长恨春归无觅处,不知转入此中来。"

诗人当年散步小径,已被今人辟为高山公园,那天进入花径大门,便逢浓雾,行进间但觉身前有路,路尽见亭,其余便不见一物,及离亭折返,忽然雾散天清,纵目四望,方才发现我们原是沿着湖畔小径而来,没有失足落水已是大幸。行到此处,我突然感到眼前景色虽花团锦簇,却与四围天然景色颇不调和,特别是那座建在湖上的"景白亭",绿顶红柱,鲜艳太过,恶心刺目。不幸的是,这种古拙胜景与现代艳色的"冲突",在大陆、台湾随处可见!

接下去,全是当年旧游之地,不想细述,及自大天池拾级而下,又逢天雨。正想快快下山,面前撞着的却是拔地千尺、宛若苍龙昂首的"龙首崖"。自顶俯视崖下,只见怪石嶙峋,奇松倒悬,此际山陡路滑,古稀如我,顿觉目眩足软,不敢举步,要不是有两位壮汉随行搀扶,我便只有留在崖上小亭休养蓄力了。

走了一上午的山路，饿了，一回到牯岭，以为还像四十七年之前，可以在一家雅致小餐室里，静静吃一顿中菜西吃的午饭。谁知公路和汽车早已把清幽的牯岭变成了个吵吵闹闹的市集。刚走进镇头，七八家大小餐厅的"公关"人员便一拥而上，展开了一幕剧烈的拉客战，我们也就不由分说被推进一家大餐馆，吃了顿当地著名的石鸡（赤蛙）、石鱼大餐。

吃完饭，我们便和一大群人直奔河西路的"美庐"，同游旅客一见我发虽白而体硕，总以为我又是一位自台归省的退伍老军，有人甚而直呼我曰"老总"。一到"美庐"也觉情势大变，当年它门禁森严，路人但能得见隐在紫藤青松间的檐角，而今它已经改成一所史迹陈列馆，只消用五角钱买张门票，便可大摇大摆登堂入室。

进门前，原以为这曾为一国元首的别业，一定是园林广阔、巨厦高耸，不料进门一看，在一处还算典雅的旧园里，不过是幢两卧两厅的西式楼房，而在楼梯之下的小空间，摆了张单人床，标明是陈布雷先生卧室。不过据我所知，布雷先生山居时日，另独住一幢小小别墅，当年我去过几次，并惊见其形体早衰，在盛夏八月仍于室内生火驱寒；他既有小屋，这楼梯下的小室，应是他在官邸工作时的临时休憩之处。

据我估计，美庐该是百年老屋，不仅室外石壁已形斑白，即便是室内桌、椅、几、榻、沙发……也都可列入西洋古董。总评一句，在欧美这只能算得上一般郊区的中产之家居室。事实上，它也是购自一位旅华的西洋传教士。

## 为历史站岗的新闻老兵

美庐既改名为陈列馆，除了室内尽量保持当年"第一家庭"原样布置外，四壁也悬挂昔年国府要人肖像，在大厅内的一座玻璃柜中，则展示着前陆军大学教育长杨杰（耿光）当年与国府政要的来往书札。对此我颇觉不解，想当年，杨将军虽曾以其兵学专长一度为当道所重，但最后却以敌对悲剧收场，为什么馆内所存，却只是这颇不适调的信件呢？很可能，这些文件在国府匆匆撤离前留在那里，如果真是如此，它们怎样"收藏进宫"，便值得大加推敲了。（记忆中，与杨氏通信的，包括孔祥熙、何应钦、陈诚等国府特级人物。）

大概是我与老妻谈话时声音大了些,同行一位中年人听说我当年数过其门而迄未入室,不免好奇问了一句:"老总,为什么您当年只在门外,而不曾进来!"

我颇觉无奈,只好答以:"当初,我只不过在门外站岗。"他们一路上既把我当作自台返乡的老军,我便顺势瞎扯以求堵塞其口,此计果然奏效,只听他连连点头,说了声"原来如此"。也就罢了。

之后,司机把我们也带到毛泽东在山上住过的宾馆,那里气派大了很多,不仅室外布置得有如一处小型公园,室内布置也比较豪华新颖,特别是那张面积有若小户人家卧房的"龙床",更大得出奇。据说毛氏有在床上看书的习惯,许多特别喜爱的书,便一股脑儿堆在上面,简直是把大床视作小型图书馆。

下山前,我们也去了河西、河东两路尽头的那幢大大有名的会议场所,在它名为"庐山传习学舍"时代,国府蒋主席曾在此宣示对日国策。至今(一九九三年),会场楼上还陈列着中共政要的照片,就中毛泽东、周恩来既大且多,朱德、邓小平不多不少,而刘少奇、彭德怀身后虽经平反,仅寥寥贴上几张。

从照片展览处俯视,楼下的司令台和大会场正是当年上演历史话剧的场所,大约是见我凝视良久吧,小辈们诧异问我当年是否也曾来此开会?"开会,我还不够资格,但是,身为记者,却曾在楼下一侧的记者席上,看过几出政治闹剧!"

说完,我们下山,也该是归去时节。

# 第八章

## 自由之风，吹彻夏都

四大秘书长山上齐贺记者佳节

第二次世界大战盟方胜利之初，民主战胜了极权、自由发展到极致，一时，新闻自由之声乃响彻云霄，新闻记者也普遍受到尊重。中国自然也不例外，战时的新闻检查制度取消了，报纸版面上开天窗的事也不见了，新闻记者在采访、写作和编辑之际潜存心底的那种自我制约，也随之散尽。

　　当然，美国式民主自由思想的东进与国内党派势力的壮大，都助成了这股巨大的民主自由风。

## 新闻自由的黄金时期

　　处于这种新世纪，一向受制与自约的资深记者们微带惊愕地开始脱胎换骨，新进的年轻记者们更是一个劲儿不知天高地厚向前冲、抢新闻。面对这种排山倒海的新闻自由浪潮，当朝所谓党政军大员们也只好"逆来顺受"，勉强凑合拍子也在高唱自由。

　　事实上，政府也不复能控制全部的新闻来源，以当日最热门的国共和谈（实际上是打打谈谈，边打边谈）新闻而论，任何一方不想公开的新闻，记者们都可方方便便从另外一方获致，特别是美方、共方和所谓的第三方面，全都敞开大门乐于供应。闹到最后，连一向被动的国府当道也觉悟到疏远记者，不啻把宣传武器拱手让与对方，从而改弦易张，下令新闻发布必须争取主动适时供应。这里，不妨举出一个实例。

　　战后，国共和谈系由国府、中共与美国三方分派代表参与，国、共是对立的双方，美国则处于协调的地位。最初，有关和谈进展，以梅园新村为基地的中共代表团最为活跃，上自周恩来、邓颖超，以至王炳南、梅益、龚澎之辈，莫不在敞开大门情况下，尽情接见来访中西记者，发表并阐释有利共方的新闻与观点，特别是位高权重且能充分代表共方发言的周恩来，更凭借其上佳口才，隐隐然掌握着新闻进展的脉动。

处于中介立场的美方，源于其新闻自由传统，自亦能对会谈情况做适时而适度的阐述。

糟的是国府方面，主其事者秉承"不发新闻、天下自然太平"信念，不仅不主动发表有利于己方的新闻，而且深藏幕后以少说少错、不说不错为最高指导原则。在这种情况下，报纸自然充斥着中共的宣传与美方的阐释，至于国府在连连挨打之余，依然是一味地否认与更正。

其时，新自欧洲战场采访归来未久的南京《中央日报》采访主任陆铿，为了

8-1 走出梅园新村的周恩来

逼使国府代表出面，乃在报上发表了国府代表、军令部长徐永昌失踪新闻。说来，这该是条既正确也不正确的新闻。说它正确，是因为徐上将隐身不露，让记者费尽九牛二虎之力也找他不到；说它不正确，则是由于记者们明知道他身在南京参与会议，只是不肯现身罢了。

这则新闻虽然不显著地仅以一栏地位刊出，但美方以及有关方面依然看到，并纷向国府方面探询。我们原以为陆主任闯了大祸，一定要吃排头。原因是他前任的前任卜少夫老哥，不久前只不过写了条几十字的短讯，提早透露了中、美与中、英缔结的平等新约即将公布，尽管消息是千真万确，依然上触天怒。结果总编辑袁业裕撤职查办，卜少夫罚薪三个月，社长陶百川请辞照准。而今陆大哥所撰徐上将失踪一讯，正确与否犹有争议，而上头又为和谈事弄得焦头烂额。谁知道等了几天不仅没事，蒋主席还下令徐上将出面与记者们周旋，也把有利于国府的消息主动透露透露！

这是个活生生的实例，它显示出同一个人在战时和战后对新闻的决策，是完全不同的。此后不久，陆大哥与漆敬尧兄在大胆发表孔（祥熙）宋（子文）霸结外汇的爆炸性新闻后，原期必然入狱，连行囊都打整好了，谁知在与蒋先生共餐之余，居然也不曾失去自由。

在下有幸，就在这转变之际，误打误闯一头栽进了新闻界，更走了狗运一足踏上冠盖云集的夏都。说来，从一个大学刚毕业的四川土包子，在两三

个月之间便步入避暑行宫的禁地,不能不算是异数,因此我曾以"平步青云"来形容这段意外的遭际,不过话也得说个清楚,在下只能说是平步青云登上庐山,看尽了达官显宦百态,自己倒是从学做官的法政系学生,变成置身官场之外的小记者,唯一沾点官气的是,服务的报纸被人目为"官报"。

前面说过,抗战胜利,一转眼便吹起了民主、自由风。在山下,南京如此,在山上,小小的牯岭更是这般。

## 牯岭山径两遇蒋主席

自来,做官的之所以大有权威,主要是他们总是躲在大堂、二堂之内的花厅、暖厅,一路上叫人看不见,只把令来行,往往在神秘兮兮之中便能运行权力,让老百姓倾家荡产,至于皇帝,更是深居九重城阙的紫禁城内,连大官朝见都不敢仰视,自然更是君王万岁,叫人天威莫测了。

可是,偏是民主风吹当儿,又加上小小牯岭,既无衙门,也没官邸,在长不过二里,阔不出三十丈的山谷里,大家都得在两条小径上面对面利用双腿走路,官场上那股神秘、深奥的气氛怎样也酝酿不出。就以我这个犹在实习期间的小记者而论,从前也不是没有在学校里集体见过前来训话的自蒋兼校长以次的大官名流,但当时只是远远在台下立正听训,而今,很快便学会大模大样与他们点头招呼了。即令是当日权同君王的蒋主席,我也曾在山上与他或则擦身而过,或则拦路采访。

一天中午,我在黄龙潭游泳之余,一个人赶回《中央日报》庐山版吃饭。一路上遍体清凉舒畅,不由得一面引吭高歌,一面把线网包好的湿衣湿裤当作玩具,右手紧握系网长绳末端,让它在空中绕着圈子玩儿。

当面是条只容两人擦肩而过的山脊小径,在这边上坡路上无法看到对面情景。说时迟那时快,正当我步上脊顶,对面突然出现一片人影,定睛一看,一群侍卫官拥簇而上的,可不就是蒋主席!

我登时怔着,但顷刻间即做了本能的反应,闪避到几乎无地闪避的道旁,右手连忙拉回仍在减速运转的线网,左手却不自觉高举眉际,行了个不成礼数的军礼。这滑稽梯突的怪样子,我一生只做了这么一次,想象中一定赛过了一向在他面前逗笑的现代东方朔,刹那间,只见他老人家微微摇首,强忍着笑与我擦身而过,接下来,那批平素严肃的侍卫们一见主子未加责怪,在惊愕之余,也就疾行而去。剩下了我,倒在原地呆立了好一阵!

另一次的"惊驾"事件,发生在同年(一九四六年)的九月二十一日。那天,蒋主席夫妇就要下山,只不过不知何往。其时,夏都已近末日,别的大小记者全都下山采访日渐热门的和谈,山上只剩下我这么一个新手,我一听到这消息,连忙以百米冲刺速度赶到下山路口,饶是如此依然迟了半步,但见蒋主席夫妇两人所乘山轿刚好飞驰掠过。

大概是怕漏了新闻挨骂吧,我不顾"犯跸"之危,一个箭步窜上,及时攀住第三乘山轿轿杆,急询侍卫长俞济时将军有关主席行程。当下,将军先是一惊,然后示意要我放手。"你看,委座回头在看,你这样做,实在不成体统。"蒋主席确曾回头一瞥,却不曾做何表示,将军为了摆脱我的纠缠,只好低声告以:"委座赴南昌巡视,夫人一去上海休息。"

山上只剩下我这个记者,总算给我逮到一条不小的独家消息,来不及跑回报社,我连忙在附近电讯局挂了个长途电话向南京通报。想不到线那边,《中央晚报》编辑先生却先把我申斥一顿:"早都截稿了,你还抢着报什么狗臭消息!"可是,一等我说明这是主席行踪,他只好接听挖版刊出,不过在电话上还不忘告诫一句:"是新闻,下次要早点报来!"

天啦!从来编、采两部就为了截稿时间争执,可是做记者的,也没法请蒋主席早走啦!

## 有眼不识"太子"蒋经国

再有一次,大约是在三民主义青年团第三次大会一次集会之后,记者群眼看着雍容华贵的蒋夫人自会场含笑出来,便一拥而上和她攀谈。平时,很难得有这种不拘形迹轻松交谈的机会。那天彼此原也谈得非常愉快,可是当一位同业提到主理国家财政的孔、宋国戚该不该兼营商业时,夫人立刻板起面孔把大家教训一顿。她说,孔先生和宋先生之所受命掌管财政,主要是由于他们经营私人企业有成,积聚了理财必要的学识与经验。在美国,财阀出长财政也不乏先例,大银行家梅龙(Andrew W. Mellon)和莫金撒(Henry Morgenthau Jr.)合起来就做了二十多年财长,只听到大家赞扬,也没听说有人议论。

8-2 当时权倾一时的第一家庭

夫人早年留学美国多年,是国内有名的"美国通",她这样引经据典似地说教,大家当时也无法反驳,可是一等我们来到美国,方才发现大金融家和大企业家转而主持国家财经政策固然比比皆是,可是在他们转任公职之际,自家的财务却需经过特别安排,委由他人代管,以避免可能的利益冲突。与此有异的是,孔、宋在久主国家财政之际,却依然管理自家的扬子、孚中和宝源通等私人商业机构,这样官商合一,比起官商勾结,岂不更进一步。

谈完了先生、夫人,让我再叙述一段与"太子"间的交往。记得那天是当年的九月十日,三青团代表大会在传习学舍开会选举中央干事。正当我在前厅采访,一位三十来岁的精壮代表突然走来向我借笔。当下我相当迟疑,因为我那刚用首次领到薪水购来的镶有蓝宝石的头号派克金笔,对我而言不啻是一笔财富,怎好随意借给陌生人。可是那位看似随和的先生却向我含笑保证:"请在这里等我,我圈完了票,立即奉还。"就这样,他的和气、诚挚和有礼的态度打动了我,我立即破例慨允。谁知这位先生前脚一走,一位诨名"包打听"的职员便赶过来问上一句:"刚才经国先生与你谈些什么?"

说来惭愧,刚做记者,所识要人约莫多是当年政大邀来演说之士,经国先生不曾去过,我自然也不识荆啦!

当然,自"第一家庭"以次,在山上我也还与一些达官显宦有过交往,大约也是由于自由风吹吧!他们倒多十分客气、和气。举几个例子,身任国民党秘书长的吴铁城先生与我虽是初识,在河东路上依然不停拍着我的肩膀;而身任大帅的东北保安司令长官杜聿明将军,也在旅舍里手舞足蹈向我陈述他最得意的赤峰战役;即令是我读书时的教育长程天放先生,平日固然非常严肃,在我访谈之初,也还显得相当和蔼,只在我自承受教之后,方才正容以道:"啊!原来你是我的学生!"

说这许多,也许有些人还在怀疑当年记者是否真如此神气,在此我不妨

第八章 自由之风,吹彻夏都 59

8-3 一九四六年九一记者节合影

捡出一张六十五年前的照片为证。这是当年山上新闻界人士在"记者之家"的胡金芳饭店前庆祝九一记者节的场面。那天站在前排的,除了长须长袍的胡金芳老板和庐山管理局长吴仕汉外,全是包括朱沛人、赵浩生、王文漪、陈丙一、王孚庆等年轻记者,而在二、三排上,除了吴铁城、吴鼎昌(国府文官长)、陈布雷(蒋主席私人幕僚长)和洪兰友(国大秘书长)等四大秘书长外,还有邵力子、张厉生、陈方、李俊龙、沈昌焕与曹圣芬等有名人物。至于其他与会记者还包括张进德、房沧浪、胡定芬、周榆瑞、郑炳森、龚绍忍、姚秉凡、黄立文、漆敬尧、姜白鸥、陈达人、张仕杰,和站在末排右边第二的本文作者。遗憾的是,从老旧照片上看,我只认出来这三十位,其余面孔很熟,谅必有名,只是从我的记忆中消失了。

尤其令人感伤的是,他们之中,至少一半以上不在这个世界上了。

## 第九章 山高水远,有报存焉

两度出刊的《中央日报》庐山版

一九四六年夏,在一窝蜂似赶上庐山去的记者中,以南京《中央日报》阵容最为强大。事实上,他们不仅要随时供应南京日、晚两报新闻,而且还要编好一份在山上每日出刊以供"御览"的庐山版。记得当年庐山版的主持人在短短两个月中,前后换了三位,先由总社总经理凌遇选先生带领编、经两部精选人马上山,在排字架和印刷机上去的当天便出了报。不久,凌先生赴美出任特派员,乃由采访主任陆铿先生继任;最后,陆大哥赶下山去采访出现高潮的和谈新闻,主任一职又轮到由南京赶去的总社首席副总编辑朱沛人先生接任。

## 为一个人办报纸

大约那份报主要是办给憩夏山间那位最高当局一人阅读的吧,既不必猛拉广告,也不要大搞发行,因此除了排字、印刷等工务事宜,基本上便不曾专设经理部;倒是编辑部,尽管是麻雀虽小却也五脏俱全,总编一职例由主任兼理,其下设编辑两人、副刊助编一人及校对长一人,分别由郑炳森(老沙)、龚绍忍(兼长沙《中央日报》驻牯岭特派员)、余国光及姜白鸥诸兄担任。至于记者,因需兼负供应南京总社新闻责任,破纪录地多至五位——漆敬尧跑政治、张仕杰管外交、陈达人专管三青团大会,在下一边打杂、一边专搞时人访问,而陆主任则在指挥调度之外,还兼跑要闻。

这份四开张的小报,原是南京《中央日报》暑期在夏都庐山临时编印的地方分版,一般以为它始于一九四六年八月,其实它早在九年之前,即一九三七年的夏日即在山上创设,一九三二年接办南京《中央日报》的程沧波先生在其著作《半世纪的回顾》中所述:

民国二十六年上半年,政局表面上是像宁静疲倦,而里面是紧张迫促,好似大事终将来临,那年夏天,预备非正式在庐山牯岭召集全国各界领袖的谈话会,《中央日报》决定是年夏季到庐山临时开办《中央日报》庐山版,五月初即将印刷电信器材运往,六月下旬出版,聘朱虚白先生为庐山版主任。我在六月中旬即上山去。我住牯岭九十四号仙岩饭店,是当时庐山最好的旅馆,《中央日报》庐山版离此不远,记得七月七日卢沟桥事变,当天下午我们庐山版已收到这种消息。我由办事处回旅馆,第一个告诉蒋梦麟先生,因他住在距我房不远的平房中。从那时起,《中央日报》庐山办事处变成庐山冠盖聚集之所,尤其在夜间,都聚在那里听消息,庐山版发行数量天天增加,不仅牯岭区域内家家定这份报,九江市内亦来订购这一个小型日报。

余生也晚,民国二十六年还在老家念初中,没赶上参加抗战爆发时的庐山版,但九年后因任职央报,且被派上山去,对战后庐山版的再创,却身历其境,所知甚详。

也许读者会问:为什么要千里迢迢上山办报呢?这话得先从老蒋总统的读报习惯说起。原来老蒋总统一生勤读报章,早年每晨所阅亦以《中央日报》为主,也就由于有着这么一位天字第一号读者,便给央报同仁带来各种不同的荣誉与麻烦。记得早年在首都南京或者陪都重庆,大小官员所寄望我们记者的,主要是坏事免谈,至少少谈,好事则请多说,最好详言。一出差到了外地,地方官就把我们待若上宾,消极地希望我们"笔下超生",积极地更盼我们"上天多言好事"。以一九四六年冬在下随京沪记者团往访新自共军手中夺下的张家口为例,我们前后不过耽搁四天,当日叱咤风云的傅大将军作义便陪我们吃上六顿,而且总要我这年轻面嫩的小记者高踞首席。

## 换人如流水的央报社长

可是报纸日蒙御览,却也为央报老板惹来不少麻烦,往往报纸上出点差错,中央宣传部部长先吃排头,《中央日报》社长随即撤换。抗战前,程沧波社长一任做了六年,但接下去,何浩若先生只做了两月,陈博生先生勉强干上两年,陶百川先生在职不足一年,胡健中先生首任也不过一年零十一个月。(当然,胡先生不是下台,而是全力招呼他私人创办的《东南日报》去了。)

我是一九四六年五月闯入南京《中央日报》去的,上距马星野先生接任社长不过半年。此后,在我连续服务央报的二十五年中,先后也遭遇过七位社长,其中马先生约近七年,萧自诚先生三月有半,再任的胡健中先生四个半月,未久转任董事长,陈训悆先生不足一年,阮毅成先生两年,三任的胡健中先生五年,曹圣芬先生最长,做了十年之久,我就是在他任内离职。

一般说来,社长的来来去去并不影响社内人事更迭,譬如钱震先生,便久任总编辑约近九年,前后经过了五任社长,最后升任副社长,又连续做了几乎十载。在这种情形下,编、经两部一般职员的稳定率,高过了走马灯似流动不停的社长,记得我在台北时,便常听同仁们说:"别人谋事到处干谒老板,我们却坐看老板来来去去。"

论其原因,不外两端,第一,做报是专业,不容也无法随意挟带班底;第二,报老板其实不是真老板,上面还有一位掌握党国大权的大老板,不论是新闻或是广告,只要他认为是该刊未刊,或者不该登的登了,他便会怪罪央报社长,甚至中央宣传主管。

当然,记者、编辑、校对、排字印刷人员也曾有过无心犯错受到处分,甚至被关进牢房情事,但事情一查清楚,又一个个返社继续工作,其中最严重的是所谓"伟大、伟小"事件,当日闹得风风雨雨,事后,社中高阶大受影响,一般同仁却都关上一阵了事。此事关系央报领导阶层巨变,事实上也是央报由盛极一时,逐渐转为江河日下的转捩点。

前文,从庐山版谈到蒋老先生喜欢阅报的癖好,再从他的此一癖好谈到《中央日报》上下因而遭受的影响。现在,让在下拉回本题。重行叙述一九四六年夏再创的庐山版始末。

## 编采工务协力赶出报

从到手的文献看,《中央日报》一九三七年在牯岭创办庐山版是有计划的。其时,中日关系日形紧张,大家心里都觉得"好似大事终将来临"。事实上,一次邀请各界领袖参加的谈话会(我们甚至可称之为一个雏形的非正式

9-1 一九四六年夏,《中央日报》庐山版同仁合照。前排自右至左:张仕杰、临时报务员张先生、拼版技术员蒋夫雄、凌遇选、陆铿、郑炳森、李世福、龚绍忍;第二排为军用电台人员;第三排有漆敬尧、姜白鸥、陈达人,其余为工房同仁。当日我因外出采访,不曾参加拍照。

议会)也已决定在山上召开,因此,中枢觉得有在山上办报的必要,《中央日报》也早就在五月初便把印刷电讯器材运往,在好好做了一番准备之后,随即创刊发行,凑巧在"七七事件"发生之际,能及时向山上自蒋先生以次政要提供瞬息万变的消息。

　　一九四六年夏庐山版的筹备便不是如此从容。说来,日本早在先一年的八月便宣布投降,但随之而起的便是大规模的国共战争、美国调停、政治协商会议召集,以及由美特使马歇尔介入的国共和谈,在此国事如麻之际,国府不得已延至一九四六年五月五日方才正式还都南京。当时,大家以为蒋先生会留在首都就近处理紧急政务,想不到他为了远离山下的器扰与掣肘,在七月十六日便和夫人一道前往庐山避暑,兼以避烦。

　　蒋先生上山之初,原也带去了一个完备的军用电台,以便随时收发报告、指令,并同时收录简单的新闻电报,可是喜欢晨间读报的他,并不就此满足。

为了满足这位天字第一号读者,有关人员便忙得个不亦乐乎。每天天刚亮,主席官邸人员先到南京《中央日报》取得当天出版报纸,遂即飞往九江,然后渡江、驰车、登山,直奔美庐。纵令如此,蒋先生还是难于在中午之前看到南京出版报纸,加上其时军政情势瞬息万变,和战系于一发,越发让他有及早阅报、迅速了解中外全面情势的必要。一天,他在与陈布雷先生谈及此一需要时,便想到为何不叫《中央日报》再度上山办报的主意。

一向主意最多、肯冲肯干的马社长星野虽然接任不到八个月,但一接到上山办报通知,当晚,一部原以印制书册的对开平版印刷机随即拆卸装箱,连同一套足敷四开报纸使用的大小铅字,也一并漏夜上船启运。

同时,庐山版人员也同时编配齐全,除前述编部同仁外,另派工务组副主任李世福兄率领臧普洲、蒋夫雄、胡华渚、侯德福等二十多位排版印刷工房同仁一齐飞往九江,临时还从九江一家报社礼聘吕志鸿兄协同拼版。

由于事先策划周详、执行丝丝入扣,当溯江运去的印刷机、铅字在雇工上山去之际,刚刚上山的世福兄和工房同仁已经打整好了尘封八年的一幢空楼,随后,一个下午便把铅字上架,印刷机装好,当晚便在编、采、工务同仁合作下,出版了一份内容充实、编印精美的四开日报。幸而其时全社自社长以次,都是二三十岁青年,因此在出了报,挤在地铺上睡了一上午之后,大家重又起身,开始第二天的作业。

内行的读者也许会问,央报庐山版所需的编、采、排、印人员器材俱备,可是,山下各地的新闻电讯又从哪里得到?上面不是提过,为了供做元首发令指挥,国防部早已派出一组电台,央报一上山,这一设在一处短岗上、警卫严密的电台,也正好替我们每天抄收三四千字的新闻电讯。

而今,半个世纪匆匆过去,上述这批老友或分处各方,或不幸仙去,由于当年同游名山,共处一堂,交谊不比寻常,偶然入梦,依稀还听及见到他们的声音笑貌。

最后,一件事值得一提。记得当年蒋先生预定在九月二十二日下山,庐山版自亦在当天结束。谁知就在朱沛人老哥离社上轿启行之际,官邸侍从人员突打来电话,说是老先生要召见庐山版主持人表示感谢之意。其时,社内仅有在下一人留守,但我自觉到我这个新进小子,不足以代表全社同仁,乃一面请求对方不要挂上电话,一面拔腿冲刺而出,在两百米外追回了朱主任。

事后,有人说我傻,指出蒋公召见是一大荣誉,何不乘机前往。可是,我总以为当时我不够资格代表全社,不去,反而心安。

# 第十章 庐山庐山，与我有缘

「驾轻就熟」让我得结良缘

一九四七年七月初,三大火炉的南京又是个热辣辣的盛夏。那年头,空气调节这个词儿还不曾出现,冷到彻骨寒透的冬天,大户人家不过烧个火盆取暖;热到通体汗湿的暑日,头等机关方才备有电扇取凉。那日子,而今回想,真不知如何度过!

## 再次被派上庐山

记得有那么一个酷热日子,正当我们一批在南京《中央日报》采访组工作的年轻记者热得无处可躲时,主任陆铿突然宣布:为了预防蒋主席再往庐山度夏,报社决定先派一人上山部署。"派谁?""谁去?"……大伙儿一致热切等待他的宣示,庐山,清凉得像特大号的冰淇淋,谁都想去啃它一口。

"选舞,他驾轻就熟。"主任说完,大家不由一齐以羡慕目光对我投注,而我也颇有中奖的感觉。心想,去年以"额外临时试用助理记者"名义跟人上山,不过是个悉随骥尾的小学徒,而今再去,应该说得上是独当一面的大将了吧!想到这里,心底甜甜的,但也微带一丝责任太大难以负荷的惶恐。

写到此地,我禁不住念上几遍"驾轻就熟"。这辈子就是这四个字,一再决定我的命运。一九四七年,由于我先一年曾在庐山小有表现,报社才有信心派我再去一试。整整二十年后,《中央日报》驻美特派员陈裕清兄回台升任国民党中央第四组主任,一时,驻美特派一职竟成直达天听的终南捷径,报社诸公唯恐社外有力人士觊觎斯职,决定赶快堵着缺口,当天必须即自社内同仁中派出继任驻美人选。当时,社内编部高级人员之适任者虽不止一人,但皆缺乏驻外采访经验,最后,原在一旁下棋的总主笔仲肇湘先生突以局外人身分发言。他说,既然大家迟疑难决,何不令选舞前往,他刚自欧洲回来,至少是"驾轻就熟"。

仲公此言,遂使我在驻欧七年,返国不过二年之后,再度派驻美国,成为央报唯一派驻欧美两地的记者。我与仲公素少交往,但以"驾轻就熟"获其青睐,遂得以再膺重任。未料我这个土包子在派美之后,不克返国,先后且逾三十年,若加上先前驻欧岁月,漂流异域,刚巧是有生以来半数!可是在众人眼中,我依然是有点土里土气!

闲话少说,书归正传。就在我摒挡一切,准备出差之际,刚从家里返回办公室的陆主任却突然告以:"买票时要多买一张。"询以何故?他说他的姨妹要回武穴省亲,正好可结伴同行。

## 天注定的姻缘

天下就是这般巧的事情。几天前,在报社二楼楼梯拐角处,碰上陆夫人杨惜珍医生带着一位年轻小姐下楼,看上去两人绝似一对姐妹,当时杨医生曾为我略略介绍一下,我礼貌点了下头,脑袋里虽曾留下个极好印象,但是工作一忙,我这个看见女人便会脸红的人,也就没有再想下去了。

想不到,就在我奉派上山的头一天,刚自朝阳大学法科毕业的小杨小姐正好由司法行政部派往南京首都高院任事,约计十天之后便要上班。这天在陆府,正当杨家两姐妹商量着怎样让做妹妹的赶在上班之前,返籍省视久别老母时,在旁的陆大声兄立刻插上一句:"我们组里正要派位同事前往庐山,正好让他把妹子送去。"

事情就是如此凑巧,这天我要去庐山,陆家的小姨妹也正要去武穴省亲;然而更巧的是,庐山是江西名山,武穴是湖北名镇,骤看来,分在两省的庐山和武穴相距何止千里,究其实,它们虽隔着长江,却彼此相望。一巧再巧,这下我伴驾送人的任务便定下来了。

于是,杨小姐、我以及《新民报》派赴庐山的好友唐志镛兄,三个人坐上了开往九江的江安轮,分别住进了男女客舱,溯江而上。一路上,除了吃饭时在一起聊聊外,偶然见面,不过客客气气打个招呼。志镛兄与我曾在金陵大学同学,这时已与《新民报》老板邓季惺的大小姐定了亲,在男女交往上比我大方得多,他一见我和杨小姐正好一对,便从旁一力拉拢。

渐渐地,我略知杨小姐是已故最高法院推事杨步青先生的四千金,芳名惜玉,与她的三位姐姐分以芬、芳、珍、玉四字命名。杨家是司法世家,杨老先生虽于抗战那年罹病仙逝,但杨家大哥锡堃兄时任地方法院院长,而已逝的二姐也曾在重庆法院工作。

船到九江当天,我把杨小姐送上开往武穴的小汽船,挥别之际,不觉怅然,尽管自我警告不要胡思乱想,但心中总有着一个挥之不去的倩影。

上了山,安顿下来,刚部署好一应采访线索,山下突然有电话打来,一听,正是这位杨小姐,她说,省亲返抵九江,却买不到前往南京船票,希望我下山再帮个忙。我一想,这岂非天赐良机,连忙跑下山去,当晚就把她送上返京江轮,好让她及时赶到上班。

事后回想,这一连串的巧合,岂止是天赐良机,而且是天赐良缘,因为在一年四个月之后,我们这一对同年同月同旬生的属猪浑小子和傻大姐,便在天下大乱之际,抢着在南京结婚,再转到台湾逃难。此后,不论在台、在欧、在美,一直是傻乎乎、喜滋滋地一同过了六十四年,一路上,养了两男一女,下一代再生了八个小美国人,一家十六口在交谈之际,使用的多半还是四川南路土得不能再土的浑而且重的方言!记得一天,邓小平先生访美,被邀在电视台上发言,儿孙们在旁观看。突然转头争相告我:"爸爸(爷爷),这位邓先

10-1 老来与老伴杨惜玉同游西点军校

生怎么也讲我们的话？"笑了笑,我轻声答以:"客气点,他比我们都大,应该说,我们讲他的话。在这个地球上,讲我们这种话的人,早就超过了一亿！比会讲法语的人还多得多哩！"

我常常想,人生遭际多以上述机缘两字决定,以我而论,如果一九四六年不闯进央报、派上庐山学习,第二年便不会以"驾轻就熟"再派上山独当一面；再说,如果第二年不派上牯岭,便不会与我妻结伴结识,两个人的姻缘又不知有着怎么的变数！

继续推演下去,如果我没有结婚,或者结婚之际,央报原来的驻台特派员不请辞返里,也许,我单就跟一批四川避难的同乡们一道西返。

再说,我先行赴台,终于来美,也缘起于当年之去法国,而一九五八年之所以能以不识一个法文字而派驻法国,也缘于立法委员胡健中先生返主央报之日,适逢他的乡长胡适先生自美返台,应邀赴立院演说。那次胡老板认为相当难记的学术而兼政治性的讲演正好由我记录,意外得到了二胡的赞赏。

未久,当老蒋总统无意间表示国府不该重美轻欧,央报也该派个记者长驻欧陆时,胡先生立即想到我的头脑还算灵活,中文也还不赖,在当日总编辑老哥钱震的力荐下,就把我派过去了。想不到,最后来到这万国之最的美国,再无他地可转,亦无他缘可结,四十年间就只好待在此地孵孵豆芽了。

第二部

# 汉奸大审

# 第十一章 惩奸大事,听我道来

习法不曾白费,听审不费工夫

我原本是个大学法律系学生，一出校门便转业新闻，原以为四年习法的辛苦是白费了。谁知一进了南京《中央日报》便碰上国府大审汉奸，报社负责人一俟我实习期满，从庐山下来，便告诉我说，今后你的采访路线是法律，举凡立法、司法部门都在你的"管辖"之下，目前最主要的工作便是听审汉奸。

这时正是一九四六年九月二十六日，为了方便未来工作开展，我积极从事准备，分别自司法行政部、首都高等法院以及报章杂志上，有系统地搜集了逮捕、审理和惩处汉奸的有关资料。

## 军统局全国逮汉奸

先说逮捕汉奸工作，早自头一年的九月下旬便由军统人员在各地同时进行。论其原因不外是：一、军统一向得到蒋主席的充分信任，在沦陷区原已布有地下组织，对汉奸活动比较熟悉；二、事实上，日本投降时军统武装人员也已潜入东南各大城市，汪伪组织的重要头领如周佛海等多已向军统投靠，由军统掌握、利用，因此叫军统负责捉人，可谓手到擒来。但是，由于军统是秘密特务机关，依法不能公开捕人，因此他们采取行动时，仍是以宪兵、警察、军队等机构之名义进行。

军统局（全名为国民政府军事委员会调查统计局）在接到逮捕汉奸命令后，即在局内特设肃奸委员会，并采用下列办法：一、中央肃奸范围，以全国二十五个大城市为度，分别设立肃奸分会，主持其事；二、其他地区的肃奸工作，分由各地政府负责；三、军统所属机构，必须奉命而行，不得擅自抓人；四、请政府指定法院，集中审理汉奸案件；五、汉奸财产，由"敌伪财产管理局"处理；六、对抗敌中"立功"汉奸，由军统负责证明。

另在逮捕工作开始时，国府还公布两项重要指导原则：第一，对于伪满、伪蒙汉奸，因情况特殊，一律不咎既往；第二，对一般汉奸，则本着"首恶必办,从罔究"之旨,从宽处理。

在具体捉奸过程中,军统主要采取诱捕和以奸肃奸两个办法。首先,他们编好厚厚一册的"汉奸提名录",利用汉奸们无处可逃,企图幸获减免心理,要他们自首登记,随后分期分别召见,予以扣留。仅在九月二十六日这天,军统利用

11-1 南京出现的惩奸宣传

这种"请君入瓮"办法,便在南京逮捕了伪实业部长梅思平、伪教育部长李圣五、伪南京市长周学昌、伪海军部长凌霄、伪社会福利部长彭年、伪经理总监部长岑德广、伪宣传部次长郭秀峰等。翌日,又用同一方法在上海捕获了伪湖北省长杨揆一、伪国府委员项致庄、伪中央银行副总裁钱大櫆、伪司法院院长张国元、伪最高法院院长张韬、伪宣传部长赵叔雍、伪建设部长傅式悦、伪司法行政部长吴颂皋、伪清乡事务局长汪曼云、伪国府参军长唐蟒、伪驻伪满洲国大使陈济成、伪驻日大使蔡培、伪立法院长温宗尧,以及卢英、潘达、潘三省、林康仪和李士群之妻叶吉卿与吴世宝(又名吴四宝)之妻余爱珍等。

## 计抓群奸一网打尽

在华北,军统更戏剧性地使用上述"请君入瓮"办法,把大号汉奸们一网打尽。原来十二月五日这天,北平首要汉奸都接到由伪华北政务委员会委员长王荫泰署名请帖,邀请群奸到兵马司胡同一号伪华北政委会经济总署督办兼联合准备银行总裁汪时璟豪宅饮宴。晚上八时,正当群奸毕至,主客畅饮之际,赶到北平的军统局长戴笠却到场拿出一份名单,当众宣布说:"从现在起,你们都是被捕人犯,我们准备把大家送往监狱。这是中央的命令,本人不能作任何主张。"

这样,座上客顿成阶下囚。由于事情来得过分突然,群奸一时六神无主,不知所措,就中,华北头号汉奸王克敏精神更是紧张,随即倒在沙发爬不起来。这天被捕的,除了曾任伪华北政务会委员长的王荫泰、王克敏和王揖唐,

11-2 汪精卫、陈璧君夫妻(后排左二、左一)，一个病死东瀛，一个死在狱中。

以及屋主汪时璟外，还有伪政务会建设总署督办余晋和、伪治安总署督办杜锡钧、伪农务总署督办陈曾栻、伪工务总署督办唐仰杜、伪天津市长潘毓桂、伪河北省长荣臻、伪北平市长刘玉书、伪华北宪兵司令黄南鹏、曾任伪苏淮特区行政长官郝鹏、曾任伪冀东防共自治政府主席人称老牌汉奸的殷汝耕等五十余人，当然，我们的散文大家、别号知堂老人的伪教育总署督办周作人，也包括在内；同时，在天津被捕的还有伪政务会绥靖总署督办、北洋老军阀齐燮元等九十余人。

然而最难抓的，还是当众大叫"老蒋这样、老蒋那样"既傲且悍的汪精卫之妻陈璧君。这位永远要人尊称她汪夫人的"党国元老"，久镇广东，是南方最大的一条地头蛇，如果捉人时操之过急，很可能发生麻烦，甚至引起动乱。因此由戴笠设计，先伪造一封蒋主席具名的电报，由他的副手郑介民亲自送给汪精卫连襟的伪广东省长褚民谊，电文上说，"重行兄(褚的别号)：兄于举国抗敌之际，附逆通敌，罪有应得，惟念兄奔走革命多年，自当从轻议处。现已取得最后胜利,关于善后事宜,切望能与汪夫人各带秘书一人来渝而谈,此间已备有专机,不日飞穗相接,弟蒋中正印。"

褚见电码上附有密码,深信不疑,乃劝陈璧君应命前往,而陈也乐见蒋主席仍尊之为汪夫人,决定带两婆新上市杨桃到重庆送人。谁知他俩中了戴、郑之计,被军统人员辗转押往苏州候审。尽管一路上她不停骂人,甚至对一位叫她陈璧君的军统高级人员教训一顿,说"陈璧君这个名字是你叫的吗?当年国父孙先生不曾这样叫我,你们的委员长不敢这样叫我。你是国民党下面雇用的人,你配这样叫我?"可是,尽管叫得厉害,人还是被押往法庭受审。

## 四千人的大审判

上面说过,军统也采用了以奸肃奸的办法,利用伪政治保卫局上海分局局长、原军统人员万里浪,叫他以周佛海"上海行动总队总司令部"辖下"调查室主任"的名义,组织了一班人马,对其昔日同僚进行侦查、逮捕,计由他一手抓到的汉奸就有数十人,其中还包括曾任伪广东省长的陈春圃。

如此这般经过了三个月,到一九四五年底,军统在南北各地一共捕获有汉奸嫌疑者四六九二人,其中移送各地高等法院(按依法,汉奸罪第一审法院即为高院)审理者四二九一人,移送军法机关审理者三三四人,移送航空委员会讯办者二四人,在押病故者四三人。

至于汉奸案件审理,国府也先后在一九四五年十一月二十三日及十二月六日,正式颁布《处理汉奸案件条例》十一条和《惩治汉奸条例》十六条,以为肃奸的法理依据。其时,名法学家章士钊等纷纷上言,除建议及早进行审奸工作外,并主张从速"设置特别法庭"专司其事,但国府却认为汉奸案件仍应依据处理和惩治汉奸案件两条例,交由法院审理,而"设置特别法院,有违法治精神,易滋物议",不予采行。

一切准备停当,正式审奸的工作,乃于一九四六年四月先后在各地进行。在下原定在五月间即开始分在苏州江苏高等法院及南京首都高等法院旁听审理,当日江苏高院院长兼审判长孙鸿霖先生是我大学时代"刑法分则"一课的业师,首都高院院长赵琛也已在五月中便趋前访问、接洽。我心想,原想离开法界,谁知又一头撞了回来。

不料,刚把临时设在朝天宫的首都高院的门庭摸熟,就突然被调往庐山央报分社工作,一直到九月二十三日在山上送走了前往江西巡视的蒋主席,才又回到南京参加审奸采访。

这时,审奸工作早已在各地密锣急鼓式地展开,江苏高院更已拔头筹,先宰了自以为"有功党国"的前任伪立法院副院长缪斌,然后把当时列为头号大汉奸的伪国府代主席陈公博和伪广东省长褚民谊判了死刑并予执行。至于素以泼辣著名于世的"汪夫人"陈璧君,也已在苏州高院被判无期徒刑。另外,在南京组织伪维新政府的北洋余孽梁鸿志也在上海伏法,而在北平组织伪华北政务委员会的前北洋直系要角王克敏,也早在先一年十二月二十五日畏罪服毒自杀。

## 意外首位受死的缪斌

先说那个原不该死的倒霉鬼缪斌,这个二十四岁便在北伐东路军担任政治部主任的少年得志人物,原是何应钦的亲信,国府定都南京不久,即出任位高权重的江苏省民政厅长,任内公开定价出卖县长,被他的无锡小同乡吴稚晖先生纠弹下台。闲居中,曾被何应钦派往日本担任联络工作,谁知抗敌开始,即为他的日军特工朋友拖下了水,参加日本御用组织的新民会和东亚联盟。及一九四〇年十月汪逆组府,更出任伪立法院副院长。一九四五年三月,缪某自称接受重庆国府命令,赴日谋和,且曾与日本首相小矶国昭等进行谈判,终因日本陆海两相坚决反对未成。

及抗敌胜利,缪某自以为曾进行策反参加和谈,可保无事;事实上,一度也曾逍遥法外,过着清闲的寓公生活。不久,虽被捕押往南京,但仍接受充分招待,未料一天深夜,突被押往苏州候审。

为什么缪某遭遇,竟如此变幻莫测?据当日报章透露,是由于美军无意间在日本档案中翻出缪某不久前携往日本的所谓"和平条件"。原来,在当年罗斯福、丘吉尔、蒋介石举行的开罗巨头会中,原有任何盟国不得与日本单独谋和的决定。如果缪某真的是代表国府谋和,岂不是有违斯议。

于是,在美国询问下,国府乃以处决缪斌、作为否认议和的最有力表白,而缪某也就在一九四六年四月三日在苏州受审,同月八日判死,五月二十一日执行。成为肃奸文上第一个明正典刑的汉奸。原来，国府对大小汉奸审理，早就有着量刑标准：一、伪"维新政府"、伪华北"临时政府"（后改为华北政务委员会）和汪伪政府最高头目，都判死刑。二、伪省长以处死刑为原则，伪部长为无期徒刑，伪次长为七至十五年徒刑，伪局长为三至五年徒刑。三、其他有涉嫌之处而被拘到庭者，原则上一概处以二年半徒刑。缪某原仅任伪立法院副院长闲职，胜利前又已"赋闲"在家。照例本不致死，但因牵涉盟国的违约嫌疑，因此被拿出来开刀祭旗，这恐怕是他始料不及的吧。

## 陈公博从容褚民谊狡猾

第二个在苏州受审的是伪国府代主席、伪行政院长兼伪军委会委员长陈公博。远在胜利之初，他一看脑袋不保，乃在日方授意下，于一九四五年八月二十五日，偕妻子李励庄、伪安徽省长林柏生、伪实业部长陈君慧、伪行政院秘书长周隆庠、伪经理总监何炳贤、女秘书莫国康一行七人，密乘飞机前往日本避难，但事为国府侦知，经与日方交涉后，复自日本押解回国受审。

在苏州高院受审时，陈自忖必死，在审理中，虽也宣读了三万多字名为"八年来的回忆"的自白书，但自知无济于事，因此在一九四六年四月十二日审判长孙鸿霖宣布判以死刑时，还勉强笑道："本人上次早经声明，决不再事上诉，此刻欲说者，即余之自白书，蒙庭长准许公开发表，余实心满意足，愿在此表示感谢，法院之所以判我死罪，是为了我的地位关系，也是审判长的责任关系，我对此毫无怨意，并表谅解。本来，我回国受审，就是要表示出我束身以为服法的范则。"

及同年六月三日伏法之前，他也表现得相当从容，先写了对家属遗书，再写致蒋主席书信。但写了一半，便搁笔微叹，自嘲"当局自有成竹在胸，将死之人，说了也未必有用，不如不写吧"。然后转身面对监刑法官说："快到中午了，我不能耽误你们用膳的时间，我死后，遗书请代交家属，现在就去吧。"说完，还与监刑官、书记官握手道别。看来，这汪系下两员大将之一，还有些书生气慨。（另一为顾孟余，虽与汪亦交厚，但守正留渝，未曾附逆。）

接下去在苏州受审的是先后曾任伪外交部长和伪广东省长的褚民谊。

11-3　左——陈公博；右——褚民谊

他是陈璧君的妹婿，战前汪精卫出任行政院长时，他即因屡有标新立异表现受人注目，譬如在六届全运中连夺游泳锦标，被人封为"美人鱼"的杨秀琼在赛后观光之际，褚胡子即以行政院秘书长之尊，亲为杨女驾驶马车，招摇过市，此番被捕受审，先判极刑，褚某不甘就死，乃以携回国父致癌肝脏及遗著原稿为由（褚民谊认为自己一九四二年将孙文腑脏从日军控制的协和医院救出，于国有功），声请复审，且得当道暗中声援，但法官坚持立场，在法言法，仍判以死罪，并于八月二十三日执行。倒是与他一同中计被逮的陈璧君，大概被人视为女流之故，仅判了无期徒刑。

## 汪精卫之坟遭炸开

此外，上海高院也判了伪维新政府行政院长梁鸿志死刑。这位相当有名的诗人战后本来已逃至苏州隐居，继因其宠妾回沪取宝，为人发现，跟踪回到苏州，把他从藏身处擒获，可谓天网恢恢，疏而不漏。

在南京，梅思平与林柏生也先后在五月受审，同被判以死刑。梅于九月十四日处死，剩下来预计在京受审的，当是汪伪组织中事实上大权在握的周佛海，身任中统、军统与伪统头目的特务大头丁默邨、下水文豪周作人、老牌汉奸殷汝耕、所谓中国社会主义先驱江亢虎、老政客温宗尧、王荫泰和在伪朝中暗地久握实权的罗君强等一类巨奸了。

11-5 一九四二年十二月二十三日,汪精卫(前排左)出席日首相东条英机(前排中)晚宴,合影的还有周隆庠(二排左一)、周佛海(二排左二)、梅思平(三排左一)与大东亚相青木一男(三排右一)。

　　至于卖国首恶的汪精卫,虽然早在胜利之前即在日就医之际病死,但他也未逃脱惩罚,一九四五年胜利之后,当局便嫌他建在明孝陵前梅花山的"陵墓"过分碍眼,乃于次年一月中指派工兵部队把汪墓炸开,然后将尸体连同棺材运往清凉山火葬场全部火化。

　　于是,国府正式还都之日,在中山陵畔,再不见这名晚节不守的叛徒的一点痕迹。

# 第十二章 狮子老虎，尽噬群奸

从怕看杀人到不得不看

一九四六年九月底,在下自《中央日报》庐山分社返抵南京总社后,徒以在大学曾经习法之故,被派采访所有法律相关新闻,自国民大会、参政会、立法院、司法院、司法行政部,以至于最高法院、首都高等法院,全都归我"管辖",只有地院留给采访社会新闻的同仁,理由是,大大小小的社会新闻,一大半的"归宿之地"多是起诉或承审的地院。

骤看来,在下"管辖"范围大得出奇,一定忙得不可开交,事实上,越大的衙门,由于新闻多有议程、日程一类的脉络可循,跑起来还不太费力,有时跑得勤点,还会捞上几条独家新闻,唯一让我这名新手担忧的,还是老虎桥首都监狱处决大汉奸的"突发"新闻。

## 布眼线抢看处决现场

本来,汉奸案件依法虽然只消二审即行定谳,但在高院初审判刑,最高法院复审维持原判后,还要经过司法行政部核定行刑日期,最后才交由监狱负责执行。这中间经过好些机关,理当不难打听。可是,中国的司法机关传统上习于保密,一个记者如果不曾在暗中进行的过程,好好布上一两个棋子,就不免漏掉新闻。

我自赣返京后,汪伪组织部长及伪浙江省长梅思平伏法未久,下一个被判死刑而未执行的是伪宣传部长及安徽省长林柏生。这两人在汪伪组织中,前者是当年附逆 CC 派人物中地位仅次于周佛海的要角,后者则是汪精卫公馆派大将,一样迭任汪伪府部长、省长,两人权位相伴,罪行相当,以判决及行刑日期推算,梅是五月九日刑死,九月十四日受刑,而林既在五月三十一日判刑,执行日期大约也该在十月初旬。

尽管我在短短时间里,也曾分别在法部、高院布置了线索,但经过考虑,仍认为行刑场所的老虎桥监狱最为重要。(说来,战后处决巨奸的苏州和南京监狱，名称也真是巧得出奇，前者名唤狮子口，后者叫做老虎桥，结果这一狮一虎，果然一一张口吃掉了陈公博、褚民谊、梅思平、林柏生、丁默邨、殷汝耕之类人物，至于周佛海，虽判死而获减刑，一样也病死狱中，未脱虎口。)幸运的是，当我专程访问老虎桥监狱魁伟无比的孔典狱长之际，无意间也结识了一旁身似竹

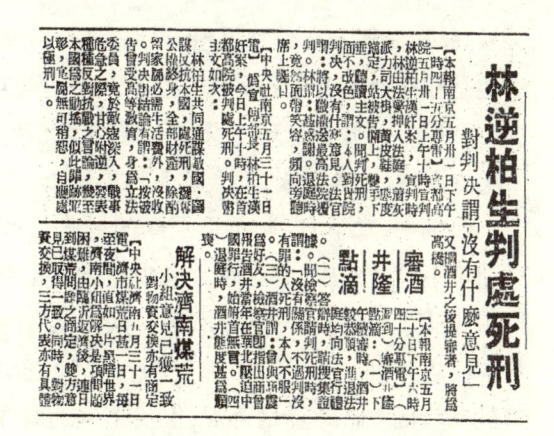

12-1 《世界日报》一九四六年六月一日林柏生遭判死刑新闻(舍我纪念馆提供)

竿的孔大少爷，而且在参观狱中设备的行程之中，更与这位孔门"祥"字辈的大少谈得非常投机。说来，这位孔祥什么的(恕我忘了最后一字)人也真是有趣，他在狱中迄未补上一官半职，仅以老父典狱之故，竟也戎装佩枪，出入牢门，逍遥无禁。

一开始，我就看破了他爱虚荣、好交游的根性，此后不是邀他小饮，便是请他观剧，一个劲地讨他欢心，这类费用无法报支，但为了不漏重大新闻，只好忍痛自掏腰包了。所幸这位大少很是通气，在酒酣耳热之余，他乃悄悄告诉我："老弟，老虎桥的事包在小兄身上，今后，只要接到我的电话，说是邀你一谈，你，就得立即动身了。"

## 从小怕看官府杀人

说来也真是好笑，从小，我和大哥选棣、三弟选仕，被人称作"四五六，一道快"的兄弟行，经常周游市上，爱看稀奇，特别是官府杀人一类的紧张刺激大事，更是不肯放过，可是一逢这码子事，也只有赶热闹的分儿，真正临到节骨眼，却都怯场不前，不敢亲睹。记得那时，兼长司法的县太爷辈杀人，讲究的是刑事报复主义，旨在示众以威，警世以惧。因此大堂上的钩名掷笔，褫衣上绑，以至于此后军乐队的厉声开道，行刑队的摆队游街，无不在营造一种慑人心弦的恐怖气氛，这样，群众自然大感紧张刺激。

同时，受刑人在长路迢迢游行的种种表现，一样能震慑人心。事实上，不论他是在喝下那碗送死黄汤，之后的逞强狂叫（诸如二十年之后又是一条好汉，或砍了头，脖子上不过多一道碗口大伤疤之类），或是吓得手麻足软，被人架押而行，叫人看来，都会再生一层恐惧。

回忆中，堂上宣判，游行示众的场面，我们看得好多，但临到刑场，却都又却步不前。一次，邻居张大威中尉大哥奉命一口气下手枪毙五人，邀我们兄弟"观赏"，我们一样敬谢不敏。又一次，县太爷把一个谋杀亲夫的"淫妇"判了凌迟大刑，定期在衙门口执行，那天，全城人山人海，如醉如狂，我们兄弟虽亦前往一睹此稀世奇观，但仍是远远躲在人堆之后，惊心动魄聆听前排人众的一刀一吼！

仅看了这些刑前惨状，渐渐地，我也就源于对行刑的残酷，而滋生了对死刑的反对心理。及长学完法律，原亦想投身法曹，学以致用，但一想，做法官免不了判人死罪，因此才悄悄打退堂鼓，改行转业。谁知一踏入报社，仍逃不脱跑法律路线，而且为了怕漏新闻丢人，还千方百计部署线索，就怕不能亲见这一直怕看的杀人场面。

就在我心里忐忑不宁之际，算来也正是林案了断之期。果然，就在那年十月八日中午，正当我在采访室隔壁餐厅举起筷子时，孔大少要我赶往一晤的电话却打了过来，这下顾不了吃饭，便拉了摄影记者胡胖哥，乘车直奔老虎桥而去。

## 死前手抄汪精卫诗

一到狱门，孔大少早已等在那里。不久几位采访同业也相继赶来，大伙儿被邀坐进典狱长办公室，那位肥头大耳、相貌堂堂的狱长还堆着笑脸，戏谓我们这些记者鼻子真灵，南京如此其大，一嗅便知道这里有着新闻。可是，他就不曾想到没布线索、鼻子也差的其他几位同业，事后又是多么的难过。

"监刑的检察官还不曾驾临，各位厅里坐，先喝茶。"孔典狱长先招呼我们坐下，然后与几位摄影记者约法三章，请他们抢镜头也要顾及安全，不要在刑场奔跑，尤不宜与受刑人挤得太近。约是下午二时半左右，高检处检察官陈绳祖随带行刑令，率同书记官及一班法警赶到监狱，先在刑场之旁布置好临时法庭,然后叫两名看守去"忠"字监、死囚牢去提林柏生到场。

林柏生虽已沦为死囚,但身任汪精卫的亲信,官做大了,居然还留下那么一点官威。平日,看守们如有啰唆,他常当面加以申斥。这天他死期将临,看守们生怕刚愎如他,一旦知晓真情,急切中可能发生意外,因此一打开牢门,便骗说是他儿子前来探监,要他出门相会。林闻言很是高兴,先穿一套中式灰绸短衫长裤,再着灰袜黑鞋,最后更戴上那副颇为神气的没框眼镜,手拿着一本西文书籍,和写给儿子的两纸条幅,喜滋滋随着看守出门。

正当他刚走近"忠"监大门,迎面却闪起阵阵晶亮镁光,谁都明白在这种场合遇上一群摄影记者准没好事,林是聪明人,出身文化新闻界,在强烈镁光中略略怔了一下,便明白大事不好。自此,虽说一路上步履如常,但原来白净的脸上,却也不免添上一层淡淡的灰白。

到庭后,高坐台上的陈检察官告以奉命前来执行,问他可还有什么话说。林略一沉吟,随即向检察官提出两个抗议:"请庭上放心,我今天不想多说什么,既然这是为了国家的事,对个人的生死,我也不必再抱什么样的遗憾。不过,对一个临死的人,你们还骗说是我儿子来访,实在是有点残酷。再说,我事先不曾接到确定判决,遽付执行,似乎法律手续上也还有些欠缺。"

话一说完,他要求写几个字,经准许后,即趋公案之前,相当安详地在从牢内带出的西文书空白的扉页上,写下一段文字:

  余妻徐莹及诸儿留念:春来春去有定时,花开花落无尽期,人生代谢亦如此,杀身成仁何所辞。柏生,十月八日下午二时五十分。

接着他又在西文书封面里页写上了"革命救国、科学救国"八个大字。

当日,在下和在场同业都曾抄录此诗,并予刊露。最初,大家原以为是他即席赋出的绝命诗,继而一查,方知他是摘自汪精卫《双照楼集·飞花》一诗中的结尾一首。

写到此地,我不由得要插上一段闲话,有些中国人喜欢拉帮结派,惯于把帮派利害置于国家利益之上,并把帮派首脑尊为主子"圣上"。就以国民党的汪精卫派为例,其门下若陈公博、褚民谊、曾仲鸣、林柏生之流,竟甘为汪某效忠效死而不悔。先说汪派第二号人物陈公博,在汪叛国之先,陈也曾晓

12-2 日占领军将广播事业全交给广播事业协会,伪宣传部长林柏生(站者右一)对日军表示感谢。

以大义,劝汪悬崖勒马,但当汪决然远走河内,陈却不过二十年主从厚交,仍追随汪去做此十恶不赦坏事。最后系狱待死,仍在绝命长诗中写下了"恃此肝胆烈,愿为朋友死……友谊泰山垂,性命鸿毛比……"一类词句。次言褚民谊,在受审答辩之际,对汪仍大加吹捧,说什么我与汪先生的关系,论亲戚为连襟,论私交为早期留法同学,在党内为同志。而我对汪先生的为人非常敬佩;所以与他盛情之笃,非仅为亲戚、同学、同志之故。再说曾仲鸣,也是与汪生死与共,不吝在河内代死,至于其他原非汪所属直系人物如周佛海、梅思平辈,也多在临死之前,还在一口汪先生如何,一口汪先生怎样絮絮不休,这种因私害公的派系愚忠,不知何时才能根绝。

这天,林柏生的表现,也没有脱出此种窠臼!

## 残酷场面秉笔直书

回过头来,再继续叙述林某就刑经过。记得林某在书写遗书时依然还相当镇定,手脚也不见颤抖,书毕,他抬头再向监刑官进言:"人死了,一了百了。听说上次在思平先生受刑之后,你们还叫仵作(指验尸者)任意撕毁衣服检验,辱其遗体,这不免有点过分,希望这次不要故技重施。"话一说完,他便自动取下所戴眼镜,交给了监刑官,然后徐步走向刑场,走不上两步,便回头问上一句:"今天是哪位兄弟执行?下手时,请爽快一些。"说完,便继续踏步走向墙角。

　　本来,我们都看见跟在林某后面的,是高院法警室那名神气活现的警长,可是,说时迟那时快,刹那间,警长后边闪出一名壮汉,只见他举起手枪便向林的后脑开了一枪,林先是应声倒地,然后一跃翻身,仰卧草地,此时,他前额虽已血流如注,但胸部依然急促起伏,不曾断气。警长见状,再命助手补上一枪,林方才死去。

　　事后,那名警长上前向记者群招呼,说实地行刑助手是个不曾补上名额的伙计,敬请大家在发新闻时,还是指出是他自己下手。这是早年狱吏捕快留下的陋习,可见人人都想留名。

　　看官读到此处,也许会问:你不是一再指出为了怕看行刑,连法官都不敢去做了吗?为何这天破题儿第一遭在老虎桥亲睹杀人,又一切看得那般真切,始终不见慌张了呢?

　　说来,这似乎有些矛盾,可是事后追想,在下之怕与不怕,完全是由于行刑环境和受刑人反应之不同而有异。小时候,家乡县太爷杀人,为了警世以惧,不惜造成十分慑人恐怖的气氛,自然把我们一批大孩子吓退了。可是老虎桥监狱那天的行刑却"文明"得太多太多,既无凄厉军乐,亦乏衙役逞威,死囚也没有被五花大绑押解游街示众,一切都在平静的气氛中进行,特别是检察官问话客气,林柏生回答更是从容,一直到警长助手掏枪一击之前,场面平平和和,一点也不叫人害怕,我这个怕杀人怕得志愿"丢官"的胆小如鼠之徒,也就在不知不觉之中,尽责地看完了一次人间至惨的杀人场面。

　　不过就在这年冬天,当国府空军总部军法处处死三名叛徒时,情况又完全不同。记得那天,当庭上连续宣判伪航空署正副署长死刑时,那两名中年人还能默默承受,可是,轮到那名三十岁上下的伪大队长褫衣上绑时,他却面色灰败,一身软瘫,两排牙齿也不停颤抖交战,那时正是严冬,法庭也未有取暖设备,看到他那觳觫恐惧之状,我只觉一股寒意起自脊梁,两排牙齿也就不由得跟着他上下抖动。

不过，人总是能适应环境，当我这名法律记者不得不迭上杀场看人行刑，胆子也就日益大了起来，于是，丁默邨、殷汝耕、刘晋钰、刘如心、陈公侠、吴石、陈宝仓等一类的有名人物，也就在我面前一如过眼云烟般逝灭！当然，站在人道立场，仍觉得"以刑止刑，以人杀人"的做法不对，但做了记者，也只好秉笔直书了。

## 遭同为立委的审判长判死

最后，让我略表林某生平。他是广东信宜人，约莫生于一九〇一年，早年在岭南大学毕业后，先后留俄留法，一度曾任红极一时的苏联顾问鲍罗廷的秘书，由此获识时任广州国府主席的同乡汪精卫，渐次成为公馆派要角，其时，林不过二十出头，但曾受命率领一批留学生赴苏学习，其后成为中共要角的王明、张闻天即在其内。北伐中，汪主持武汉政府实行分共时，林仍在俄，以汪电召，兼程返国，不久即随汪赴法，在法期间，先后创办《留欧通信》及《欧美通信》。及一九二八年美国三藩市《国民日报》与纽约《民气日报》两党报请求中央派员指导时，林更奉汪某来美小做勾留，同时奠定在汪手下负责宣传的地位，一九三三年，年方三十二时更在汪推荐下出任立法委员。与刑法学家赵琛比邻而坐，及一九四六年受审，抬头一看故人在堂，原以为露出一线生机，乃因所犯罪行过大，赵审判长也只有判他死判。

# 第十三章 冷漠孤傲,失足下水

## 周作人(上)

大约是一九七九年的一个夏日,在纽约一家侨报里,当我编完了一天的报,正准备出门散步舒展筋骨之际,一位澳洲青年学人突然来访。由于彼此素昧平生,初时我不免有点惊诧,许是他看出我表情有异,巧笑着打开了他一口的京片子:

　　"龚先生,我不远千里而来,主要目的便是和您谈谈周作人先生。据我所知,当年在南京采访过周先生受审经过的只有您和中央社的沈宗琳先生。不久前,我曾在台北见到沈先生,他说您对这段经过知道得更为清楚,因此,我才赶到美国来拜访您老……"

　　"为什么你对周先生的事如此专注呢?"我打断了他的话头,问了一句。

　　"因为我正在研究中国文学,所选的博士论文题目也正好是周作人的散文研究。不幸周先生已经故世一十二年,因此,许多有关他老人家的事迹,我只好分别就教于他一生各阶段中认识他的各位了。"他诚挚地说。

## 文人雅士何以成汉奸

　　听到这位年轻人的解释,一时,我不禁跌进了往日回忆。记得那该是一九四六年夏末或是秋初,当时我从牯岭夏都采访归来,报社鉴于我在大学专攻法律,特别指派我负责审理汉奸的新闻采访。当时京沪各报采访组人少事多,未把审奸新闻列为优先采访对象,所以除了周佛海、梅思平、丁默邨等巨奸大恶的审判及处决特别引人注意之外,其余如王荫泰、江亢虎、周作人,甚至有"老牌汉奸"之称的殷汝耕的审理,都草草率率近乎虚应故事。犹忆在后一类的审理中,一切过程总是那样平平板板,死气沉沉。通常,负责控诉的检察官在有气无力地宣示千篇一律的起诉要旨之后,即行离席他去,而在审判长照例讯问被告姓名年籍及犯案情节之际,两位陪审推事也多在公案中翻阅其他案件,只有可怜的书记官坐在一旁,奋笔疾书地记录下全部案情。

　　传统上,中国的法庭都非常注重书状笔录,所谓的言词辩论只不过是照本宣科、聊具一格,回忆中,在所谓辩论之际,总是检察官照念起诉书,被告律师也只顾读他的辩护状,如果在退庭之前仍然有着一些问题,法官也不过面对律师赘上一句:"你不妨补递个书状前来!"

在这些不太引人注意的审判中,旁听记者席上,也多半只有沈宗琳兄、《朝报》的缪隽和我三人。不久,身任中央社编辑部副主任稳握编部大权的宗琳兄晚间事忙,白天无法自始至终听审,而缪兄也改而任职法庭,因此记者席上有时便只剩下我孤家一人,这大约就是宗琳老哥认为我对周案"知道得更为清楚"之故吧。

人的脑筋就是这样灵敏,想了这许多,其实不过刹那光景。这天,很快地回过头来,我便问那位远道来访的博士候选人究竟想知道一些什么东西?

"首先,我想请教你,周先生是否非常优雅、飘逸?"他急切地问。

这真是个绝好问题,一个人在读了周作人这位散文大家的《永日集》、《秉灯谈》、《苦茶随笔》、《雨天的书》和《苦竹杂记》之余,对这位苦茶斋主抒发性灵、表现闲适的笔锋,必有所感,从而也都认为他是淡泊的隐士。

这位因我失去他的名片,再也记不起名姓的澳洲人,自然也是这种想法。可是,我们的周二先生是否真的飘逸、恬淡,却似乎有着问题。

想了一想,我告诉那位澳洲人,我在南京首都法院看见的那位穿着夏布长衫、通身洁白不染的周作人,在剃掉日式胡子、戴上副没边眼镜,确实有几分书卷气,但是和他的老哥鲁迅一样,那黑黑的两道浓眉以及一副横肉面庞上突起的巨鼻,怎样说也就少却那眉清目秀、体态清瘦的江南特有的书生味!当然,在庭上他轻言细语、举止有度,的确强过了周佛海的轻狂、丁默邨的畏缩,但是真要说他是淡雅飘逸,却只有在他的早期散文或新诗集子之内去找了。

不过,无论怎样说,周都算得上是"五四"以来的一位著名文艺理论家和散文大家,可是那位澳洲人却追问了一句:这样的文人雅士,怎会落水去做人所不齿的汉奸?

## 苦茶斋主自伤身世

对此一问,当日我实在提不出一个让他满意的答复,我只约略回答说:第一,周早年留学日本,而且娶了一个日本太太,对日本人和日本风物,不免有着爱好。第二,七七抗战开始,周说他以家累未及自北平南迁,在奉命留守北大校园后,又因备受日方逼迫,且被日方派人打了一枪,乃不免逐步堕落,自伪北大图书馆馆长,终于出任了伪华北政务委员会的教育总署督办。记得周在被审之际,便强调后说,在庭上自辩,说是原以为卢沟桥事变不过是中日在华北的又一次地方冲突事件,不久即可解决,因此才留在北平没走。

接下去,我们又谈到周作人在北平被捕、南京受审,以及在老虎桥监狱作囚的一些细节。

周在一九三九年元旦被日人遣凶刺杀,子弹被纽扣所挡,伤而未死。不久,先被伪华北临时政府教育部总长汤尔和任为伪北大图书馆馆长,旋改任伪北大文学院院长。一九四〇年三月汪精卫伪国民政府在南京登场开锣,伪华北临时政府改组缩小为伪华北政务委员会,汤续任该会教育总署督办。同年十一月,汤病死,周即继任督办伪职,后因群奸争权夺利,周连战无力,渐落下风。日方也对其多有不满,于是督办与文学院长兼职一并都被免去,改任个伪"华北政委会咨询会议委员"虚职,虽然只领些车马费,但仍能过着昔日担任实职时的阔绰生活。

及抗战胜利,周先以汉奸罪在北平被捕,次年,与王荫泰、汪时璟等一起被押南下,同被羁押在南京老虎桥"良"字号监房(当时监禁群奸监房,分别命名为"温"、"良"、"恭"、"俭"、"让",但一般人则戏称之为"忠"字监所),枪决人犯刑场,亦设在狱内东边靠墙草地,执行人犯时,被囚诸人都可清晰听到枪声。

周受审较迟,伪宣传部长林柏生一九四六年十月在监内刑场处死时,周亲闻枪声,一面寄予同情,一面自伤身世。曾赋题为《感逝诗》七绝一首哀之。诗云:

> 当世不闻原庾信,今朝又报杀陈琳。
> 后园恸哭悲凉甚,领取偷儿一片心。

诗后附以跋云:"林石泉(柏生笔名)同室有外役余九信,闻石泉死耗,在园中大哭。余年十九岁,以窃盗判徒刑三月。十月十四日作。"

从这首诗的含义,人们很清楚可以看出周作人对失足落水一事,不仅毫无悔意,对国家肃奸正当处置也多有怨怼。按史籍记载,庾信文章摛藻艳丽,与徐陵齐名。南朝梁元帝时以右卫将军出使西魏,被留不遣,其后,北周明帝武帝并好文学,皆恩礼之,累迁骠骑大将军开府仪同三司。但信虽通显异域,而仍常怀乡关故国之思,所作《哀江南赋》,对南朝兴亡,感慨中犹多有余痛。至于陈琳,东汉末曾为大将军何进主簿,后归袁绍,且尝为绍移书曹操数操罪状,后绍败归操,操爱其才而不咎,以为记室,甚加宠信。

周赋此诗前,国府方以汉奸罪先后判处伪中央组织部长梅思平及伪中央宣传部长林柏生死刑,并次第在老虎桥监狱刑场执行。周粗据史籍,妄以颇具文才之梅、林与文学大家之庾、陈相比,究其意似以为庾、陈虽"变节"改事北朝及曹操,但新主仍爱其文才,不惟不加杀戮,且多加宠用,而梅、林则未能有此幸运。实则庾子山原以奉使被留,殊非变节投敌,观其所作《哀江南赋》,一心仍以南朝故国为念。至于陈孔璋虽历事何进、袁绍、曹操,但何、袁、曹等俱属东汉大臣,而孔璋先后仍充汉官,亦不能视为叛国也。乃作人不明此中分际,徒以己身与梅、林俱属一丘之貉故,竟胡乱引经据典,代其呼冤脱罪。究其意,当亦在求为其本人开脱耳!

那天,我曾以此意面告那位澳洲青年学人,可是他总是听不进去。我不知道他到底是弄不懂此中复杂史实及中国道理,还是因崇拜周作人而有其先入之见。总之在这点上,我们谈得并不投机。

周作人地位最高、权力最大的伪职是华北政务委员会教育总署督办,说得上一个拿印把子的高级负责伪官。所幸他在抗战胜利之前,早已被人挤下了台,在被逮之日,只不过担任一个伪华北政务委员会咨询会议的委员闲职,因此法官在审讯之后,网开一面,只判了他十四年徒刑,没有让他追随他的同道梅、林于地下,说来,亦云幸矣。

第十四章 苦茶斋主，晚节不保

周作人（下）

一般汉奸之卖国投敌,在他们生命历程中都有轨迹可寻,只有周作人这位素以冲淡闲适、飘然世外著名的高士,却是一个筋斗从天上仙境自落到人间地狱,为了什么? 叫人一下子找不出一个适当答案。

## 批日亲日动摇矛盾

一般说来,有些中国人之所以投靠日本,还可以说是头脑不清,看不出日本人的阴谋诡计,可是周作人却是例外,他不仅早年留学日本,对日本和日本人认识得一清二楚,而且很早便对日本人的包藏祸心,著文大加挞伐。远在一九二七年五月十四日,他便在创办的《语丝》第一三一期,以《日本人的好意》为题,写出一篇义正词严的大文章:

五月二日《顺天时报》(战前日本人在北平创办的中文报纸)上有一篇短评,很有可以注意的地方。其文如下:

"前隐之心,人皆有之,恩怨是另一问题。贪生怕死,蝼蚁尚然,善恶也是另一问题。根据以上两个原则,所以我对于这次党案的结果,不禁生出下列的感想来。

李大钊是一般人称之为'学者'的,他的道德如何姑且不论,能被人称为'学者',那么他的文章他的思想当然与庸俗不同,如果肯自甘澹泊,不作非分之想,以此文章和思想来教导一般后进,至少可以终身得一部分人的信仰和崇拜,如今却做了主义的牺牲,绝命于绞首台上,还担了许多的罪名,有何值得?

再说这一般党员,大半是智识中人,难道他们的智识连蝼蚁都不如么? 难道真是视死如归的么? 要是果真是不怕死的,何不磊落光明地干一下子,又何必在使馆界内秘密行动哩? 即此可知他们也并非愿意舍生就死的。不过因为思想的冲动,以及名利的吸引,所以竟不顾利害,甘蹈危机。他们却万不料到秘密竟会泄漏,黑幕终被揭穿的。俗话说得好,聪明反被聪明误,正是这一般人的写照。唉!可怜可惜啊!

奉劝同胞,在此国家多事的时候,我们还是苟全性命的好,不要再轻举妄动吧!"

你看,这思想何等荒谬,文章是何等不通。我们也知道,《顺天时报》是日本帝国主义的机关,外国人所写的中国文,实字、虚字不中律令,原是可恕的;又古语说得好,"非我族类,其心必异",意见不同,也不足怪,现在日本人用了不通的文字,写出荒谬的思想,来教化我们,这虽是日本人的好意,我们却不能承受的。日本帝国主义的宣传队以新闻或学校为工具。阳托圣道之名,阴行奴化之实,《顺天时报》历年所做的都是这个工作,这回的文章亦其一例,日本人劝戒中国的"同胞"要"苟全性命",趁早养成上等奴才、高级顺民,以供驱使,免得将来学那"不逞鲜人"的坏样,辜负帝国教养之恩。但是,我要奉告日本人,不劳你们费心,敝国已有国立的圣教会了。据古圣人的遗训,有"志士不忘在沟壑,勇士不忘丧其元"诸说,与尊见不很相同。

这篇文章写得敌我分明,大义凛然,可是为什么十年之后,这位周二先生不仅堕落红尘,伪朝做官,而且腼颜为文,替所谓的"东亚共荣"宣传!特别是在日伪发动"清乡",对国军进行"扫荡"之日,他还身着日式军装,神气活现地为敌伪大搞什么"新国民运动",竟图毒害下一代的中华儿女!

为什么周作人就是这样摇摇摆摆,前后矛盾呢?要明此中究竟,在下以为应该先查他的家世。这些年来,台海两岸对周作人与他长兄树人(鲁迅)的家世和早年生活,群起研究著书,大陆一家电影公司还把周家历史,拍摄了一系列的电视连续片。

## 自小寄养性格孤傲

原来,浙江绍兴都昌坊口的周府说得上是家书香门第。这一对杂文、散文大家的祖父福清公,同治年间先考中进士,再外放江西金溪知县,但其后却因案降为教谕。光绪十九年,福清公丁忧返籍,因受人之托,向同年浙江主考殷如璋贿买关节,谁知事机不密,案发被逮。

往昔,科场舞弊是天大罪案,近在咸丰年间,贵为大学士的柏葰尚且因此被判腰斩酷刑。周福清不过一小小"内阁中书",犯此大罪,自难逃"斩监候,秋后处决"重典。清廷这样的处置,立陷周家于极度悲惨命运,次年(光绪二十年)因逢慈禧太后花甲大寿停刑,周家老祖父一时固得侥幸活命!但此后年年岁岁都得分在北京、杭州花钱打点,方得在免死之余,复能在狱中接受较好待遇。这样,大把大把的银子花了,虽说救了老祖父一命,却把家境陷入拮据,更把第二代的周吉公活活累死!

在这段"家难"日子里,十来岁的树人、作人兄弟寄养在亲戚家里,经常遭人白眼,性格上自难有正常发展。因此和鲁迅打过笔战,和作人颇多交往的梁实秋先生说,鲁迅的偏激负气和作人的冷漠孤傲,都是其来有自。

冷漠孤傲并不真正等于"冲淡闲适",因此,一遇环境变迁,遭遇不佳,孤零零、冷清清的周作人便不免动摇了。

再说,周作人孩童时安享祖、父余荫,少年时托庇亲戚,及其青壮,仍久

14-1 右—鲁迅、周作人兄弟为中国现代文学重要人物,两人与日本都有渊源,图为周作人。左一为鲁迅与书店好友内山丸造合影。

受长兄鲁迅照顾。从小，疏懒的他，便不是个坚韧不拔的人物。先是十二三岁的他回到绍兴老家，家中除母亲外，无人加以管束，成天在街头游荡，并曾结识了一个姓姜的流氓，几乎也被人拖下了水，在他晚年所写《知堂回想录》中，还记述了这段经历，说是："我从他（姜某）种种的言行之中，着实学得些流氓的手法。后来我离开绍兴，便和他断了联系，所以我的流氓修业也就此半途而废了。"

周二先生离开老家后，一九〇一年考入南京水师学堂，学的全是理工，五年后到日本留学，与鲁迅同住在六席小房之内，从此，作人不仅日常生活全由鲁迅照管，即读书写作也严受鲁迅督促。及作人于一九〇八年与房东女儿羽太信子结婚，在日生活也多靠回国工作的长兄接济。这种情形，鲁迅老友许寿裳在《亡友鲁迅印象记》中便说过："鲁迅对于两弟（三弟为建人）非常友爱，因为居长，所有家务由他自己一人主持，不忍去麻烦两弟。他对于作人的事，比自己的还要重要，不惜牺牲自己的名利统统来让给他……"事实上，据许先生回忆，鲁迅原准备在东京继续从事研究，但因作人那时在立教大学还未毕业，便和羽太结婚，费用不够了，须由阿哥资助，所以鲁迅只得牺牲自己的研究，回到浙江两级师范学堂担任生理学化学教员。一九一一年，鲁迅更把作人夫妇接回国去，一同住在北京八道沟的房子，并继续负担家庭大部分开支，这情况一直维持到一九二三年因羽太挑拨，两兄弟吵架分手为止。

## 文艺大家动摇多变

周作人的多变、动摇与疏懒的性格，也反映在他从事文艺的经历上。本来，鲁迅、作人两兄弟一个习医、一个研究理工，可是，鲁迅与稍后的郭沫若一样，放弃医学转而从事文艺，而作人到了日本之后，也把兴趣转向文学。初时，他致力的还是西洋文学，回北大后，教的也还是欧洲文学史和希腊罗马文学史一类课程，及胡适、陈独秀发动文学革命，而辫帅张勋又发动了复辟事件，方才促使他进而深思，认为光是文学革命不够，必须还要有思想革命才行，于是暂时脱离了文学的象牙之塔，在《新青年》上连续发表了《人的文学》、《平民的文学》和《思想革命》等为这场革命推波助澜的文章，主张尊重人性和实行人道主义，并由此出发，勾勒出人类的"理想社会"。他的这种主张,把胡适、陈独秀发动的文学革命大幅度向前推动,真正触及了文学革命的实质,而胡、陈等也都给予他以极高的评价。

稍后,他更因参观了日本的"新村",遂从人道主义出发,从而接受了朦胧的空想社会主义潮流。他的这极不清不楚、夹杂着人道主义与"左倾"思想的趋向,一直到一九二〇年代依然持续,本文前述的《日本人的好意》,与他同期在《语丝》上发表的《偶感》、《怎么说才好》、《咀咒》、《功臣》及《人力车与斩立决》……诸文之中都强调人道,对党争与杀戮大表不满。

他的散文与鲁迅的杂文,同时被人称誉,文坛人士不是说他的散文"平淡自然,富有知识性,而很少无病呻吟",便是说他的著作"在激昂的抗争中也平和而少激烈,温婉而不执著。但是,这种平和温婉的艺术色调,并未掩盖其反封建、反礼教的民主主义的思想光芒"。

可是"五四"运动高潮一过,两兄弟也因妇人之言而致分手。一时,周二先生冷漠孤傲的老脾气重又发作,遂由真的入世,转向虚象的出世,对一切改而采取了怀疑和否定的态度,甚至强调"文学无用"论,认为文艺"实在是可有可无的不关紧要的东西,表现出来聊以宽慰消遣罢了"。

文学既然只为消遣,他的新作也就变成了在苦茶斋中听人谈鬼、试学画蛇和玩弄骨董的无病呻吟之作。一时,诸如谈茶道、述酒令、谈菱角、记鸟声、赋草木、写虫鱼……也充满了他的著作。这时,在写到中、日关系时,也开始崇日而抑华,认为日本之于中国,一若罗马之于希腊,青出于蓝而胜于蓝了!

综其一生,周作人就是这样冷漠孤傲,动摇多变、没有定性、随波逐流,及"七七事变"起,留日前辈之娶有日妇者,凛于国难,多有大义别亲之举,若吴鼎昌之遣妇归宁,束装追随政府西迁,与乎郭沫若之别妇抛雏,白日潜返、参与抗战……一时均传为美谈,只有周二先生不唯不走,反而一俟日军进占北平,便在寓所门前贴上"羽太寓"牌子,托庇于日本老婆名下以求自保,认真说,多变而无定性的他,这时已种下失足下水的因子了。

## 入狱出狱一生唏嘘

末了,让在下以严肃心情,略述周作人这位文学大家的下场。他在沦陷期间,也曾在敌伪报刊上发表了不少散文与随笔,这些作品大部分属于读书

14-3 右—周作人狱中经常被人求字。(《世界日报》一九四六年七月二十九日,舍我纪念馆提供)。
左—农历新年群奸狱中生活报导,周作人仍潜心读书。(《世界日报》一九四七年一月二十一日,舍我纪念馆提供)

题跋、笔记,一部分或有些知识性或全然无聊的闲适小品,更有一部分是替日本、汪伪吹捧的滥调。

及抗敌胜利,他先于一九四五年在北平被捕,先押于北平看守所,后移送南京老虎桥监狱。所幸他在胜利之前已被人挤下伪华北政务委员会教育总署督办的宝座,只担任伪华北综合调查研究所副所长闲职,法庭才网开一面,只判他十四年徒刑。尽管不断自东墙刑场听到群奸伏法时惊心动魄的枪声,但是他自己狱中生活还过得平静有规律,每天早晨六时起床,洗刷后再押回囚室。此后,上午八时及下午四时打进早晚两餐,每餐一饭一汤,不算很好,但餐后半小时的"放风",却大可出门舒展筋骨。

由于天长地久,在狱中闲来无事,周作人除了饮苦茶、读古书,写了一些古诗外,偶尔也应狱内外人士之请,用他那虽未下过苦功,却颇具韵逸之气的天分字,为人写些条幅。就中,在下看过他写的《五十自寿诗》的首节。那是他在一九三四年虚岁五十时所作,很足以表现他冲淡、闲适的文风,这首诗写的是：

> 前世出家今在家，不将袍子换袈裟。
> 街头终日听谈鬼，窗下通年学画蛇。
> 老去无端玩骨董，闲来随分种胡麻。
> 旁人若问其中意，且到寒斋吃苦茶。

从这首几乎不沾人间烟火气的空灵淡雅的诗作，谁能相信这位隐居闹市的高士会在三年之后留居敌据危城，四载之后更失足落水呢！

写到此地，从周作人《五十自寿诗》的"寿"字，不禁想到近人对他新的评语，"寿则多辱"。他们说，鲁迅于一八八一年出生，一九三六年逝世，实岁五十五，中国算法五十六，周作人于一八八五年出生，延至一九六七年去世，实足年龄八十二，照旧历算，则寿高八十有四。鲁迅早逝，但死得风光，均被尊为文学魁首。反之，周作人活得很长，但活下去不仅先沦为汉奸，判刑入狱十四年，虽因朝代更易，只坐了四年便幸得出狱，但在中共治下，日子也不甚好过，看他经常写信给香港友人朱省斋、曹聚仁等要这要那，足为明证。如果反过来，周作人在抗战之前仙逝，一定被人永远怀念，尊为恬适一派的首席散文大师。

诚如前述，周被判十四年，但从北平被捕之日算起，却一共只被关了四年。原来国府在撤守南京前，先将被判无期徒刑以上的汉奸押往上海集中，余则仍留京狱。当时，传说留京人犯将全部开释，但久久不见动静。许多汉奸家属不禁着急，乃于一九四八年旧历年关之前，纠结一二百人至中山北路司法行政部请愿，但一到司法大厦，却发现自司法院至司法部都已无人负责。稍后打听出司法部长张知本仍在南京，复赶往张寓请愿，终获张部长应允，将在囚人犯一律释放。于是在这年除夕，周作人乃得与李圣五、陈君慧等被囚汉奸罪犯一齐步出老虎桥监狱。

出狱后，周先寄居上海，一九四九年八月回到北京，先后在南北重新从事译著，并曾在上海《亦报》、《大报》发表小文数百篇，其中一部集为《鲁迅的故家》和《鲁迅小说里的人物》；以后，又曾为各报刊陆续撰写有关鲁迅文章，再集为《鲁迅的青年时代》。这类著作，有价值地补足了他长兄的早期史料。此外,他又重回到早年留学日本时期未竟研究,翻译了不少希腊和日本的文学作品,出版的有《希腊的神与英雄》、《伊索寓言》、《浮世澡堂》和《古事记》等。一九六〇年末应曹聚仁约,开始为香港《新晚报》撰回忆录《药堂谈往》,逾两年完成,后在一九七四年易名为《知堂回想录》在港出版。

# 第十五章 冤魂缠身，首恶难逃

丁默邨

六十五年前初夏一日,我刚从南京朝天宫首都高等法院听审丁默邨案归去,法院一位熟人便急着打电话到报社,但言院内出了大事,要我马上赶往。

## 特务头子失踪记

一到朝天宫,疾步拾级而登,只见设在门首的法警室乱成一片。平常由于我天天造访,与法警们称兄道弟混得熟透,偶尔他们还会主动提供给我一些新闻线索,可是这天的情况却是大异于昔,法警们忙进忙出,总想避开我。

经验告诉我,问题多半出在法警室,在那里我恐怕得不到什么新闻。于是我穿越庭院,一闪身走进了书记官室,找到了那位打电话的朋友,他咬咬嘴,示意要我出门,转到空寂无人的大成殿改装的大审判厅,才悄悄告诉我这个机密——这天中午大特务丁默邨审毕还押之际,法警室大意只派了一名法警押送。从朝天宫到老虎桥监狱平常不过是二十几分钟路程,可是这天过了好久好久,狱方却依然没见到丁某和押送法警两人的踪影。

如果是平常人犯也就罢了,偏偏丁某却是身历"三朝"的大特务头子,打从早年充任中共"交通"情报人员开始,中经国府军统局的处长,直到出掌汪伪特务机构为止,先后诡计多端,杀人如麻。而今久久不知去向,很可能在干掉押送法警之余,重返地下去了。

谁知就在法院上下紧张忙乱,彼此埋怨,不知如何应付之际,老虎桥那边却传来令人难以置信的消息——丁某在那名法警押送下终于回到监狱。只不过较之预定时间迟了六个小时!

原来那天狱方把丁某押到法院之后,以为又像往日,审讯将会拖长一天,因此把囚车开了回去,准备到傍晚再来接人。不料当天法院开的只是调查庭,问到中午便已结束,法警室主管在大门外不见囚车,便不经意地只派一名法警押送,一直到下午三点还不见那名法警回来,方才着急。后来查问,才知那名押送法警在法院门外，只雇了两辆黄包车，便与丁某一前一后坐车上路，途中，在丁的哄骗下，更徇情陪同丁某回家，让丁与妻室家人见面，直打天黑前才又押送人犯返狱。

这番话自然是半真半假，事实上，那名法警定然得了丁某不少好处，才让人犯回家并留上五个钟头。说不定，法警室的人还脱不了纵容，甚至协助嫌疑。

这是条十分耸人听闻的大消息，在当时，恐怕只有"希姆莱（Heinrich Himmler，纳粹党卫队头子）单人押送，安返巢鸭（东京羁押'二战'甲级战犯的监狱）"的假设性新闻堪与一比。同事们认为如能标上"纵法纵人，大特务还押返家"的大标题，再配以"丁默邨幸得鱼水重欢，缠绵缱绻"的副题，一定会轰动全国。可是，时局已日趋紧张，报社在各方连连请托之下，无心大张旗鼓加强处理，在下也就平铺直叙写了条不长不短的新闻，让编辑先生们做了个"全二而不加框"、重视但不太显著地处理了事。

15-1 身历三朝的特务头子丁默邨

想不到别的报一字不刊，这消息竟成《中央日报》专有！第二天我循例再往法院采访，在法警室意外遭受一阵指桑骂槐的讽诮，特别是那名警长还摸枪擦弹加以威胁。言谈中，他们一迳说平日如何供我新闻、给我方便，但到了急要时我却出卖朋友，让那个押送法警遭受开革处分。

我明知他们不敢动我毫毛，坐在室内原图加以解释，幸在此时，那位读过几天书的副警长却挺身而出，说是这位记者先生已经很够朋友了，如果他把这条消息大加渲染，你我准定吃不了兜着走。再说，一向神通广大的丁大特务"可逃不走"，更是不幸中的大幸，如果他远走天涯，不仅法警室从上到下悉数坐牢，恐怕高院院长和老虎桥的典狱长都脱不了关系。这番话说得有条有理，把他的同事们一个个弄得哑口无言，连那名"磨刀霍霍"的警长，也赶过来与我拉手，抱歉着说，一切只是源于一场误会。

这天，我依然搭乘马车回社。

说来也是巧合。早年，马车曾是南京主要的交通工具，但日益增加的汽车取代了马车的地位,到抗战胜利之后,整个南京便只剩下自新街口沿汉中路转往莫愁路的一条来回马车路线,而路的两头恰巧正是《中央日报》旁的新街口与朝天宫高等法院,看上去,好像天造地设地专门为我安排。我自新街口搭车西行,取道汉中路,一个左转,便到达颇具古代情调的莫愁路。那年头,莫愁路还是布满深宅大院宁静无比的住宅区,路面铺的是青石板,而在两列齐整的行道树外,一带雕花短墙之内,更掩映着一畦畦古意盎然的亭园!

平常高踞车座之上,一闻嗒嗒蹄声,辘辘轮响,总不禁幽然而有怀古诗意,这天在车上却只想着一个耐人寻味的问题。"人总有求生之念,这么好的机会,即令是我一定设法远逸,为什么这个特务头子就是不逃?"

## 超级特务上演色戒

说来,丁默邨可是货真价实的老牌超级特务。远在中国共产党创立之初,原名丁竹倩的他便已是共青团团员。当首任中共总书记陈独秀自广州返抵上海总部后,担任"交通"的丁某即受命上级包惠僧,告知另一中共领袖张国焘以陈的行踪。不久,共产国际代表马林(Henk Sneevliet)即偕张前往上海渔阳里二号陈寓商谈中共大计。

大约是看到中共情报工作做得挺好吧!国民党高层一贯喜欢把投靠或被捕的中共特务人员引为己用。对于丁某自无例外。一九三四年中,当国府军事委员会调查统计局成立时,在兼局长陈立夫及副局长首都警察厅长陈焯之下,第一、二、三处处长即由徐恩曾、戴笠和丁默邨三人分别出任,丁且凭其与党方关系当选国大代表,足见他不仅转变甚早,且已在国府情报组织中,与后来分掌中统及军统两大特务机构的徐、戴分庭抗礼了。

不过,丁与徐、戴早年虽各掌一处,平起平坐,但后来却远不如他的两位同僚得意。及抗战开始,原在上海负责文化情报工作的丁某,奉命接待自延安逃往汉口、与之有旧的张国焘,因在接待费用上搞得不清不楚,被戴笠告了一状,曾经受到清查。一九三八年后,中统、军统在徐、戴主持下分道扬镳,丁所主持的第三处却被裁撤,丁本人也只捞得个军委会少将参议的闲差,留在昆明"养病"。等汪精卫由重庆出走,发表艳电(指一九三八年十二月二十九日电报,艳为二十九日代称),响应日相近卫招降声明,丁即受命赶往香港,旨在劝说汪派人物悬崖勒马;另说则指其赴港目的,是在企图拉回原在其下工作,其时却在上海为伪维新政府主持特务机构的李士群。孰料丁一到香港,没说服他人,反被周佛海拉到上海,要他主持汪记特工组织。这样,原在老军统局下任事的三个处长,便分为中统、军统与伪"统",再度鼎足而三!

丁在创立伪"统"之后,把原来李士群设在沪西亿廷盘路诸安滨十号的特工机构,迁往极司斐尔路七十六号,并大加扩张,一时多少抗日爱国志士都被残害其中,而极路七十六号遂成吓死人的血腥残暴和恐怖的象征或代号。

丁、李在合作组织特工机构大开杀戒之际,不仅收容了一批原在中统、军统工作的变节分子,更吸收了帮会里的流氓地痞如吴四宝、杨杰、夏仲期等辈。特别是那身充"七十六号"警卫大队长重两百多磅的吴某更是招摇撞骗、滥杀无辜、无恶不作。短短三两年间,吴某居然变成了上海滩人人恐惧之余不得不刻意巴结的新出炉的帮会大亨。吴后来以收取烟馆赌场巨额保护费所得,在愚园路兴建一幢豪华无比的巨邸,诸如舞厅、剧场、健身室与网球场等无不具备,华屋落成之日,还遍招京、沪越剧名伶,前后唱了三天三夜的魏堂大戏,不仅沪上人物俱来"朝贺",即使是贵为伪行政院副院长兼财政部长的周佛海也亲自赶到捧场。这极盛大的场面,即令是昔日社祠落成大典,规模亦当不过如是!

吴四宝发迹后一路横行霸道,自以为上有丁、李撑腰,下有徒众支持,行事连凶恶无比的日本宪兵也看不过眼。及吴某财迷心窍,指使属下张国震械劫日本强夺到手的金块,才由日本人示意李士群把吴毒死了事。然而杀人者人恒杀之,吴死后,丁、李两人又成敌对,丁不敌日人宠信的李改而出任伪社会、交通两部部长及伪浙江省省长,李大权在握,又负起"清乡"之

15-2 李士群,恐怖特工机构极司斐尔路七十六号的要角。

责,红得过分耀眼,终于遭周佛海及日本宪兵之忌,也由日人出面,放毒在牛肉饼中把他毒毙!总而言之,做汉奸的权柄再大,也大不过日本主子,一旦连主子也觉得尾大不掉,他们的末日也就到临了。

回过头来,我们再来谈丁的行事。一般认识他的人都说,丁不仅为人阴狠毒辣,临事也颇能在机警中力持镇静,在处理沦陷区最为轰动的郑苹如一案之际,便充分表现出他这种干特工的能耐来。(张爱玲的小说《色·戒》据说是以丁默邨、郑苹如为易先生、王佳芝的原形。)

郑苹如是江苏高等法院第二分院首席检察官郑钺的二千金,沦陷时期留在上海法国学校读书,在校时即被同学们选为校花,据见过她的汪伪报人金雄白形容,她长有"一个鹅蛋脸,配上一双水汪汪的媚眼,秋波含笑,桃腮生春,确有动人丰韵"。

郑二小姐当日是位在校学生,一直留在陷区,从未到过后方,因此色鬼丁某在与她交好之际,从来不曾怀疑她也是中统潜伏在上海的地下爱国情报人员。一天,丁在沪西一友人家吃饭,临时打电话邀郑小姐参加。饭后丁说要去虹口,郑小姐也说想到南京路,于是郑乃搭丁座车同行。从沪西到虹口或南京路,静安寺路都是必经之地。当车驶经静安寺路西伯利亚皮货店时,郑二小姐突然要进去买件皮大衣。丁不疑有他,即陪郑准备入店挑选,就在下车跨过马路进入店铺之前,机警的丁却瞥见两名形迹可疑、腋下各挟持纸包的彪形大汉。此际,他虽已意识到情况不妙,却仍不慌不忙缓步走进店门,但一进去,即有如狡兔般撇下郑,从店内另一扇门狂奔而出,穿过马路,急忙跃上自己的装甲汽车。这一突如其来的行动,大出等在门外的两位刺客意表,尽管他们分由纸包掏出枪来,对准疾驰的汽车射出,但除了在装甲车上留下一些弹痕之外,却未伤分毫。事后,丁察知是郑所做手脚,乃毫不迟疑下令将此一代娇娃处死,一点

15-3 当过《良友》画报封面女郎的郑苹如

也不顾及昔日情谊!

丁在遇刺不死之余,与早日部属李士群争夺汪伪特务控制大权不胜,转入政界,先后在伪组织出任社会部长、交通部长及浙江省长,抗战胜利后,先由戴笠送往重庆安置,再押回南京囚于老虎桥监狱候审。

## 可逃不逃皆是报应

对于这么一名警觉毒辣、诡计多端的大特务头子,在仅有一名法警押解之下,明知必判死刑,为何有机可乘之际,竟然可逃不走?何况,在家停留的五小时,他尽可搬来帮手,合力对付那名孤孤单单的法警?

这前前后后都是谜团,那天坐在回社马车之上的我,固然不解,事后与同事讨论,也说不出个确定理由,一位采访要闻、对政海秘辛颇多了解的同事说,丁之所以不逃,是由于国府有关方面对其曾有不死的承诺。事实上,丁当年之所以愤而投靠汪伪,并组织汪伪特务组织,固与军统戴笠有别苗头的意味,但干特务的无不善观颜色,一等到盟国反败为胜,节节反攻,而轴心国家招架不住,败相毕露,丁某也就紧随周佛海,开始与远在重庆的戴笠暗通款曲。回忆其时,周佛海之所以叫丁自伪交通部转任浙江,亦在预为国军反攻,暗布一颗堪做内应的棋子。等抗战胜利,戴返京、沪,一度也对周、丁之流加以抚慰。一九四五年九月三十日,周、丁与关于周系的罗君强、马骥良、杨惺华等即曾由戴派专机飞往重庆暂避风头。看来,戴对此辈胜利初期保全京、沪、杭之功,不无承认之意,而对他们未来命运,当亦有从轻发落的许诺。

可是实地采访审奸新闻的我,对此却不尽同意。我说,戴笠或有此许诺,戴本人却在一九四六年坠机身亡,君不见戴死之后,陈公博、褚民谊、梅思平、林柏生,甚至最早从事中日和谈的缪斌,不都一一"不当虎吻,便饱狮腹"了么(梅、林在南京老虎桥监狱枪决,而缪、陈、褚等则更早在苏州狮子林监狱处死)。今丁某"功"不逾于缪、陈,恶则冠于群奸,国府诸公在举国声讨国贼之际,又何能独有爱于此獠?何况丁某主持"七十六号"期间,杀人无数,今国土重光,惨遭牺牲的志士仁人亲友,又岂能轻轻把他放过?

我的这番话合情合理,可谓无懈可击,可是,一位跑军事的老大哥却追问一句:连你这位出道未久的记者都明乎事理,为什么老奸巨猾的丁某却看不清楚,竟然一无挣扎地自投死路呢?

对此,久跑犯罪新闻,明乎罪犯心理自称"社会贤达"的同事,却说出了另一番道理,他指出丁某虽说是个老特务,在投靠汪伪初期更曾一度主持吓死人的"七十六号"。但是,自从他与老部下李士群因争权交恶,两皆未能如愿出掌伪警政部之后,即转任伪社会、交通两部部长以及伪浙江省长,就此改入"正"途,不管特务。胜利后,先被押往重庆土桥接受"保护",然后在舆情追索下押返南京受审,经过这一番奔波折腾,他与外界联络实已中断,先前旧属多已被擒,少数漏网者也多隐伏各地,不敢露面声张。以是,丁某那天临时侥幸买通法警,得以返家一叙之际,自觉能与妻子缠绵一度,交代一番,已属喜出望外,至若俟机脱逃,虽未尝不想,但既乏奥援,复念及娇妻前途,又何敢孟浪?

最后,还是平时吃斋礼佛的那位老事务结束了这场辩论,他说丁某作恶多端、杀人如麻,冥冥中自有报应,那天他明明有脱走之机,却因冤魂缠身,才昏昏然念不及此!是耶?非耶?果报之说,自古有之,大凡想不通时,众人总多乞援于此。

## 有情有义的前妻

从此后丁某接受审判以及面对死神种种懦弱的表现来看,这一度有机警狠毒之称的大特务,老来却是个胆小无比的病夫。

几次听审中的观察,我发现面容苍白、两眼无神、个子瘦小而体质荏弱的丁默邨,在系狱已久之后,业已衰弱不堪,看上去简直不像一个特工首脑。据说他患有肺病,而通常患此疾者又多喜渔色。早年,他与所娶发妻感情很好,且生有一子,但仍偷偷在外面金屋藏娇。他的妻子是个贤惠而识大体的妇女,先因不赞成他搞特务而与他疏远,其后丁投靠汪伪,出卖国家,她更与丁离异而留居重庆,在一个机关里做个小职员。

丁与发妻离异后,虽曾再婚,却"不安于室",经常在外拈花惹草,在上海时,先与爱国志士郑苹如交往,几乎惹来杀身之祸,其后复与一擅演"劈"的女伶出双入对俨若夫妻,令人侧目。这使得他本来便不佳的身子,更被掏空空!

写到这里,我禁不住要透露一个六十多年来从未见诸报章的大秘密。

早在丁默邨远自重庆押回南京候审之初,首都高院派在图书室担任管理员的一位中年张姓女职员,即忧形于面,时时显得惴惴不安,不时在与人闲谈中打听丁某消息。起初,同事们还以为她关心时事,故有此问,后来发现她频频打听,过分关切,几经查询,方才知道她原来就是丁离了婚的妻子。

丁太太在法院工作的消息,立刻在法院变成半公开的秘密,不仅法院上下尽知此事,即使是我们几个天天上法院采访的记者也略有所闻。据张氏向其友好透露,丁某虽然早就干了特务这行,本质上却非常胆小怕事。远在他们夫妇俩仍在重庆居住之际,张虽微闻丁有外遇,却不肯相信,直到一天她无意闯入一个友人家,才发现丁与那个女子脸贴着脸在一起参与竹城之戏。丁太太原来就不喜欢先生去搞特务,在发现他另有外遇后,更增加她与丁离异的决心,此后丁赴港策反,却落水叛国,张氏遂与其离异,三番两次,当丁自沦陷区托人辗转带钱给她花用时,她都毅然不受!

据她说,丁在外面虽然装模作样摆出一副特务头子的架子,实际上却是胆小如鼠,经不起考验。举一个例,当她发现丁与那个女人贴面打牌时,丁一见东窗事发,竟吓得浑身发抖,不知所措!

不过,张女士虽与丁某离异,但俗话说一日夫妻百世恩,即令在多年分手之后,仍然余情不断,对当年老公多所关注,每当丁受审之日,她总是替他祈祷祝福。在判决宣示当天,她一早便静坐室内,虔诚祝福,然后随手翻开圣经,以占祸福,谁知那两页的圣经文字显示出的兆头非常不好,实际上,丁在这天便被判以极刑。

另在丁还押"失踪"那天,张女士也是惶惑不安,手脚无措。事后她告诉好友,当时她真盼望他能乘机逃亡,找个远远地方,悄悄地苟活一生一世!

本来,丁的前妻适在审丁法院工作的消息应该是条绝好新闻,但是在几经内心反复思考挣扎之后,为了不去伤害一位善良、无辜、孤独而又受苦的妇女,我决定不写这条消息,其他两位同业也与我想法一致。而今六十多年悄悄过去了,相信张女士已经不在人间,写出来,不但没有人会受到伤害,而且也适足以表彰张女士的经历气节。

## 杀人魔王胆小畏死

丁的身体本来便很荏弱,在久经羁押、长期紧张之后,越发感到身心俱疲,不巧的是,他在受审之际,更碰上位汉奸们人人畏之如虎的"金剥皮"。

原来,在南京首都高等法院成立之初,审理刑事案件法庭共有刑一、刑二两庭,分由金世鼎及葛之覃担任庭长。刑一庭长金氏生性严谨,处世刻板,自从在巴黎大学荣获法学博士归国之后,在课堂教书固然是一板一眼,不苟言笑,在法庭审案一样也是执法如山,严苛无比。倒是以书记官长兼任刑二庭长的葛氏,为人处世比较宽厚温和,在审案时更是有点婆婆妈妈地善待被告,他们两位在法界都很有成就,金氏在审完汉奸案件之后即升任最高法院推事,赴台后,更久任执掌解释法律大权的大法官之职。至于葛氏,则在国府迁台之前,即奉命接任台湾高等法院院长,主持台湾全岛司法业务。

犹忆在首都高院接下审奸重任之初,以刑法权威学者名世的赵琛院长为慎重,对巨奸大恶如梅思平、林柏生及周佛海辈,都亲自莅庭审理,其后行政事务加剧,始将审奸任务交付金、葛两位庭长,同时,复因葛氏兼任书记官长,无法专心审案,因此金氏几乎包办了后期的审奸重任。

丁默邨受审之日较迟,案子也就分在金庭长手里,一方面,金氏审案素来严厉,一方面司法方面也想及早结束几近两年的审奸业务,因此轮到丁默邨上庭时,审讯程序往往一口气拖长到八九小时之久。金庭长这人出名的身体好,在庭上一坐,八九小时不吃不喝不拉,一点也不在乎,其他人便多承受不住。

特别是庭上一路奋笔记录的书记官,和庭下挺立承讯答问的被告,由于必须奉陪到底,更是有苦难言。记得在一次审理中,在庭法警、律师、检察官、陪审推事和咱们记者都已告便出庭匆匆进食小解,只有受审的丁默邨和记录的书记官,却需一直留在庭上,奉陪金审判长到底,那位书记官年轻力壮,预有心理准备,坐在公案之上还只能够勉强应付,但体弱气衰的丁默邨,站立公案之下,时间一久便开始招架不住。

本来瘦小的丁某脸色已是苍白一片,二三小时下来先是转趋灰白,再过三四个钟点,当金审判长下令挑灯夜审时,在微弱的灯光下,这名当日叱咤一时的特务头子,在法官呼喝讥讽之余,面孔更已是白中泛青,毫无人色啦! 记得有一天,丁某实在难以支持,审判长却下定决心要在当天审毕,最先,庭上还下令两名法警一左一右架着被告叫他站立受审,后来金氏一看丁某颓然欲仆,法警也是欲扶乏力,方才特别开恩,让丁某坐在一把椅子上继续受审。

本来,叛国作奸已经是罪无可逭,通敌而作巨奸更是罪不容诛,至若通敌叛国而主持特工、残害同胞,那就是罪大恶极,死有余辜了。丁某当日高踞"七十六号",滥杀忠良,媚敌求荣,留下来自然是死路一条,因此在金审判长严讯之下,铁定没有活路。事实上,如果案子分给了宽厚的葛庭长,也一定是死刑,唯一有异的是,在审判之中,或可少受那么一些活罪。

我们平常看电影里的间谍片,片中总是穿插打打杀杀的紧张镜头,好像做特工就免不了要杀人,而杀人也即是做特工的看家本领。事实上情况也多半如此。特别是在汪伪政权之下,做特工兼充汉奸的,为求媚敌自保,更是变本加厉一味地砍杀、滥杀,甚至在杀得眼红之后,还会难以自禁地自相残杀。

前文说过,丁默邨与李士群这两个伪组织的特务头子,一辈子变节再三,但变来变去,总未完全脱出特务一行。最初,他们同是中共地下情报人员,改投国府后,也一直在特务组织之内厮混,两人中,丁以资历较高,曾充李的上司。抗日战争开始,李因违纪怕受处分,率性逃到上海,在日本特务头子土肥原贤二卵翼下为当时"维新政府"建立特务组织。及丁某奉命赴港,原在争取李等叛徒归去,谁知自己反被拖下水,担负起汪伪特工头子大任,在上海吸收了李的机关,迁往极司斐尔路七十六号,与李一正一副大干特干起来。

也就在"七十六号"无恶不作,让陷区民众谈虎色变之际,充任正副主任的丁、李两凶,也因争权夺利开始暗中较劲,等到汪伪筹设警务部,原拟以丁、李充当正副部长,终因与日人勾搭更深的李某反对而作罢,结果该部只好由实力仅在汪精卫之下的周佛海兼任了事。

可是李士群也没捡到便宜,由于他揽权过甚,在担任汪精卫亲自主持的伪清乡委员会秘书长之外,还兼任了最大肥缺的伪江苏省长,红得叫群奸大觉眼红,也让日本人感到尾大不掉,最后竟在周佛海亲信罗君强献策下,由虹口日本宪兵队长冈村中佐设计将李毒死!

这样看,丁默邨还算幸运,如果当年他与李士群争权获胜,一路站在台

15-4 丁默邨遭枪决新闻（《世界日报》一九四七年七月六日，舍我纪念馆提供）

上实地执掌大权，偶一不慎开罪了日本主子，恐怕早也被主子做掉了。但是恶贯满盈的丁某依然没逃过厄运，不到两年，他在日寇投降为国军逮捕之后，随即以汉奸罪被判死罪，明正典刑，总算是死在国法之手。

前面说过，丁默邨一生专搞特务，表面上显得既机灵又沉着，可是内心里却是个标准的胆小鬼，即使是金屋藏娇被老婆发觉都会吓得浑身发抖！犹忆丁在法庭被"金剥皮"判处死刑那天，他已经吓得双眼发直，两腿发软，若不是庭上两名法警及时赶上相扶，早已在公堂之上跌翻在地。此后不久，最高法院覆判核定原判死刑，司法行政部也很快发下行刑命令。

那天是一九四七年七月五日，我在《中央日报》采访组得到首都监狱方面好友通知之后，立刻与摄影记者尹立静兄赶往老虎桥监狱。在一间临时布置的法庭内，监刑检察官业已升庭，只待法警提人。面部惨白血色全无的丁某，在两名法警左右扶持之下被抬进门。记得那天丁某穿的是一件绸袍，他身躯一抖，绸袍即随之颤动。同业们在目睹陈公博、褚民谊、梅思平、林柏生辈群奸临刑仍显从容的场面之后，对丁某这名杀人魔王的觳觫畏死，殊感惊异。当检察官循例询问姓名年籍时，丁某已是气若游丝。勉强应声作答，再问他有无遗书遗言，他便已颓然欲倒，由法警搀扶坐落一把木椅。及检察官下令行刑，他更是双目半阖，知觉尽失，最后总算在一群法警的"抬举"下，昏然在刑场结束他罪恶的一生。

这就是一名天字号特工首脑的真实下场——窝窝囊囊的，一点也没有电影里特工们含笑赴死的影像。

# 第十六章 汉奸祖宗,细声温语

## 殷汝耕

天下事往往盛极而衰，殷汝耕事业四十岁达到巅峰，但从此却开始走下坡路。先是，他的靠山黄郛下台，而蒋总司令也总觉得殷这人很靠不住，于是在此后的九年间，他除了一度担任"官小而无财可发"的交通部航政司长之外，只在地区性对日交涉上干了些跑腿、翻译之事：一、一九三二年淞沪抗日战争中，他以上海市政府参事名义，在停战谈判中担当翻译及接头任务。二、一九三三年长城抗日战争之后，国府设立行政院北平政务整理委员会，起用黄郛主持该会，负责对日交涉停战事宜，殷汝耕再度跟随他的老上司北上相助，此后，尽管积极参与对日节节退让的种种商谈，但总是不曾当上主角，因此而大发牢骚。

## 日本通成老牌汉奸

　　终于，殷汝耕等待已久"一鸣惊人"的机会来了。先是在一九三三年十一月，他奉命出任河北省蓟密区行政督察专员，一九三五年八月，复派兼滦渝区同一职务，控制了冀东二十二县的广大地区，其专署所在地的通州距离华北中枢的北平不过百里之遥。

　　这时，日本正大力推动其侵略中国的大陆政策，在占领"满洲"与内蒙古部分地区之后，复图策动华北地区组织地方自治政府，以分裂中国，由于当时主持冀察政务的二十九军军长宋哲元对日方一再采用敷衍拖延战略，日人一时无法施展，乃转而策动一向亲日的殷汝耕，果然一拍即合。一九三五年十一月二十日左右，殷与一手制造所谓"满洲国"的日本特务机关长土肥原贤二几度密商之后，即于同月二十三日率领冀东保安队总队长五人求见冀察政务委员会委员长宋哲元，要挟宣布冀东"自治"，虽被拒未见，但仍借日军余威，于两日后擅自合并蓟密、滦渝两区二十二县，先组织"冀东防共自治委员会"，未及一月复改组为"冀东防共自治政府"，设立五厅三处，自任政务长官,改悬五色旗,创立冀东银行,擅发巨额钞票,并建筑机场,安置电台,以便利日军,甚至下令所属保安队需听日方调动!同时,日方也在殷所割据的通州,专设特务机关,并以细木繁大佐主持,实地在幕后指挥殷某行事。

殷这些叛国媚敌的丑行,抗战胜利后在其受审之中,被法庭斥为——

> 被告割据冀东,甘为敌人傀儡,虽步伪满之后尘,实开南北各伪组织之先声。且当满洲及南北各地伪组织成立之时,上开各地均已被敌人占领,是必先成沦陷区域而后始有伪组织产生,而冀东当时尚在我政府管辖之下,被告竟敢于国步艰难之际,与日寇特务机关长土肥原等相勾结,凭借日寇势力,冒天下之大不韪,悍然宣布冀东自治,供给日寇军事上种种便利,致使日寇得以长驱直入,未旋踵即有卢沟桥战祸之发生……其祸国殃民,实为群奸之首。

这也就是大家之所以把殷某称为"老牌汉奸"或"汉奸祖宗"的理由,事实上,在殷窃土叛国,与日勾结之后,因在日人卵翼之下,得以任意截留国税,贩毒走私,横征暴敛,滥发纸币,前后也着实发了一大笔横财。

但日本主子也不是那样容易侍候的,一等到七七抗战开始,通州事变发生,殷某一度也被主子拘禁,其后虽行贿得释,也就不如先前那样得宠专擅了。所谓通州事变,实际上是一批义军可歌可泣的壮举。原来在民族大义下,甘心投敌叛国者究属少数,即殷某部属,表面上虽随之附敌,但内心中对殷卖国行径,极端不满,准备俟机反正。就中原属国军于学忠旧部,其后担任伪保安第一第二总队总队长的张庆余、张砚田即是如此。一九三七年"七七事变"发生后,两张即酝酿率部起义,而日本特务机关长细木繁亦颇有所闻,但当细木奔告殷某之际,殷某不但不以为意,且向细

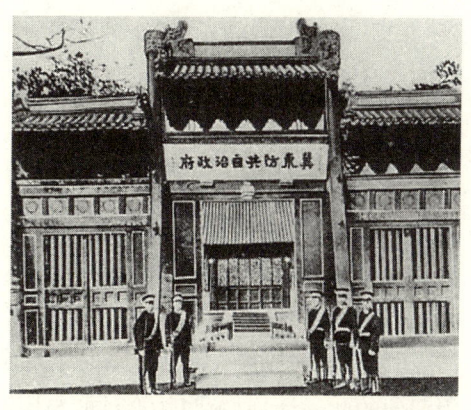

16-1 殷汝耕在卢沟桥事变前自行宣布冀东自治,成为人们口中的汉奸祖宗。

木表示："他们都是没娘孩子，除了冀东，便无处安生，你尽可放心。"

谁知细木一走，两张即率军反正，一下子把通州城里包括细木在内的日本特务、顾问、浪人、烟商、毒贩三百余人全部杀死，一个不留。事后，反正部队还捉住殷某及其余大小汉奸，一路向北平进发，准备和那边国军会合。及获知北平城陷，乃改南向保定撤退。途中，殷哀求放他一条生路，骗说只要把他释放，他便可设法让日军放缓追逐。

16-2 殷汝耕旗下的保安部队起义杀了通州的三百多名日人，是为通州事变。

两张为其所愚将之释放，孰料他一回北平，即向日军献出以空军加紧追击之计，让两张所部大受损伤。

饶是如此，日本人也不曾放过他。事缘通州保安部队起义之际，细木繁之妻适在北平，得免于死，她知道她丈夫事前曾警告殷以两张"不稳"而殷却未予措意的前后事实，乃联合通州被杀日人家属，分向日本"华北驻屯军"、"支那派遣军"及东京陆军省控告殷与两张串通杀死日人，并指出设非如此，殷又何能由两张释归？

这样，殷便被他的主子关了一阵，其后虽以行贿出狱，但日寇也就不再赋予重任了。譬如在伪华北临时政府成立之后，殷也不过是被聘担任"顾问"或"委员"之类闲职。在这段时期，殷坐领干薪，生活依然十分优裕，每天留在家中大念佛经，以求免祸，并取了一个"福田居士"的日本名字，以示向佛悔罪之诚。

如果殷某继续安分留在家中念佛忏悔，也许便可免除以后明正典刑的杀身之祸，谁知他恶性不改，静极思动，一俟太平洋战争爆发，他又站在日寇立场代敌设计，指出日本海空军既在海上蒙受盟军威胁，不如修浚运河，贯通南北，使运输船舶得以避入内河以策安全。殷这番说辞，表面上虽仅在浚河以利交通，实则企图借此以求在南北两伪组织之外，独树一帜，称雄河上。因此他的此一计划虽获日方赞同，卒因陈公博与周佛海之杯葛而未见实施。

计划虽未能实施，他却于一九四四年间，先出任伪治理运河筹备处主任,再由伪府特任为治理运河工程局局长,稍后虽因陈、周杯葛,旋即愤而辞职,但这两任治河伪官以及所任伪山西煤矿公司董事长一职,即埋伏下日后国府法院臻以判处死刑之根据。

## 叛国者的明星风范

中国人讲究看相,久而久之,便经过归纳而把人性面具化,总以为是什么样的人,就该有着什么样的长相。但是对殷汝耕,大家都看走了眼。想象中,这位现代汉奸祖宗准是獐头鼠目,形貌猥琐,活像在京戏里那个过江盗书的三花脸蒋干,事实上是大谬不然。

记得那是一九四七年四五月,国府审讯汉奸的高潮业已过去,大奸巨恶陈公博、周佛海、褚民谊、陈璧君、梅思平、林柏生、丁默邨、王克敏、王揖唐、梁鸿志、罗君强之流,分在苏州、南京、上海、北平各地高院接受审判之后,或死或囚,都已依法处分,许多人都以为审奸工作早已结束,连我们几个专责采访审奸新闻的记者,也颇有意兴阑珊之感。

就在此时,侦讯、调查经年的殷汝耕却由首都高等法院刑二庭正式审讯。由于殷某早在抗战之前便率先投敌,早被各方一致封以"老牌汉奸"之名,因此这天的审讯重又引人重视,而我们几位听审记者也又一次精神抖擞地一早便上法庭。原说上午九时开庭,但到了九时半还不见动静,大家闲坐无聊,便开始猜测这名五十九岁的汉奸元老长得是个什么样儿,有人说殷某一生跟在日本矮子后面当差,必然是个奴颜婢膝的轻浮小人;也有人说,他平生做惯坏事,一定是个见人便抬不起头来的小老头儿……就在大伙儿议论纷纷之际,庭长傅勤清已率同葛召棠、申屠宸两位推事莅庭,而大门外,四名法警也押进了个人来。

转过头猛一看,不由自主地揉了一下眼睛,原来这押进来的人犯哪里像个蒋干,简直像位明星。尽管他已年近花甲,但穿着一

16-3 长相俊雅的殷汝耕

袭绸袍,在端正、优雅、安详之外,竟还显得有些飘逸!我甚至可以发誓,他该是我所曾见到最为漂亮的中年男子,如果退回去二三十年,他准比当时最吃香的赵丹、刘琼、陶金、舒适一类明星还要英俊!可是,他却是那个臭名四扬的殷汝耕——远在我上小学时便已割据领土、媚日投敌的汉奸!

更令人惊奇的是,他还表现得文雅之至,与庭上对答之际一路总是不愠不火的镇静安详,不躁不急的谦逊守礼,听到他那细声温语,真令人不敢再信命相之论。不幸的是,殷汝耕虽然长相出奇得好,但为人处世却也是出奇得坏。为了让读者诸君对此人能有一番认识,在下决定在追叙审讯经过之前,先大略谈谈殷某的身世与经历。

## 与日人合流其来有自

殷汝耕是浙江平阳人,祖上以浇制蜡烛致富,当年据说"殷大同"店里细工浇出来的大小蜡烛,从顶端以至末尾,点燃之后,烟不冒、油不流,远近咸称上品。也由于家里有钱,殷家子弟读书留洋者既多,为官作宦者亦复不少。殷家小老五汝耕从小聪明伶俐,自然也不例外,十几岁便跟随他三哥汝熊、四哥汝骊一同到日本留学,而且一学便把日本话讲得流畅达意,在上万的中国留日学生中,与戴传贤同以日语流利驰名。清末,孙中山先生在日设立中华政治学校,聘请日本教授为逃亡党人志士讲授新学之际,因听讲者多不谙日语,即曾邀殷某担任课堂翻译。

就在这个时候,殷先爱上芳名井上慧民的日本下女,不久更与这个新寡文君正式结婚,稍后他更使用妻名,为自己取了个"井上耕二"的日本名字。殷某自日本早稻田大学毕业之后,虽在日本出版的《中国名人年鉴》得以上名,但返国后却不甚得意,一度搞过报馆也未成功,乃转过头来勾结日本东洋拓殖会社,由日方出资十万,于一九二○年组织"新农垦殖公司",在江苏阜宁设立农场垦殖,结果因主事者全是外行,把本钱蚀得一干二净。这是殷与日本人"合作"的第一次,虽然没有成功,却也让日方经济特务取得了有关苏北地区的种种资料。

一九二五年冬天,奉军新派将领郭松龄举军反叛张作霖,为便与日人接触,乃邀殷出任外事处长。未久郭兵败被杀,殷却及时偕友七人逃入新民屯日本领事馆,托庇于派驻沈阳的总领事吉田茂,历时八月,始化装日警逃离东北。

不久,国民革命军北伐开始,殷借机钻入革命阵营,先在九江、汉口一带做些情报工作,继奉命担任总司令部驻沪办事处主任,专门负责对军阀及日人联络事宜,及蒋总司令下野后访日,殷也随行担任翻译。一次,蒋氏与日政要犬养毅会谈,双方原约好保密,但第二天日本通讯社即就此发布消息,由于会谈当时只有殷一人传译,因此蒋氏与犬养对殷均表不满。

16-4 曾担任日首相的犬养毅

蒋氏于一九二八年元月复职后,黄郛出任国府外交部长,与黄有旧的殷也就奉派担任外交部驻日特派员,事实上成为国府非正式使节,在东京与当时北京政府派驻日本公使汪荣宝大唱对台戏,此时殷顾盼自得,以未来驻日使节自期,日方也深予推许。他常与日外务省次官以下官员及在野的犬养毅、头山满等名人往还,五三"济南惨案"发生后,当时担任日本首相而兼外相的田中义一还曾约他到别业对谈。这时殷方当盛年(四十岁),有如此成就,不觉得意非凡。

从上述殷汝耕的平生事迹看,各方送给他"老牌汉奸"或"现代汉奸祖宗"的绰号,是不折不扣当之无愧。事实上远在一九三五年,他便在日军卵翼之下率先成立"冀东防共自治委员会"的叛国组织,在作奸时间上,不仅早于一九四〇年合南北两伪组织的伪"国民政府"汪精卫,也先于在北平建立伪"临时政府"的王克敏与在南京成立伪"维新政府"的梁鸿志。且在实质上,汪、梁及王诸人虽通敌叛国,但只在日军占领区内甘为卖国傀儡,而殷则主动割据国家领土,以附敌祸国,前后相较,殷某恶性更大,允宜罪加一等,可是由于殷某主要卖国犯行系在一九三七年十二月国府《惩治汉奸条例》公布施行之前,因此乃发生殷某能否根据此一条例治罪的法律问题,以及因历时太久导致若干证据较难查对的种种困难。

## 钻漏洞却难逃重刑

正因为如此，抗战胜利之初，殷虽已在北平就逮，并迅即押赴南京受审，但自首都高等法院检察官起诉，并经同院刑庭判以死刑后，却因殷的声请覆判及上诉之故，而由最高法院发回更审，最后高院更审后仍判死刑，而最高法院也终对更审判决加以核准，这样前前后后一审再审，足足拖了一年有余。

说老实话，战后审奸判重，原系全国一致要求，因此在审判上自不免有草草进行、快快结案的倾向。一般而言，检察官在起诉之际，不过抄抄调查局侦讯笔录，法官在审问前后，也只是打打官腔、吆喝一阵，而律师也但求依法"作文"，写上两篇辩护状了事。事实上，群奸依其伪职高低、犯行大小，早已由公意做成谁人该死、哪个该囚的隐隐然判决，即使是被告本人，所企所求亦不过碰上个仁慈法官，把刑罚稍稍判得轻一点而已。

当然也有个别例外，一如周佛海先判死罪，后蒙减刑，而另一则为殷汝耕之历经初审、覆判、更审与定谳，前前后后审理得比较认真。读者也许要问，法庭何以独厚于殷某？在下的答复是：前述的法律时效问题与证据查对的困难固属主因，但殷某之能以厚币延聘章士钊、叶在杭与张文伯三位大律师为他精心设计辩护，也不失为一个因素。我不确切知道那个北洋"老虎总长"、上海杜门清客与毛泽东诗友的章大律师怎么想到以法律时效问题来为他的当事人辩护，但据当时的一项传说，章律师很可能是从"老牌汉奸"称谓的"老"字得来了这个灵感。

一想到"老"字，律师们便开始查对史料，看看"老"到什么程度？经排比犯罪事实与适用法条，很容易便给他们找出一大漏洞——殷某主要叛国行为是在河北蓟密及滦渝两个行政专区擅自组织"冀东防共自治委员会"及"冀东防共自治政府"，时间上实始自一九三五年十一月二十五日，终于一九三七年七月二十九日通州事变发生之际，在此期间，国府《惩治汉奸条例》尚未公布实施，殷之犯行自不能据此特别刑法加以处置。当然殷割裂领土、通谋敌国的行为，固不能因无法依据《惩治汉奸条例》加以惩处而不予理会，但是如果法庭仅能据普通刑法的内乱外患罪加以惩治，衡以普通法轻于特别法的通例,殷便可获判轻罪而免于一死了。

殷的律师所持法律不溯及既往的说法,在法理上应是无懈可击,看来法官们也只有根据《刑法》处以轻刑了。可是就在此时,陪审的一位年轻法官却提出反诘:"殷某割裂冀东国土犯行固发生在《惩治汉奸条例》公布施行之前,但是为敌伪划策、修浚运河以便利兵粮输运,且由此而获任为治河伪官,却是在条例施行之后。"

此论一出,不仅使殷某难逃惩奸条例的重刑,而且由此而使主审法庭三位推事推演出"殷某前后通谋敌国行为实系出于一个概括犯意"的理论,并据此而仍据《惩治汉奸条例》从重处以死刑。为了使大家便于了解,在下特别摘录出当年南京首都高等法院刑事第二庭对殷所做判决的结论部分:

综上所述,是知被告由冀东自治一转而闭门研究水利。再转而复任伪职,动静虽异,其通敌叛国之野心,十余年如一日,并无顷刻间断,自不得因其动态不同而予以歧视。按被告犯罪时间可分为三段:第一段,自二十四年十一月起至二十六年七月二十九日"通州事变"时止,系乘我国将与日本开战之时,勾结土肥原,宣布冀东自治,不但将保安队听由日军调动,并建筑飞机场,安置军用电话、电台,以便利日本军事上之需要。就此行为单独而言,显系犯《刑法》第一百零六条第一项之外患罪。第二段,自被敌拘禁保释后至三十三年二月止,为研究水利,预备通叛敌国,苟无嗣后出任伪职以为实行,固仅犯《惩治汉奸条例》第五条之罪,但此项预备行为已为最高度之实行行为所吸收,自不另论。第三段,自三十二年二月起至抗战胜利时止。历充伪职、通谋敌国、图谋反抗本国,系犯《惩治汉奸条例》第二条第一项第一款之罪,又按《惩治汉奸条例》为《刑法》外患罪之特别法,外患与汉奸行为所侵害之法益,均为国家安全性质相同,即属于《刑法》第五十六条所谓同一罪名,若以概括之意思,反复连续数行为而犯同一之罪名者,依法即以一罪论,则遇有连续数行为各别,所应用之法律有不同时,只应依其罪刑较重之最后行为所应适用之法律处断,并无适用。首先,各行为所应适用之法律之余地,被告所犯外患罪时期,虽仅有现已废止之危害民国紧急治罪法及现行刑法等法律,而《惩治汉奸条例》尚未公布施行,但被告所为外患行为与其后所为汉奸,系以概括之意思连续反复为之,已如上述,而其最后行为又在《惩治汉奸条例》所公布施行之后,则前之外患行为与后之汉奸行为,只应依《惩治汉奸条例》论以一罪已足。至《刑法》第一百零二条之内乱罪,当然包括于《惩治汉奸条例》第二条第一项第一款所谓反抗本国之内,亦不另成罪。

从上述判决理由看,如果殷某在通州事变解除伪职之后,继续闭门礼佛,既不策划浚河、出任河官,更不出任伪山西煤矿公司董事长,则在抗战胜利之后,政府纵可依据普通刑法治以内乱外患之罪,但所判当不如援引《惩治汉奸条例》处理之重。据说殷一生为人,最会观察火色,抗战前见日人势盛,必欲图我华北,乃率先割据冀东,心中期待在未来华北亲日政权取得领导地位,以遂其平生割土为王大发横财之梦想,此种企图,虽属狂妄悖理至极,但在当时犹有实行之可能。至太平洋战争发生,在职群奸已知日寇必败,纷纷谋与国府通款效命之际,殷某却静极思动,积极出山谋取伪官,实属愚不可及,大违其平生投机取巧秉性,若问其何以至此,恐只能以权位财帛迷其心窍可做解说。

奇怪的是,被法官斥为群奸之首、万恶不赦的殷某,从外表看来,却又是那样英俊温文。记得在其受审之际,不论庭上怎样申斥,他都是沉静守礼以应,而且一口一个庭上明鉴,迄无惊惶忧戚之色。

有次,庭上在问案之际,曾经提到殷的"老牌汉奸"诨名,殷闻言之初,虽不觉皱眉苦笑,但亦无愠恼之色,并旋即整容大谈其"曲线爱国"之道,指出当年之所以搞冀东自治,仅为适应环境需要,暂图缓冲日寇之毒手,以谋华北数省之安全,总之此种曲线爱国举动,实因当时我国军备未及,无力与日方对抗,遂不得不牺牲个人声誉,表

16-5 殷汝耕庭上承认在北平有房屋八十间(《世界日报》一九四七年五月十三日,舍我纪念馆提供)

面上暂行脱离中央,虚与日人委蛇,否则,中日战早已发生,而抗战又何能支持如此之久云云。这样说,他倒该被人誉为"老牌曲线爱国志士",而不宜辱以"老牌汉奸"之名了。

不过,他虽在庭上以"曲线爱国"自解,但私下却自知大错已铸,难逃一死,因此不论在老虎桥系狱之中,或朝天宫(高院)受审之际,都能心气平和,一无愤激之态,即令在判决确定,执行死刑之前,他依然非常沉着,只在检察官问他有无遗言之时,幽幽说了一句:"我很奇怪,当初要我组织冀东政府的人,为什么竟是今天要枪毙我的同一人?"说到这里,检察官立即改口要他书写遗书,这样,他才执笔先给家属写了一封,然后再给同囚室的潘毓桂和章乃纶留下"我先去了,请多多保重"的寥寥数语。

不仅殷某自知卖国求荣难逃一死,即令他的日本籍太太井上慧民也有着相同看法。井上出身大阪乡间一个开小杂货店的家庭,与殷结婚之后,却一反勤俭本性,一下便学会了中国旧式官太太作风,游惰、狂赌,而且爱钱如命,需索无厌。不过,她虽不学少知,对殷的叛国行径却不以为然。据在北平与殷家比邻而居的严家理先生回忆,一次,他便曾听她说过:"殷样(日语的先生)这样搞,不仅中国人瞧他不起,连日本人也瞧不起他。"及抗战胜利,殷某自平押往南京老虎桥监狱囚禁待审,井上南下探监之时,也对曾随殷某叛国但随即反正立功的霍实先生言道:"这是我夫妇最后的诀别了。殷样的行为依哪一国的法律都会判以死刑的,律师辩护和上诉声请都不会发生什么作用。"

# 第十七章 多言速祸,受死第一

缪斌

现在，回过头来谈谈战后第一个被国府判刑处决的伪立法院副院长缪斌。

战后被捕群奸，论在伪府职位之高、权势之巨，缪斌绝对比不上陈公博、周佛海或褚民谊，等而下之，甚至也比不上梁鸿志、王克敏、梅思平或丁默邨，可是当陈、周、梁、王辈特号巨奸大恶仍然分在京、沪、苏、平系狱待审之际，为什么一直挤不上特号行列的缪斌却领导群奸，率先绑赴刑场，一枪毙了老命？

## 政坛暴发户卖官下台

一九〇二年出生在江苏无锡的缪斌（丕成）说得上是个因缘时会、少年得意的政坛暴发户，他在二十岁上下只身远走广州，及时搭上了国民党国民革命的顺水船。一九二二年方才入党，在黄埔军校混了一阵，一九二六年便升任了北伐东路军的政治部主任，成为该军总指挥何应钦将军的主要助手之一。

及北伐匆匆获胜，旧官僚或逃或倒，新干部又不及储备，一批二十七八岁新贵遂得相率登场，分掌台面，随军还乡的缪某也轮上了江苏省民政厅长要职。他到任之初，晨晚升旗降旗如仪，周一勤主纪念周会，偶尔讲述革命理论，着实慷慨激昂，颇具几分朝气。

可是少年衣锦还乡，自不免有炫耀乡里之念，适遇其时，缪家老父欣逢六十之年，于是在一群部属的怂恿下，乃在无锡老家为老太爷盛盛大大做了一次花甲荣寿。如此这般，缪某以为必获老父欢心，孰料这个老顽固在盛筵既过宾客散尽之余，仍不禁喟然叹曰："贵则贵矣，其如未富何！"没想到这两句话不仅断送了儿子的大好前程，而且提早结束了缪斌的生命，让他不得好死！

原来缪斌听了老父的"教诲"之后，果然一心要钱，把江苏县长分等列价，大做其卖官鬻爵的生意。原以为既然从前辛苦打下天下，顺手弄上几文也不算大悖于理。可惜缪某食髓知味，生意不仅越做越大，而且做得越来越是公开，连老家无锡上县，一样照卖不误！

古语说，为政不得罪于巨室，缪某卖官卖到老家，自难逃乡中大老吴敬恒（稚晖）先生耳目。稚老在国民党人之中，原系追随总理孙中山先生的前辈元老，在党内班辈犹较蒋总司令为高，此老平生不屑为官，对贪官尤所痛恨，当日一见小辈卖官竟然卖到了他家门口，

17-1 少年得意的缪斌因贪污失足政坛

自然大为光火，乃亲予检举，言于当道，而三十岁不到便拜官民政厅长的缪某乃由此落得个永不叙用的严厉处分。

缪某落官之后意兴阑珊，心想当年留日归国便得大用，而今政坛失意，何不趁此时机乘槎远游，在美国学点西文，再图返国求官。谁知自美镀金归来，依然因前案未销，弄不到一官半职。所幸昔日老长官何应钦将军正负责与日本军方折冲交涉重任，而缪某精通日语，乃利用缪的在野身分，派他在南京东京之间穿梭往返，打听一点消息，了解一下行情，可是缪除了就日本青年军人发动的"二二六"流血政变（一九三六年）经过，向何将军写了一篇报告交差之外，也就没有多做一些什么。

## 代表国府赴日和谈疑案

不过这样两边穿梭，却也多认识了几个日本情报人员。因此一九三七年七七抗战开始之后，便留在北方，很快便由日本特务人员吉野弘实与吉村虎雄牵线，于当年年底加入王克敏主持的伪新民会，出任该会中央指导部长。这一汉奸组织和伪满洲国的协和会是双生兄弟，名义上是鼓吹中日"满"合

作亲善的民间团体，实际上却由日本特务机关在幕后主持。未及年半，他更由日人根本博和秀申开策介绍，参加了日本人为提倡所谓"大东亚共荣圈"而组成的"东亚联盟"，为图称霸亚洲的日阀效力。

一九三九年六月，缪某由北平专程前往日本，参与汪精卫兼并伪华北临时政府与伪南京维新政府的改组工作，与汪进行伪国民政府伪官的分配分赃谈判，并答应参加汪记政府。但他正式参加伪府，则在一年有半之后，职位是所谓元老级的伪立法院副院长，而在斯时缪某还不过是个三十九岁的中年人罢了。

缪某一生官场总是不甚得意。早年做了一任正官，席未暇暖，便以贪污被人检举下台，及出任伪府伪职，上台未久复逢珍珠港变起，日军疲态渐露，开始走向下坡。日方为图全力对付美军在太平洋上的逐岛凌厉攻势，亟谋与迁往重庆的国民政府单独谈和，甚至不惜牺牲一手扶植的汪伪国民政府。在伪府掌握实权的周佛海亦在日人示意之下，颇欲利用机会居间而为重庆东京接触效力。

缪斌是个善观风色的政客，见情况不妙，马上便打出了"全国和平统一"旗号，主张日方迳与重庆国府谋和，并以重庆为主体，实行所谓的"宁渝合流"。此时，汪精卫已在东京病死，遗命虽以亲信陈公博以代主席名义维持局面，但周佛海权势日盛，几可一手遮天，缪在投机倡言和谈之际，便曾分与周佛海及日军驻华首长谈及此事。

及一九四五年三月，日军败相已露，本土已渐在美军威胁之下，缪斌此时突然在日本东京出现，自称奉重庆国府之命，携同秘密条件拟与日方探讨和议，据称，所谓秘密条件约为：日方取消溥仪的伪满洲国，并退出华北华中所占之中国领土，重庆则允许日本在中国享有特殊权益。至于汪伪政府也拟在自动撤销之后，另组"留守府"以待重庆派人接收。为了避人耳目，缪斌在东京化名佐藤活动，而其对象则为日本当时首相小矶国昭。据说小矶本人虽曾主张双方互让以达成和议，但掌握军队及帷幄上奏大权的陆相海相却力持反对，缪某发动的和谈遂胎死腹中。

到底缪斌此行是否出自重庆授意，一直有着争论。有人以为缪某一定获有国府授权试探和谈的凭证，否则小矶当不致以首相之尊轻率予以接见，战后在港撰写《汪政权的开场与收场》一书驰名于世的附逆老牌记者金雄白便说，汪伪政权的驻日大使蔡培曾告诉他，说缪当时"携有某人的亲笔函件，对全面和平提出了七项原则"。但国府方面则一直强烈否认此说，指出当时国府已加入以美国为首的盟国作战，胜利早已在望，怎会单独谋和示弱，自取其辱。即令有意试探和议，亦自有正常管道，又何必利用投敌附逆之徒充任代表。

很可能，缪斌自恃其与国府军方第二号人物何应钦久有从属关系，且在抗战末期仿效周佛海辈行事，秘密与重庆军统局拉扯上一点瓜葛，遂在单向请示之后，即自告奋勇前往东京倡言和谈。恰逢其时日方也正欲脱出中国大陆泥淖，乃在两厢情愿之下，上演了这幕似是而非的和谈闹剧。不过，姑不论缪某东京之行是否获得适当合法授权，但他在胜利初期群奸纷纷被囚之际独自逍遥法外，却不无启人疑窦之处。

17-2 缪斌自称代表国府与日首相小矶密会

## 招摇有功反先受死

犹忆胜利之初，陈公博、林柏生、陈君慧、周隆庠、何炳贤等一度飞日求庇，但旋即由日方遣送回国系狱待审；周佛海、丁默邨、罗君强、杨惺华辈也曾短期飞渝接受军统优待，但不久亦押回南京待审；另汪精卫遗孀陈璧君、褚民谊、梁鸿志、王克敏、王揖唐、齐燮元及川岛芳子（金璧辉）等更先后分在南北各地被捕在押，只有缪斌一人长期置身法网之外，清清闲闲在上海过着寓公生活，一直到一九四六年初（确切日期是阴历头一年的大除夕）方才由军统局派人把他送到上海看管沪上群奸的楚园作囚。

根据先已在楚园临时看守所"做客"的周佛海密友金雄白所述，缪斌那天是"穿了笔挺的西装，手里夹了一只装满了文件的皮包，满面笑容，气概轩

17-3 缪斌入狱后，老长官何应钦仍念旧情。

昂地由人陪了进来"。金以其能在外平安渡过数月，于斯时方才姗姗而来，不免上前去殷勤问讯，谁知缪竟含笑而言，说是"雨农（军统局局长戴笠别号）因为外面机关庞杂，恐因误会而被别的机关误捉，反费手脚。所以要我来这里暂避几时，随时可以回去"。一面说着，一面还指胁下夹着的那只大皮包说："里面全是奉命（做地下）工作的证据，我是绝对没有问题的。"

缪斌在楚园只住了三天，便突然被押往南京宁海路的军统看守所。起先，所方接到重庆方面命令，对他还优礼有加，甚至把所长办公室临时改做缪的卧室。可是不多久，重庆复来电说要严加看押，于是缪斌复被押上三楼，单独囚禁。不过，早到南京受降的何总司令应钦还很念旧，每天总按时送去指定餐厅的特制菜肴，由他一人独享。由于有着这一连串的特殊待遇，缪斌以为国府或将以"政治手段"解决他的问题，即令仍将照《惩治汉奸条例》法办，也可因其暗通军统之故，另依及早自首条款予以减刑，无论如何不会判个死刑。谁知一天深夜，当被囚群奸犹在酣睡之际，看守所内突然履声杂遝，众人方惊惶不知何故，翌晨即传出缪斌已被押往苏州狮子口监狱囚禁待审的消息。

缪斌遭遇如此突兀多变，自然引起外间许多猜测。金雄白甚至以为是美军在日本政府档案查出缪斌当年携往的和平条件，且向国府查询，国府为了免受单独背盟谋和之责，才匆匆把缪某加速审理处死。不过这只是一种猜测，连金雄白自己在著书时也指为"据无稽的传说"云云，其真实性自然是大有疑问了。

其实缪斌远在"七七事变"之初便已投敌叛国，迭为日方所谓"圣战"鼓吹，其后参加汪精卫组织伪府谈判，并出任伪立法院副院长高职，其为"通谋敌国，图谋反抗本国"的汉奸行为业已显著，一死原不足以掩其辜，而提早致死则完全由于他到处招摇。譬如说，他在未被逮捕之先，便不唯不知自敛，反而四处自夸其"策反抗日"之功,并展示其军统嘉奖文件,让国府中人大感头痛,最后不得不提早结束了他的生命。在检察官李曙东着手侦查及法官石美瑜等进行审理之际所收到的两件公文,都堪作明证。

原来缪斌确已在一九四三年八月悄悄与重庆军统局取得联系,但是

17-4 缪斌受审时自称是软性爱国者。(《世界日报》一九四六年四月九日,舍我纪念馆提供)

他却扬言他已实际加入了军统。军统方面对此自感不满,因此乃在检察官询问此事经过时,覆以如次电文:"查缪逆斌,背叛祖国,劣迹昭然,虽为本局运用,略有贡献,而发动于日本已节节败退之时,不免投机取巧,仍请依《惩治汉奸条例》,予以检举法办。"观此电文,军统方面不仅不予回护,反而促请法办,缪某的命运已经大体决定,及审判中蒋主席"按律办理"的手谕送到,缪某的死期更由此而为之提前,语云:"多言速祸",其是之谓欤?

不过,缪斌一生虽贪赃枉法,叛国求荣,但一九四六年五月二十一日下午临刑之际却还相当镇静,甚至在检察官询以有无遗书时刻,还索取纸笔,题诗一首有云:

浩气归太真,丹心照万民。平生慕孔孟,死作和平神。

这首显然是预先做好的诗,虽说颠倒黑白、混乱忠奸,一心只图掩饰其叛国劣迹,但是临死前还能保持这点镇静,比起一听判死便吓昏过去的老牌特务头子丁默邨,已经是"英雄"得太多太多了。

# 第十八章 老耄汉奸,免其一死

温宗尧

前文提及殷汝耕的叛国及受审经过之际,在下曾指陈这一"老牌汉奸"只缘其领先作奸,人称"老牌",乃种下了他必然判死之果。而今在这边我所要陈述的,却是另外一名老耄汉奸,徒以其年老昏聩,遭人轻蔑也为人怜悯之故,得以保住一条老命。

同样是个老字,意义上却大有差别,殷汝耕之所以必死,是由于他做汉奸的资格最老,实开了现代割土卖国的先河;至于本文所述的温宗尧,在战后被逮法办之后,却因其年过八十,至少也届七九,遂得以"老而不死"!

## 清末曾任驻藏大臣

记得那是一九四六年六月间,首都高等法院刚在南京朝天宫旧址创立未久,前后出任伪维新政府立法院长和汪伪国民政府司法院长的温宗尧便先行押上刑庭受审。虽然在下对这名两任元老级伪官巨奸的平生行事,所知几乎可说是一片空白,但是,对于温宗尧这个名字,却好像在哪里听人说过,只是一时就想不起来。

移时,书记官长兼刑二庭庭长葛之覃率推事葛召棠及杨雨田升庭,一名中等身材,穿着长袍的光头老翁便被法警押上庭来,一路上,他虽说步履颇显蹒跚,但精神还算不错。接着检察官起立宣读预先写好的起诉要旨,指出这名出生广东台山的七十九岁被告温宗尧远在前清末季便开始他的政治生涯,历经北洋大学教授、修正中外条约参赞官和派驻西藏大臣……

一听到"派驻西藏大臣"这几个字,突然引起我的回忆,原来这个先在清末出任、复在民初担任外交次长、上海通商交涉使、西藏巡按使、西南军政部总代表和广东护法政府七总裁之一的温某,就是辛亥年把上千名戍藏川军陷于绝境的温大臣。

记忆中,那是一九三三年初的一个夜晚,在四川二刘(二十四军军长做么叔的刘文辉和二十一军军长做侄儿的刘湘）内战中败退下来的刘文辉部涌入我的老家崇庆县城，其中由一名中年连长统率的八九十名败兵更不由分说闯进我家大院，他们一进门便在大厅和两厢铺上稻草，倒头便睡，而两名看似勤务的大兵更大声吆喝要我家赶快为连长夫人烧洗脚水，我家上下人等应对稍微慢了一点，他们便威胁说："再不烧好，我们连长便要到你们灶锅上洗澡啦！"

幸而我家老奶妈手脚麻利，只消一刻工夫不仅为连长大人一家四口烧好了洗脸洗脚热水，把他们安置在一间厢房后，还为他们预备了一顿消夜，俗语说人心都是肉做的，连长一家看我们招呼周到，不仅不再耍兵大爷脾气，反而有点不好意思，特别是那位好打扮把脸蛋抹得飞红的连长太太，还责备勤务兵说话太过粗鲁哩。

过几日便是大年夜，父亲一半为了安抚什么事都做得出来的败兵，一半也缘于同情这些过年犹在外面流浪的游子，他老人家不唯邀请这位李连长一家吃团圆饭，而且烧了一大锅浓浓的青菜腊肉汤为大兵们加菜。这样，父亲和那位连长很快便交了朋友，连长两个十岁上下的儿子也变成我们哥弟们的玩伴。

那年头，四川军民人等，鲜有不与阿芙蓉结下不解之缘的。绅粮人家为了防止子弟出外嫖赌倾家，多鼓励他们留在家间吞云吐雾，至于当兵的，感于前途茫茫，朝不保夕，往往也借此以为消遣，一个个也就塑成了"双枪将"，随身多半背上一支步枪和一支烟枪！

父亲是绅粮，李连长是老兵，在当日当地情况下，自然有此同好，都喜欢摆龙门阵的他们未久乃成为东厢烟榻上的好友，新年无事便常在榻上闲聊，我们兄弟也成为经常列席的听众。李连长很健谈，加以一生阅历既多，所谈自饶兴趣，温宗尧清末在藏作为，便曾是他咬牙切齿忆述的故事之一。

"温宗尧这个狗Ｘ的，真不是东西，辛亥那年，他当什么狗屁的驻藏大臣，把我们驻在拉萨的川军整得好苦。"

打从这段粗话开始，李连长便娓娓追述他那一辈子最为惊险出奇的经历。原来，自从四川总督赵尔丰在康藏连打几次胜仗之后，宣统二年，四川新军也就顺利进驻西藏首府拉萨，及辛亥革命爆发，逃居哲孟雄（印度锡金）的达赖十三世亟欲乘中原多事，返藏重谋掌权。此时，西藏虽处边陲，如果驻藏满大臣联豫与汉大臣温宗尧能协力同心，则凭借驻藏上千川军劲旅实力，仍足以维持秩序，而温宗尧以平时与联豫不协，乘时纵横其间，竟将局面搅得大乱，终于引致藏人与川军流血冲突。川军初时以训练有素、器械精良，颇占上风，但终敌不过有英国人在后撑腰的成万西藏民军而退守一隅。所幸川军虽少，但终是有组织有训练的正规军队，而藏军在几番攻击不成反而损兵折将之余，遂由英人中介，让川军在留下武器后，接受资遣分道返川。

18-1 图为寻求西藏独立的达赖十三世，此时温宗尧为驻藏大臣。

"那时，我还是个一等兵，在领得一笔路费后，乃与一批士兵在一位官长带领下，向南通过印度上船，直航上海，然后再转乘江轮返川，一路上，人生地不熟固然受不少折磨，但也算乡巴佬进城，见识了不少世面。"李连长回忆说："倒是而今贵为二十一军师长的潘文华，当时还只是位连长，他为了急于回家，带了三几个人，穿过印缅边界，取道云南捷径返家，一路上几遭野人袭击，险被巨蟒吞噬，等到只身回到四川，又为大水冲走，到被人救起时已经是奄奄一息，只剩下一条破裤了！"此后，这批大难不死川军官兵，在别后相聚时总是把造乱的温大臣叫做"瘟大成"以资泄愤。

## 因老失权亦因老保命

十三年轻轻溜逝，一九四六年在首都法院听审，我已经是个年轻记者。当王检察官提到被告温宗尧清末曾任驻藏大臣时，突然间我又跌返了回忆。原来这个老态龙钟的伪立法、司法两院院长温逆宗尧，便是三十五年前造乱把西藏一度丢掉的温大臣，那个为李连长伯伯深恶痛绝的人物。世间事往往如此巧合，儿时所听故事的主人翁，这天却在这么一种场合之中谋了面！

想着想着，法庭上已经问起温某当年下水附敌经过。原来当年南京沦陷之后，日本军方本想扶持民初曾任国务总理的唐绍仪出面组织华中伪府，继因唐氏遇刺身亡，乃退而求其次，只好在一力投靠的温宗尧和梁鸿志两人之中做一选择。

谈到温、梁两人，自以在前清即已出道的温某资历较高，附敌较早（南京沦陷后，温即出任伪维持会长），而在民初方才崛起官场、短期担任段祺瑞执政府秘书长的梁鸿志则显逊一筹。可是，温宗尧当时已经是个行年七二的古稀老翁，而梁鸿志却不过五十六岁，正当盛年。日本人找汉奸替他们办事，也要找个精明强悍之徒，因此，在日本华中派遣军头子松井石根和驻华使馆书记官清水董三等一番计较之下，乃舍温就梁，让梁出任伪维新政府头号人物的行政院院长兼交通部长，而把温安排为次号的立法院院长。不过，由于日方只准设立行政、立法两院，因此，在某种形式下，伪府依然像是辆双头马车。一九三八年三月二十八日，伪"中华民国维新政府"在南京原国民党中央党部宣告成立时所照的一张照片，可为明证。在那张摄于大礼堂门首群奸合照之中，一同穿着长袍马褂的梁、温两人一右一左并立头排，伪实业部长王子惠、伪绥靖部长任援道、伪内政部长陈群、伪外交部长陈箓、伪财政部长陈锦涛与伪教育部长陈则民等首要伪官则自左至右站在次排，至于其余次要伪官更站立在最后的第三排上。

18-2 伪"中华民国维新政府官员"合影，当时温宗尧（前排左）为伪立法院长。

人生行事，得失之间有时也真难断定，以温宗尧而论，一九三八年与梁鸿志争夺伪维新政府头领之际，虽因被日人视为"年老糊涂"而屈居次席，但是八年之后，当曾任群奸之首的陈公博（伪国民政府代理主席）与梁鸿志一一因罪大恶极分别判处死刑，绑赴法场执行之际，他这个"老糊涂"却能免于一死，只判了个无期徒刑，如果他当年争胜，恐怕枪决的便不是梁鸿志而是他这个历事三朝的老家伙了。

说起温某幸逃一死，也还有一段相当曲折的插曲，而主要关键竟在他受审时的岁数到底是七十九还是八十。根据记录，温宗尧出生在民国前四十五年的丁卯岁末，到受审时的民国三十五年六月，照中国传统算法虽然可说是八十有一，但照《民法》所订的足岁新制，却仍未满八十。由此，推检两方对他的岁数便有着争执。

## 轻判与重判之争

按当时首都高等法院刑事庭共分设两庭，分由号称"金剥皮"的金世鼎与人称"葛菩萨"的葛之覃分任庭长，每逢案子加多时，除金、葛两氏之外，资深推事骆允协与傅勤清等也曾分别出任合议庭的审判长。说来温某也是幸运，分案时恰巧分由葛庭长亲任审判长的那一庭，因此在审理之余，心肠较软的葛庭长一见温某老迈，便在当年七月八日下达的判决书头上，先指出"被告温宗尧，男，八十岁，住上海西摩路大同里五三三弄六号"，然后在判决主文上宣示："温宗尧共同通谋敌国，图谋反抗本国，处无期徒刑，褫夺公权终身。全部财产，除酌留家属生活费用外，没收。"最后在判决理由中，再叙明从轻发落之故如次："按被告竟于国家危急之际时，甘心附逆，背叛中央，只图个人利益，不顾国家存亡，于法故无可贷，姑念年老昏聩，且事后颇有忏悔之意，爰特量处无期徒刑，并褫夺公权终身，以维法纪而昭平允。"

可是判决宣示后，负责控诉、曾请判以重刑的检察官王文俊却不服气，随即在同月二十九日具状声请最高法院覆判，状中首先指出："被告温宗尧，男，七十九岁，广东台山人……"继认定高院判决失当，特声请覆判，其理由则为："综上以观，则被告早蓄有反抗我中央之决心，自系确凿之事实。兹又就前两项之事实观察（指首任伪南京维持会长，及与梁鸿志争夺伪维新政府首脑位置），是被告当时之愿望，原冀率领群丑，反抗中央，自充领袖，奈厄于敌寇未遂其所欲。然其初充伪南京维持会长，继充伪维新政府立法院院长，终为伪国民政府司法院院长，在伪组织中主任要职，其恬不知耻，堪与长乐老媲美，而其甘心通敌反抗中央之事实，殊为彰明。核其犯之罪行，实较陈逆公博、梁逆鸿志等有过之而无不及，但陈逆已经执行死刑，梁逆则已经判处死刑，而被告独邀侥幸，受从轻量处之刑，同罪异罚，更难认为适当。爰依《特种刑事案件诉讼条例》第十条，声请覆判，拟请撤销原判，改判极刑，以振纪纲而维人心。"

熟悉法界内情人士大多知晓，案子越上诉对被告越是有利。大抵，地方

18-3 在汪精卫伪政府时温(后排右四)出任伪司法院长,他在法庭上认为自己年老糊涂。

法院年轻法官锐气最盛,疾恶如仇,动辄便依法重判,甚至处人极刑;高等法院中年法官锐气渐消,心气比较平和,下判决也比较轻一点;至若最高法院高年法官大多棱角尽失,慈悲为怀,如非十恶不赦,判决更是温和轻减;汉奸罪依法只经两审,如果高院判得轻些,最高法院自然也不会加重。温案的情况便是如此,既然高等法院只判无期徒刑,尽管检察官不服,声请覆判极刑,最高法院的老先生老居士也就将就将就核准原判决,决定性地饶温宗尧一命了。

有趣的是最高法院刑事第三庭在翌年一月二十日做出判决之际,温宗尧已经足足满了八十岁,因此,以其后升任大法官的何蔚为首的五位最高法院推事,也就心安理得地写下以次的判决理由:"被告由军统局在上海被捕后致戴局长函,有惟恳体恤昏庸,宽其错误,得以闭门思过之辞,即在原院(指首都高院)侦查时,亦有我年纪大了,糊涂得很,请原谅之供述。原审以其事后颇有后悔之意,于死刑无期徒刑之法定范围内,量处无期徒刑,尚非与法有违,本院自毋庸予以变更,应将原判决核准。"

就这样,温宗尧先因"年老糊涂"之故,争夺伪官时未能为敌选充群奸之首;在被捕受讯之际,复因"年老昏聩"为由,得以蒙法曹怜恤免其一死。同是一个年老,影响却如此有异,思之令人不禁摇首。

# 第十九章 政坛钻营，花丛浪迹

罗君强

六十多年之前,当苏州、南京、汉口与北平各地高等法院纷纷控审群奸之际,一般人包括在下在内,都把目光集中在陈公博、周佛海、陈璧君、褚民谊、王克敏等一干元凶巨恶身上,即使是曾在宦海里打过滚的政治人物,也不过把注意力扩及于次级汉奸如梁鸿志、梅思平、丁默邨、林柏生、王揖唐与殷汝耕等辈遭遇,倒是内而曾长一部一会,外而屡膺封疆之寄的罗君强,却因战前迄无赫赫之名,审判时又侥幸险逃一死,竟被人们忽视了。

　　其实这个一度自认"罗青天"却又被人斥为"罗黑心",能干又恶毒的政客,在伪组织中不唯在台面上不断入则掌部出则主省,而且躲在汪伪组织权势最大、一手遮天的周佛海之下,攫夺了远远高过褚、王、梅、林的真正权力。他的一生行事诡谲多变,极富传奇,如果影剧中人打他主意,我想聘个一流编导,再请几位甲级演员,一定可以推出几部卖座奇佳的电影。

## 从共产党变成国民党

　　罗某既是这么一名多变的传奇人物,在下当年采访审奸新闻之际,虽与屈作阶下之囚的他曾有数面之缘,但时至今日属笔为文,一时亦着实不知从何下手。无已,迫得只好先行引用汉奸而兼诗人的梁鸿志的下述"名"言,以充纲目。"世界上最肮脏而又为男人最喜欢玩的两件事,就是政治与女人的生殖器。"

　　说来,以刊行《爱居阁诗集》而一度被人誉为"一代词宗"的梁逆众异(梁鸿志之字)这句临命之言,虽不免有大男人主义之讥,但用在罗君强身上却也十分恰当。事实上,罗某入狱之先的前半生,政治与女人便一直与他纠缠不休。

　　罗君强的多变,可从他名号之多以见一斑,他一九○二年出生在湖南湘乡一个官宦地主家庭,他那个曾任湘军管带(清末军制,指统辖一营的军官)

第十九章 政坛钻营,花丛浪迹 153

的祖父,依照排行为他取了光治的谱名,其后他虽改以君强为名行世,但为了写文章搞政治方便,先后曾以庸生、竹侯、健生、西西、西生为其别号,并以李健生、李景祁化名写作。

早年他因家道富有,颇染纨绔习气,及"五四"运动激起新的思潮,也曾竞趋时尚,以勤工俭学方式短期赴法留学,旋因病返乡,改赴长沙就学。这时,毛泽东、李立三、蔡和森、向警予等左派人物正在湖南组织学生联合会从事政治活动,罗某跟随其后,先后参加了中国社会主义青年团和中国共产党,随众发动拥谭(延闿)反赵(恒惕)运动,主编《赤光周刊》,并兼任"马克斯主义学说研究会"湖南分会书记。一九二二年夏,复由中共湖南党部派为代表,赴沪参加中共第二次全国代表大会,但到沪时却因"找不到集会地点"而空劳往返。

罗某参加共产党,一心只不过想借此飞黄腾达。一九二三年春因父死返家奔丧,又耍起少爷脾气,在家大摆筵席,请客开吊,中共湖南党部稍加批评,他一气之下,在长沙登报声明脱党,翌年干脆离家前往北京求学,经蔡和森一再劝告,乃一面函告毛泽东表示愿意返乡工作,一面自行启程前往长

19-1 罗君强最早加入的是共产党,图为马克斯主义学说研究会一九二○年成立时部分成员合影。

沙，先在毛主办的长沙文化书社工作，继在党籍恢复之后，并曾出任社会主义青年团湖南省委书记，复兼中共湖南训练委会秘书。直到一九二五年初患气管炎严重咯血后，始返湘乡老家休养，大约是看见共产党当日还不能自成气候，终于再度脱党，并从此走上了反共道路。

同年秋，罗某赴沪入大夏大学肄业，不久即加入国民党。翌年七月国民政府北伐师次武汉，罗某见有机可乘，乃辍学西上，在张治中设在武昌的总司令部直属学兵团出任上尉政治教官，不久，张治中兼任中央军事政治学校武汉分校教育长，罗也调任该校政治部上尉科员。此时，也由共产党转入国民党的周佛海适在该校担任秘书长兼政治部主任，两人既是同乡，又是"两度同志"，自然一拍即合，从此在变化不已的政坛上，周、罗遂结成亲密伙伴——罗之于周，自视如子如侄，半师半友，偶尔酒酣狂言，却又把周比之于曾（国藩），自己比之为左（宗棠）。其实，一九〇二年出生的罗某只不过比一八九七年降世的周某少五岁罢了。

本来，在政治场合中，人们真正考究的只是权力大小而不是年岁的高下，设使翻转过来，罗的权势大过于周，也许，称臣的便不是年事较轻的罗某了。罗某此后一直紧紧跟定周某，周任北伐军总司令部政治部主任兼政治训练处处长，罗即任政治部主任秘书；及周佐蒋委员长机要，罗也迭在委员长武汉、南昌及重庆行营担任职司反共宣传的上校秘书，到一九三七年后，更升任军委会办公厅秘书处少将处长，复兼侍从室第二处上校秘书。

这一时期，国府剿共最力，以为投过来的共产党人认识共产党内情最深，在剿共机构中往往重用这种人物，以期收知己知彼之效，而周、罗即是此中显例，特别是周，不仅为当局执掌机要，而且转身之间竟成三民主义理论权威！

## 政治得意风月亦精彩

此际，好权如罗某者，以一名大学只读了一年的三十出头青年，居然在十年之间，混到了参与机要的少将处长，已经可以算非常得意。无如小人得志，器小易盈，刚刚在仕途上有所作为，马上便犯了好色毛病，在元配之外，又娶了个芳名杨淑云的年轻女人作为妾侍，一时妻妾不和，变生肘腋，姨太太竟被逼得吞食鸦片自尽,这件事一传出去,顿成轰动南京丑闻,而罗也就因此而降调浙省海宁县长,不料他风流成性,一到任上,便又在县府大礼堂公开与族姑罗吉羽举行为人诟病的结婚典礼。

未久中日战起,国府迁往武汉,罗某以周佛海为后援,再度内调。谁知他刚刚安顿下来,便又在女人圈里鬼混,在认识了一位交际花孔慧明后,马上逼迫族姑离婚。朋友们稍加劝告,却越发引起他的反感,在金屋藏娇之余,复出入秦楼楚馆,纵情声色,此事经军统局长戴笠密报之后,引致当道赫然震怒,随手下了道"罗君强生活浪漫,应予撤职查办"手令。

19-2 感情生活风波不断的罗君强

这时,罗的老上司周佛海已与汪精卫秘密结合,先后自渝飞往昆明,潜赴河内,开始与日本勾搭,罗虽不明底细,但仍设法脱身出国,尾追周佛海到达香港。周见罗步步紧追,初时还怀疑他是国府派遣间谍,经罗哭诉其在重庆被斥、无路可走的遭际后,周以只身出走,正缺幕僚,乃欣然加以接纳,从此,终伪府存在的六年之间,两人遂狼狈为奸合成一体,周某以"望重"而干练之故,迅速成为汪精卫以下权势最大人物,而罗某遂亦攫夺了远远超过其职位的惊人权力。

在任职伪府初期,罗虽已与孔慧明正式结合,但仍日夜流连风月场所,时常与附逆记者金雄白出入沪上所谓的"贵族屠门",有时在看"妖精打架"的真人表演时,罗君强总不肯后人,拉了一张椅子,坐到最靠近"火线"的边缘,屏息静气地观看两人的肉搏(见金著《汪政权的开场与收场》)。

另据金雄白叙述,当他与罗某一九四〇年初合住上海愚园路一一三六弄之际,初时发现罗某毒打其妻。稍后复发觉罗妻与一洋场惨绿少年有染,最后金某俟机警告罗某,竟"发生过有类于水浒传上杨雄与石秀的故事"。当时罗初入伪府,有所顾忌,不曾与太太公开闹翻,但五年后罗任伪安徽省长之际，终于仳离。

　　罗某前半生浪迹花丛之际，前四娶不是琴瑟未谐，反目相仇，便是因闹出桃色纠纷而影响及于仕途，总算第五娶情况好了一些。罗某一九三九年随周赴沪时，他的第四任妻子孔慧明曾自难民营领养一女，并雇一护士王小姐做其保姆，兼为罗某注射补剂，罗、王相处日久，遂生情愫，及罗某与孔慧明分离，即与王小姐结婚。其后国府还都，罗某被捕系狱，家财散尽，在狱中罹患肺病，王小姐还曾四处张罗，为其延医购药。

　　草草撰写罗某在政坛及女人丛中鬼混大略之后，我忍不住要加上一段有趣插曲。原来罗某在充任伪上海市府秘书长之际，表面上虽然装得铁面无私，一丝不苟，但公余之暇仍旧习不改，专在女人阵里胡闹，一晚三杯下肚，不免轻狂，随手取出一张名片送给席中邻座的影星白光，说自己"名义上虽是秘书长，事实上就是市长，如果有事，尽管前来找我"。刚巧其时上海正在严厉禁赌，而白光男友也正因开赌被捕，于是这位以磁音变调名噪一时的女星乃手持罗某名片，天天前往霞飞路罗宅求见说情，害得他不得不改走后门出入，迂回绕道以避！

## 献策组周系十人团

　　说罢了罗某前半生在政治与女色上的交叉纠葛之后，我们再来谈谈他在伪组织中六年的所作所为。大体而言，罗在伪府先后担任伪《中报》社长、伪边疆委员会委员长、伪司法行政部长、伪安徽省长和伪上海市政府秘书长一连串要职，虽精明强悍，人称能员，但以其秉性狂妄、傲慢、褊狭、冷酷、好弄权术，且爱搞派系，遂在伪组织中不断造成摩擦，引致纷争，甚至掀起流血事件。

　　首先，陶希圣之宣布反正，并揭露汪精卫卖国阴谋，固由于他发现日方条件过苛，及时省悟，但照陈璧君的说法，罗君强对陶氏的大力攻评也是原因之一。本来群奸筹备伪府之初，原由周佛海委罗某出面，筹设《中报》，以做未来伪府喉舌，不料一切筹措就绪，内定由陶及林柏生分任正副主管的伪中央宣传部却有意将该报收归该部管辖，并易名"中央日报"出版，罗某认为陶、林坐享其成，坚持反对，并致书陶氏加以痛诉，结果这一封信不仅促成陶氏之反正，而且开启了以周佛海、梅思平、丁默邨、罗君强为首的所谓"CC派"

（这些人均与国民党 CC 派有关）与陈公博、褚民谊、林柏生、陈春圃领导的"公馆派"（指汪系）的不尽争端。

据说汪伪政权成立之前，在汪宅曾经开过一次安排人事的分赃会议。会中，汪妻陈璧君先行发言，怒指陶希圣之所以离沪去港，主要是受罗某那封信函逼迫之故。接着分赃讨论开始，原定陈公博除出掌伪立法院外，并兼伪军委会所属政治训练部长，周佛海以罗某曾佐其从事此一工作甚久，乃荐举罗某出任该部次长，但陈却以"君强的这分脾气，我不敢领教"一语相拒。此时，周见汪妻正当盛怒，不敢再说什么，不料最后谈到伪边疆委员会主持人选时，内定者以衙门过冷，婉辞不就，此时汪妻突起立发言，说是反正边疆委员会与其他部会都无关系，不如就让罗君强关门去做他的皇帝吧，此语一出，无人敢于反对，而原求一简任次长不得的罗某，遂一跃而为特任阁员，尽管伪边委会是个无事衙门，但做上一任，却也让他脱颖而出，取得了内而执掌司法，外而屡寄封疆的资格。

纯从纸面上看，罗某跃升到部会主管，与他的老上司兼新主子的伪财政部长周佛海同为阁员，大可平起平坐另树一帜了，可是在肮脏讲求现实的宦海打过滚的罗某，非常清楚他与一手控制汪伪外交、军事、特工与财政金融大权的周某仍然有着将地比天的差距，因此虽然也列位"公卿"，依旧奉事周某唯谨，就怕失去了这座靠山。

首先善体人意的他，悄悄向周某建言，认为要大搞政治，便不能不集结一批赤心辅佐的亲信，并以之分据要津，以收指臂之效。这番话正好打动了好大喜功的周某心弦，于是由罗某出面纠结了易次乾、耿嘉基、汪曼云、蔡洪田、章正范、周乐山、张仲寰、金雄白、戴策等二流汉奸，加上他自己合为十人，以拥周为目标，共结金兰之好。稍后，周鉴于上述十人小组分量不够，仍嘱由罗某居间，拉拢李士群、汪曼云、蔡洪田、戴英夫、金雄白、周学昌、王敏中、沈尔乔、朱扑与罗某凑足十人，再聘请梅思平担任顾问。一九四〇年十二月底，为示慎重，周、梅与这新的"十兄弟"聚集，于杀人如麻的"七十六号"特工总部之内，立下"盟书"，摆开筵席，并痛饮了象征永远团结的齐心酒，在酒酣耳热之际，做龙头的周某还大言不惭说："我们现在都是兄弟了，凭我们这十二个人，今后大可左右大局了。"

诚然，在此后五年多时日中，这十二名以攫夺权势而结合的人物，确曾

19-3 被形容成魔窟的七十六号特工总部

在汪伪组织之中分在各方据位揽权，起了不小作用。但是，这批连国家都可出卖的人，既非由道义相连，纯为个人利害凑合，一经考验便形解体，甚至所谓的金兰兄弟之间，也不惜挥戈相向，互相杀戮。更令人感到诡怪不解的是，这许许多多的纠纷，竟然导源于罗君强之手。本来，罗是周系十人团的倡议者，在群小"义结金兰"后也受周之命，出任联络之责，事实上罗某当初倡言结派之际，内心里希望达成双重目的：一面借此立功固宠，取得周的绝对信任；一面也未尝不想巩固自己权位，有朝一日能够成为周的继承人。可是意见分歧，原是国人通病，而以一时利害结合的团体，一旦时过境迁，更易分立相对。

特别是十人中最具野心，也最为狂妄的罗君强与李士群，在结义之初，虽曾有过一小段所谓的蜜月时期，但是一遇利害之来，便立即化友为敌，终致挥戈相向！这中间的悬疑奇突的发展，足以寓成一连串宫廷争权、谍海相斗与扣人心弦的电影脚本。

## 结拜兄弟李士群遭毒死

先是，在汪伪政权开锣，群小沐猴而冠之初，伪警政部长一职即引起两名特务头子丁默邨与李士群间的争夺。本来，丁在特务一行中资格最老，在国府特务系统中，早期且与军统首脑戴笠、徐恩曾同任处长，因此在汪伪内定的分赃名单中原定由丁出长警政，而由资格较浅、年事较轻的李士群副之。不料，李却不服这口气，指出他远在伪府成立之先，便已在日军支持下组成了特务机构，立下了不少"汗马"功劳，奠定了伪特组织之基，怎能让后来的丁某捡此现成便宜。最后丁、李争执不下，方才采取折中办法，由周佛海兼任伪警政部长，李士群出任周的副手，至于丁某，则另行安插为事少权小的伪社会部长,让丁也过过部长的瘾!

也就是这个时期,罗见李精明强悍,手下又掌握了吴四宝之类心狠手辣的特务打手,乃在取得周的同意后,开始对李示好拉拢,除了让李加入周系十人团作为骨干之外,还天天在声名狼藉的"七十六号"中与李吃喝玩乐,通宵达旦不休。不久为了要把李扶正,罗先向十人团中其他八人疏通,然后在周系人马一次聚会之中,用组织名义,请求周培植干部,将所兼伪警政部长一职,让给实至名归的李,周当着众人之面,不好加以拒绝,于是李终于实现了他总揽警政的美梦。

不过,这件事也有另外一个说法,指出李之升官原是周的授意,只不过由罗出面转个过场罢了。此说也自有道理,事实上以周、罗关系之密切,罗当不致为他人升官之故,对老板采取逼宫硬上之类的手法。但是无论如何,李之得官出于罗之进言,对罗自是感激,因此两人在这段时期整日称兄道弟,叫人看来简直是有逾亲生骨肉。

可是俗话说一山之下不容二虎,在周佛海这个山头之下,罗已经以旧属成为亲信,自不愿以积年辛苦得来之"军师"地位拱手让人,而李屈居周下更是无可奈何,如果在自己与周之间,再要夹上个传达命令的罗,对于狂妄自大的李自然也是难以忍受。孰料即在此后,罗李之间接连发生了两件尔虞我诈明争暗斗的事件。

第一件事是罗挖李的墙角。原来,李在当上伪警政部长之后,为了报答周之让位提携,乃向担任伪财政部长的周献计,请其仿当年国府财长宋子文组织税警团先例,自行组成一支独立武装部队。这番话正好打进了周的心坎——自己虽然在伪府中掌握着仅次于汪精卫的政治潜力,但军事上却无一兵一卒可资运用,一旦有事,岂不任人宰割。

于是,周乃在他的日方主子影佐祯昭、川本芳太郎与冈田酉次等辈支持下,进行税警团的组织,并内定由李主持其事,而李也在奉命之余,先在上海

19-4 影佐祯昭为日本在上海特务梅机关的机关长,负责监督汪伪政府特务。

找好团部地址，并派遣伪军第十师师长谢文达负责筹备。不料就在此时，罗一见李就要掌握等于三个正规师的兵力，不免大为眼红，于是乘间向周进言，指出李某志大而狂，新近来附，彼此了解不深关系不够，一旦把持军政，心存异志，势必演成倒持干戈授人以柄之局，周初时尚不愿让李太过难堪，但禁不住罗整日在旁陈说利害、危言耸听，最后乃改将筹组税警之事交由罗某进行，名义上自兼团长，实际上则委由担任副团长的罗某代拆代行。如此这般，让李某得而复失，不啻做了一场春梦，自然是恨透了捡他便宜的罗某。更叫李某不悦的是，罗不仅硬抢他献计组织的税警团，而且拉走了他手下有才而未受重用的熊剑东，让熊这名精通日文且狠毒无比的前任游击队领袖，担任税警团第二副团长。

至于第二件事，则是李反过来捡了罗的便宜。说来，汪精卫虽在日军卵翼之下，于南京组织伪府，但所能号令的不过苏、浙、皖、粤四省，而且即在近畿一带，也常有国军及共军的游击队出没，经日、汪商决，日军仍以正规军作战为主，而维持沦陷区秩序之事，则委由汪伪负其主责。于是在一九四二年初，遂有"清乡"之议，并内定由罗出任伪清乡督办，罗一向器小易盈，至此遂在侪辈中以身任委员长（伪边疆委员会）而兼督办自豪。

不料就在罗某自鸣得意之际，业已自周派改投汪公馆，并获汪家夫妇信任的李突然密向汪精卫进言，指出清乡势必动用所有伪军，如经由一人负责，恐将有太阿倒持之虞，于是在李献计下，汪乃将"清乡督办公署"扩大而为"清乡委员会"，除自兼委员长，并以陈公博、周佛海分任副委员长外，并派李担任秘书长，进驻当时江苏省会的苏州，就近规划封锁及进出游击区重任。

据说，李向汪献计之举，原仅在抽罗后腿，初不曾有取而代之之意，谁知汪妻陈璧君暗中袒李挫罗，最后竟让李反拣了罗的现成便宜，这样一报还一报，罗、李之间仇恨自然更深，且渐次演变为不共戴天之势。罗、李之间剑拔弩张之势已成，谁知即在此时，又发生煽风助火的两个插曲。

先是，有国民党上海市党部代书记长蔡洪田，以身在陷区，终于落水，且在参加周系十人团后，得以出任伪汪江苏省民政厅长之职。此人虽降志失足，但对李士群这样只凭掌握特务而致"平步青云"的暴发户却一直看不起。不料李一到苏州出任伪清乡委员会秘书长，即好意拉拢，示意欲委蔡兼任该会江苏区"专员"。那时李声势正盛,群小巴结之不暇,以为蔡必然欣然受命,谁知蔡竟毫不客气地加以拒绝。

此时,江苏出了个年逾花甲、白胡飘然的小政客潘宏器,只缘他儿子娶了陈璧君的侍婢,走通了内线,遂得以出任江都大邑县长,其时建筑材料奇缺,价格特昂,潘竟打起扬州李鸿章侯府故宅主意,拆了楠木以建厅堂赚钱。事为担任伪民政厅长的蔡洪田所知,准备给予撤职查办处分,潘向蔡求情未许,乃改向伪民政厅科长王春元行贿以求免罪,事后王某代潘向蔡说项,又遭蔡拒绝,潘一见大事不妙,乃恶人先告状,先以汪公馆干亲家身分,谒汪诬告蔡某勒索,汪一时不察,勃然大怒,遂电令李就近将蔡扣押,不久蔡更以此丢了饭碗。周、罗闻此,对汪自是无可奈何,即把捕蔡的李士群恨之入骨,责以不顾当初义结金兰之谊。

此事发生未久,李士群在沪上所办,名义上敦请周佛海担任董事长的《国民新闻》,却以社论明白指责周佛海、梅思平生活腐化,行事不当,事后李虽以文章系总主笔胡兰成所写,本人事先完全毫不知情一类说词向周解释,但周却难以置信,且由此而辞去董事长职。这件事原是周、李间的纠葛,但罗某却借题发挥,指责李背盟反叛,乃结合除李以外十人团中分子,群起对李攻击,一时罗以税警团为主力,而李亦以"七十六号"特工为工具,彼此明争暗斗,誓不两立。

可是由于罗、李两方势均力敌,一时难以分个胜负,毕竟罗为人比较深沉,一见只凭己力打不倒李,即令打倒了李,也难以不遭李的部属报复,正沉思筹谋,难以定计之际,忽得同党熊剑东密报,指出日本驻沪宪兵与"七十六号"间彼此争权夺利,暗中已有摩擦,"七十六号"大将吴四宝即遭日宪毒毙。罗乃命熊悄悄与虹口宪兵队长冈村适三联络,此际冈村正欲除去李某,自然乐于合作。

一晚,冈村在家中单独邀宴李某,李为了敷衍只好应邀前往,初时李自知素与冈村有隙,一路暗中提防,酒菜都要冈村动过才敢品尝下筷,及酒酣面热,侍役突然端出了一碟牛肉饼,冈村在旁特别介绍,说是他的妻子亲手烹制的拿手好菜,李一时不疑有他,事实上在那种场面上不便过拂女主人的好意,谁知吃下去当晚虽然无事,第二天回到苏州却突感头晕发烧,遍体流汗,先延日本军医来诊,只说是中了一种细菌之毒,无法可治,及请来名医储麟荪检查，也查不知所患何病，就这样，一代杀人魔王的特务大头目便不停流汗，辗转床褥，一直到体内水分排泄既尽，方才缩得既小且瘪，痛极而逝！

## 官小权大列十大汉奸

如此这般，罗借日人之手杀了自己的拜把兄弟不算，战后在南京高院受审之际，还列举此事，说什么剪除汪政权特工首领，正是他从事地下工作表现之一云云，据说，这也是他仅判无期徒刑保住一命的原因之一。

自来中国人品评人物，多喜以其所列班辈之高低，以定其权势之大小。若以此一标准而论罗逆君强，则不免有误，像罗某前在任事国府之际，辈分原在陈公博、周佛海、褚民谊、梅思平、丁默邨诸人之下，职位亦仅及中等，仅是周下的备位幕僚而已。及陈、周、梅、林（柏生）辈随汪精卫出走，罗某初亦不在扈从之列。稍后在对日卖国交涉中，彼更不预其事。以是，在胜利后大审汉奸之际，罗某遂被人目为二等角色。犹忆在下与诸同业一同受命听审，私下亦曾将群奸区分高下，于罗某受审时率多等闲视之，不甚注意。

实际上这可是大谬特错。原因是周、罗情逾叔侄，形同一体，周某既稳操伪府大权，罗某自亦属权倾一时，晚近大陆学人根据留存全套汪伪档案，论列群奸，罗某乃登堂入室，与汪精卫、陈公博、周佛海、褚民谊、陈璧君、王克敏、王揖唐、梁鸿志及李士群并立为汪伪十大汉奸，名次自在二王、梁、李之上，至梅、丁、林辈"长者"，竟名落孙山，不在其列。

周、罗这种合为一体的密切关系，连列入周系十人团内层的金雄白也不曾看得清楚。在金以朱子家笔名所著《汪政权的开场与收场》一书中，便有着下述两段记载。

有一天，我到居尔典路佛海家里去，忽然佛海与我提到士群与君强间的问题，我就见闻所及的情形说了一说，而我的结论则认为如此演变下去，徒然给外人好笑。佛海对士群倒并没有怎样的成见。我说："即使你不偏袒任何一方，但因为你与君强的关系较深，你不表明态度，已经可以使士群怀疑你在暗中支持君强。我希望你能制止事态的恶化，让双方平心静气地先把理智恢复。"佛海恨恨地说："君强一贯幼稚的行动，怎样说也改他不过来,你替我去骂他,叫他不要再胡闹下去。"我笑笑说:"君强现在的气焰,我还敢去骂他吗?"于是佛海取出了信纸,一口气写了八大张,要我送给君强,信里对君强责备得很厉害。当我送给君强时,我发觉他一面读,一面脸上一阵阵地泛出了青白。他没有和我讲什么话,我也不便说破,就告辞而去。

第二天我又到佛海家里,佛海拉着我到他卧室中去,他说:"君强什么都不好,但对我到底是忠实的。"说着拿回君强的回信给我看,佛海在信上已经用红笔划出了最主要的一段,我记得信上的大意是"……我受你中手提拔,终身愿供驱策。所做一切,也只是为你,假如你对我印象不好,我将全无生趣,假如有一天你不要我了,我愿意自杀……"佛海似乎很为这几句话所感动。当然我也不便再表示意见,不过。我心里在暗笑。

说来,这位以前辈报人而被周佛海拉下水去的金先生也太过天真,自以为与周某关系密切,竟出面劝周阻罗与李为敌,其实李士群也名列十大汉奸之林,叛周后也已成为汪公馆派的一员大将,罗某勾结日人毒杀李某,是何等大事,岂能一味独断独行,而不在事前向周某请示?这样看,周、罗间这一往一来的函件,只不过做给局外人金某看的,而金某不察,被人蒙在鼓里犹自"暗笑",其实真该在一旁暗笑的是周、罗,而不是这位金大记者。

此后,不过一年多光景,国军接收京沪,金某天天跑周佛海公馆,欲求托庇于周总指挥(国府所委军委会上海行动总队总指挥)以自保,可是,当军统局局长戴笠派机把周宅的罗某一同送往重庆暂时"避难"时,金大记者还糊里糊涂承周之命,前往国府驻沪地下工作首脑蒋伯诚处代其征询赴渝之行的得失哩!

## 破例不判处死刑

除上述诸端外,周、罗间关系之密切逾常,还可以下列两事证明。一九四四年年底,汪精卫赴日治病不愈死去,陈公博任代理伪国民政府主席,周佛海任伪行政院院长兼上海市长。周赴沪上任之际,特地把罗调去上海担任伪市府秘书长兼伪财政局长再兼伪警察局长。在伪市府官员就职礼上,罗某竟起立致词,大言不惭地说:"我辞掉安徽省长不干,来担任上海市政府秘书长,目的是为了来做条恶狗,以后只要得到周市长之指示,我将如恶狗一样地随时猛噬恶人。"周、罗间一以主人自居,一以走狗自况,关系之深,自可想象得之。

其次,一九四五年八月日本投降,国府为确保京沪安全,立命周为军委会上海行动总队总指挥,而以罗副之。而罗也立以兼警察局长身分,在上海各大报刊登了下列一道"紧急命令":

> 周佛海先生奉蒋委员长命令为军事委员会上海行动总队司令,本兼局长为副司令,副局长满其蔚担任第五纵队司令。今后上海治安在过渡时期由上海行动总队司令部负全部责任。所有本局所属官警及市区全体保甲人员自应归顺中央,服从蒋委员长命令,并应听从上海行动总队司令部指挥,努力本位工作,兹为集中警力、强化治安起见,嗣后各官警未得本兼局长许可,不得任意参加任何团体,更不许有自由行动,如有违背即按军法严惩,切切此令。

周、罗原来当初一道参加汪伪组织,但其后一见势头不好,又一同透过戴笠向重庆"自首效命",一九四三年,罗且将其子罗伯伟送往重庆作为人质,一九四四年调汪伪安徽省长时,更开始"直接向中央输诚"了。

但是周、罗关系固然密切,毕竟还是利害结合,一俟利害不能一致,也就不免分裂。当罗随周"自首"立功,确保京沪之后,自以为托庇周下,必可免于被诉。孰知戴笠乘机撞山逝世之后,周、罗遽失保护神祇,而举国要求惩奸之声复响彻云霄,于是周、罗乃再由渝押往南京,先后接受审判,周先被法庭判死,继由元首宣示减刑,而罗则以杀李士群及连系国军有功,破例判了个无期徒刑。(当日法庭判刑标准是,凡曾充伪省府省长,身当伪府方面之任者,一律判以死刑,如褚民谊、梅思平、丁默邨、林柏生等即因曾分别担任伪广东、浙江及安徽省长而被判以极刑,执行枪决。)

罗判刑后,与他的主子周佛海一同关在南京老虎桥监狱之内,日久,罗对周渐有怨怼,竟认为自己的悲惨遭遇,完全是被周拉下水去,受其连累,即在周心脏病发,日夜惨叫之际,不唯不加慰问,反而时加讥刺。

奇怪的是这个自比恶狗的恶人,在群奸或明正典刑,或系在狱内之后,却独能寿终正寝,得享高年,让人对天道也不免有着怀疑。原来,在国府失去大陆远迁台湾之先,罗某与其余被判无期徒刑人犯,一律移监上海提篮桥监狱,及共军入城,罗等被囚如故,据说初时他仍寄望于第三次世界大战爆发,认为只有这样才能重获自由,及世局呈冷战胶着,罗某为图减罪减刑,乃在一九六〇年后转而向中共交代了"以前拒不交代"的问题,自认"罪恶重大,几个头也都可杀,但共产党没有杀我",并说从此要"接受人民的改造"。想象得到,罗说的当是昔年背叛中共的那段经历。

罗某晚年体弱多病,中共准他保外就医,一九七〇年二月二十二日因病重不治身死,上距一九〇二年五月二十四日出生之日,享寿虽不到六十八岁,但已是上述十大汉奸中唯一得享高年寿终正寝的了。

# 第二十章 大审汉奸，万人空巷

## 周佛海（上）

在下早年习法，毕业后转行做了专门采访法律的新闻记者，前前后后，从地院、高院，跑到最高法院，也自普通法庭跑到军事法庭，甚至跑到了审判日本战犯的特别法庭。这一路下来，既目击过市井小偷的哭号喊冤，也得见南京大屠杀案主犯谷寿夫中将的受刑就死，更从旁检视陆军上将、前台湾军政长官陈仪的刑后遗体。此外，在下也曾叙述了战后国家大审大号汉奸的始末。

可是，在这一连串的听审、观刑的经历中，最让我终生难忘的，还得数一九四六年十月七日南京首都高院举行的那次"盛况空前而诡谲多变"的审判。也许有人会问，法官审案，慎重庄严，法庭又何必像剧场般讲究场面！旁听者又怎会动了感情？而在下更做啥要搬出"盛况"、"多变"这一类的套语来加以状述？

## 不满时局反为周鼓掌

答案异常简单，只缘受审被告是汪伪政权多有作为、事实上的头号汉奸周佛海，而庭内庭外数以万计的听众也多是周某当年治下的百姓。表面上，他们是来听审，内心里，许多人竟然是赶来替他捧场。说得更正确一点，他们是借为周某欢呼捧场之举，来表现对于胜利还都的重庆客的极端不满！

说来也是惭愧，当年在下初出校门，一心但存褒忠贬奸之义，一看见这种反常场面，不觉额汗心惊。当晚写稿，原也考虑到遵从新闻自由的西洋理想，一五一十据实报导。可是，一想起忠奸不两立的传统春秋大义，在所撰洋洋洒洒，铺陈见闻的五六千言新闻中，便一面倒地倾向检察官和审判长义正词严的控诉，至于周逆的"慷慨"陈词，则一概斥为狡辩，听众的喝采，更是全然不予采纳。六十多年后的今天，再想起当年旧事，总觉得那天的报导多存偏颇，也不算完全。可是，如果我当年据实直书，登不上报还好，很可能提早三十年便被炒鱿鱼啦!

说来刑事法学大家赵琛先生一直视我为忘年之交,多年来每当我采访大案,陷入了迷津,总不忘拉我一把,拯我于难。可是,六十多年之后,我仍然要直率地说上一句:当年他身任南京首都高等法院院长,负责审讯周佛海之际,只因高估政府威信和自己问案技巧,也低估了周某辩论长才和听众对国府的不满情绪,无意间竟做了几乎让自己下不来台的如下布置。

原来,赵院长鉴于周某在汪伪组织中位置仅次于汪(精卫)、陈(公博),而权势却"有逾于陈且几与汪等"的事实,深知那次审判必成历史一页,乃不惜大肆铺张,先安排了三堂会审场面,让自己与刑事一、二两庭庭长金世鼎、葛之覃一道亲自登庭,且在大成殿改设法庭加多旁听席之余,更在朝天宫内外两处广场,安装新式大型扩音器,使庭外院外群众也能清楚听到惩奸判逆的审判实况。

写到这里,为使众家读者明了当年审判进行,在下觉得实有将首都高院整个环境约略介绍必要。事缘专为审奸而设的首都高院成立较晚,当事者在南京城内东寻西觅之际,好久找不出一个适当院址,最后好不容易才访到一度贮藏故宫国宝的西城朝天宫。这组一样设有宫墙、照壁、两庑和大成殿的伟大建筑,原先祀奉的是至圣先师孔子,因此,一些记述便把它误作建在城南秦淮河畔风月胜地的夫子庙。

这所朝天宫前邻白下路,右傍水西门。建制略同于一般孔庙:在正面一大两小三门之前,有一处背靠高大照壁、两边分以角门为界的广场;

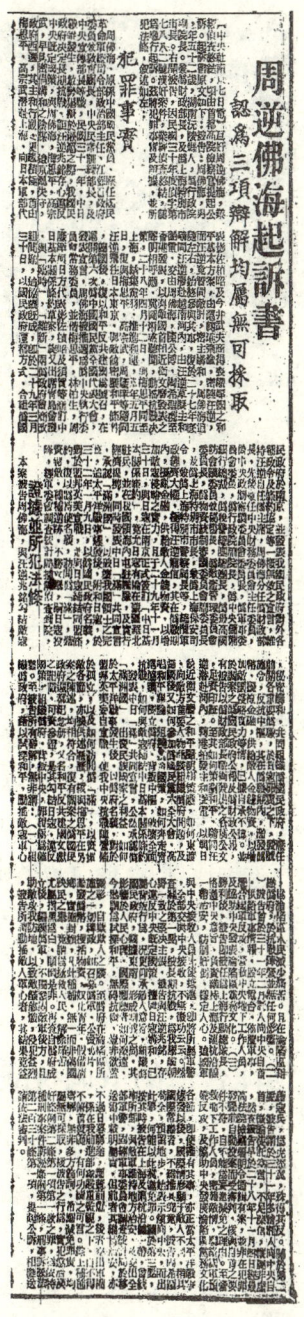

20-1 这场万人听审隔天《世界日报》刊出的起诉书(舍我纪念馆提供)

20-2 南京朝天宫原为孔庙，后改为故宫分院，还都后充作高等法院使用。

一进大门，正面远远对着屋高厅广的大成殿，而大殿、两庑与正门间，则围着一处面积犹较门前广场为大的庭院。

那天，赵院长先叫总务人员把大成殿清理一空，再将至圣牌位隐在龛幕之后，由此而改设了一间可容更多旁听席次的巨型法庭；同时，在大殿阶前及正门门首，临时架上了一系列的扩音设备。在他的想象中，如果法庭坐满，阶前庭院和两庑走廊，还可任人站着旁听，设使听众来得更多，大门前的广场也可资容纳更多的听众。情势果然被他料中，这天，法庭内固然早就挤得满坑满谷，渐渐地，走廊上、庭院中，以至广场之内，也相继站满了人。根据法警室估计，这天的听众若非逾万，至少也接近一万之众。

唯一出乎意外的是，这近万听众并不是专程前来听座上的他审案。而是一心赶到替阶下囚徒的周某捧场，每当赵院长用他的浙东官话问话时，群众一无反应，而在周某以普通话慨言他的下海为奸，原是为了留下来照顾陷身水深火热中的百姓时，好多好多的群众竟不禁为之鼓掌欢呼！这样，赵院长所设的扩音器，便成了周佛海的传声筒！

## 与汪合流的低调抗战

记得那天的审讯是上午九时半开始，可是九时之前，当我持记者旁听证进入法庭时，发现记者席早为他人全部占领；而庭内亦无我容身之地。所幸其时在下年轻体壮，兼与法警们平时便套上交情，在他们大力协助之下，始得在人墙中钻隙寻缝之余，爬到公案下觅得一块只堪容膝之所，局促地缩着身子坐在那里听审。因此，法官们自厅后升庭之事，固然只能得自听闻，而被告在一群法警簇拥下押解到庭之际，我也只能从人缝中依稀得见他绸袍飘飘的高大身影！

据知,赵院长兼审判长与被告周某民初都在日本留学,返国后,两人分道扬镳,前者在担任训政时期立法委员之际,迭在各大学教授刑法,所著刑法总则、分则两书且成为大学标准教本;后者则一直在政坛打滚,从共产党创党元勋,先投入蒋氏门下的CC派,再转入汪(精卫)公馆,最后更怂恿汪某投敌作奸。以是,两人既可说是同学,又能算是同僚,彼此不仅相识,抑且颇有交情,可是这天在公堂相见,一人高踞公案审问,另一人却俯首庭下受讯。

尽管是素识,戴上墨镜、表情肃穆的赵审判长依然谨遵问案传统,先问被告姓名年籍住所,之后在询问周某简历之余,顺便问了一句:"你反叛祖国,参与汪伪组织,有人说你是想当部长?"周某抓住这个话题,颇为机灵地答以:"审判长是知道的,我部长早做够了,民国十八年我就做了中央民众训练部长,民国二十七年我又代理了中央宣传部长,我并不希望为了想做部长而参加南京政府。"

写到这里,不妨把周某在蒋、汪之间摇摆经过,略加叙述,也把周怎样把汪拖下水去组织伪府原委交代清楚。事实上,周当年与汪合组伪府,先后担任党、政要职,综揽财金、外交、军事、特工大权,位子确实在一般部长之上。早在一九二五年底,脱离中共未久的周某对其时犹在高喊"联俄、容共、扶助农工"的汪精卫自然不满,并曾联络原中山大学三十多位右派人士,在他起草的反汪反共宣言上一一签署,然后刊诸上海各报。汪某对此大感气愤,乃借机面告周的一位朋友,说是"周佛海真拆烂污,他以前是共产党员,现在却攻击起共产党来了。他退出共产党就算了,还要来反噬,真不是东西"!言罢,意犹未尽地还向周的那位朋友提出劝告:"你们以后,切不要同这种人一起做事。"

此后不足两年,周自中共与国民党左派掌权的武汉逃脱之后,也以牙还牙,依样画葫芦地对汪某回敬一番,指出"汪精卫真拆烂污,他本是国民党的党员,现在却要做共产党的工具,攻击起国民党来了,他跑到外国去便算了,还要来倒戈,真不是东西"!末了,再仿汪口气,加上一句:"我们以后,切不要和这种人共事。"

不料言犹在耳,蒋、汪复在"一·二八"淞沪战后再度合作,而汪更出任枢机所在百僚之上的行政院院长,周处其下,"共事"起来,深觉不是滋味。还是比较厚道的蒋氏看出周的尴尬处境,把他叫去,告以"汪先生过去被你骂过,现在我们要和他长期共事,你要和他多谈话,求释前嫌,并好好同他联系"。

蒋氏为周解围未久,汪即因在南京被刺,借疗治为名下台出国。及"西安事变"发生,汪在海外闻讯,一见有机可乘,乃自欧洲乘船赶返。不料汪犹在途中,事变即在中共从中穿插协调下解决,蒋氏也同意了停止内战、一致抗日的主张。当汪所乘邮轮在一九三七年一月抵达香港,蒋氏即派周某代表远道相迎。

此时,素以"日本通"自居的周早在南京纠集部分恐日人士,组成了胡适戏称的"低调俱乐部"(指的是抗战低调对日和平的主张)。说来,全球的留学生都有个通病,不论在哪国留学,便自然对那国心存爱慕,甚至敬畏,周某中学、大学都在日本攻读,遂将日本视为天朝上国,一直以为"中国人的人的要素、物的要素、组织的要素,没有一件能和日本比拟"。他认为他的留日前辈蒋氏也该看清这点,只缘全国各地持久全面抗日的调子唱得很高,蒋氏为有效领导全国,只好把调子拉得更高,以是在"西安事变"之后,才不得不屈从各方意见,放弃原先的"攘外必先安内"政策,被迫走上抗战之路!

在一九三二年淞沪战事之后,周某即斥资在南京西流湾八号修建了一幢花园洋房,当时他预感中日之间必有巨变,乃在花坛之下,建造了一处颇为宽大坚固的地下防空室。及"七七事变"起,一些达官显宦以周寓有此安全设备,乃相率前往躲避空袭警报。客人中,武官包括顾祝同、熊式辉、朱绍良与李名扬,而文士则有梅思平、陶希圣、罗君强与大名鼎鼎的胡适之,至于其时负责对日外交的外交部亚洲司长高宗武,更是每日必到。

这些当日在周寓躲警报的文武,同患恐日之病,就其病征而论,也只有主人周某说得最为清楚,他说:

……桂系以及一切失意分子,都很明白地知道,抗日是倒蒋唯一

20-3 胡适在赴美任大使之前,一度是低调俱乐部成员。

手段,他们因为要倒蒋,所以高唱持久全面的战争。

弄假可以成真,玩火适足烧身,前途是未可乐观的。

因为蒋先生原本想以更高调子压服反对的人,而这些人就利用蒋先生自己的高调,逼着蒋先生钻牛角,调子越唱越高,牛角就不得不越钻越深。

周某不仅认为别有用心之士逼着蒋氏抗日,而且认定"战必大败,和未必大乱",他当时身为蒋氏亲信幕僚,自然企图以此"低调"向蒋氏进言,可是蒋氏凛于民族大义,认为抗战一起,退后一步便无生路,自然不听这种低调。而当日西流湾防空室内聚谈诸人,也各自分散,胡适与顾、熊、朱等将官,追随蒋氏坚决转向长期抗战之途,高、陶一度失足,从事对日和谈;但一见日汪密约条件太苛,乃迷途知返,回到抗敌阵营,只周、梅之徒一见无法说动蒋氏,乃转而说动在国民党内失意的汪精卫,相率自重庆潜逃出境,与日寇谈判组织伪府去了!

## 只手造就汪精卫政府

说来,当时"屈居国民党副总裁"的汪精卫,虽然是叛国投敌、组织伪府的大头领,而被他勉强拉下水的左右手之一陈公博,虽亦坐上第二把交椅,但说汪投敌,实际主持对日卖国交涉的是周,而在伪府中实际掌权的也是周。

事实上,在一九四四年三月三日汪精卫赴日就医之前,在其交代后事的"倚枕手书"中,原先也打算把伪政权直接交给真正掌权的周佛海,后来,大概想到陈公博跟随他太久,与另一不肯投敌的顾孟余一直被人称为汪门股肱,才在写好的遗书中把陈的名字勾了上去。

这一遗书是这样写的:

铭患病甚剧,发热五十余日,不能起床,盟邦东条首相派遣名医来诊,主张迁地疗养,以期速痊,现将公务交由公博、佛海代理,但望速早痊愈,以慰远念。兆铭。

从手书原件的影印本中，大家可以清楚看出汪某原写的是"……现将公务交由佛海公博代理……"但写好后却改变主意，在原件两人名字上勾了一下。即将"公博"勾了上去，把"佛海"勾了下来，这样，在汪赴日治病及死在东瀛之后，汪伪国府主席之职才由陈公博代理，伪最高国防会议、伪中央政治委员会议及军事委员会常务会议也才由陈主持；而伪行政院、伪全国经济委员会业务，则由周负责，从这一文件的临时改动看，汪在病革之际，对周某期待确曾较之自家亲信的陈某为高。事实上，早在汪某筹组伪府之际，也已将人事决定大权全部交给了周。关于这点，在周某亲笔书写的日记中可以完全看得出来。先是，他在一九四○年一月二十六日写道：

八时半，与（梅）思平商拟各院部院长、部长人选，因拟行决定。因与思平戏言，中央政府即于十分钟之内在余笔下产生矣。

同年四月二十六日又再次傲然提及大权在握之事：

九时半赴国民政府，参加阿部（信行）大使及日本国民使节庆祝国府还都典礼。此次政府事实上系余一手所造成，暗中颇引以自豪。

周既以一手"造成"伪府，并以能决定伪府院长、部长级人事自豪，对首都高院审讯中赵审判长所做"你反叛祖国、参与汪伪组织，有人说你是想当部长"之言，自然觉得是一大"冒犯"。因此，才在法庭上当面机灵地顶了回去，而且颇为自傲地说"我部长早做够了"！究其意，他之投敌叛国，目的绝对不是再干小小部长，而是要大权独揽，决定部长甚至院长的人事。

因此战后朝野一致认为，周某在汪精卫生前，虽然只是伪府一人之下万人之上的大奸，而在汪某病死在日本之后，事实上更已超越陈公博而成为大权在握的伪府首恶！可是由于他能见风转舵，在主子日寇败象初露之际，即暗中与重庆搭上线，且在国府还都之前助守京、沪，建了大功。因此战后群奸纷纷受审伏法之余，他才能拖到胜利之后一年有余方才受审，而受审之日，更有那上万群众为他捧场。

同样，由于这个人机灵善变，与各方关系太不简单，此后也才有高院判

20-4 汪精卫伪政府于南京成立后,自认是还都,举办纪念会。图为自认一手造就汪伪政府的周佛海。

死、最高法院覆判死刑,且在他一再上诉、抗告、乞缓执行、一一遭遇各级法院驳回之余,最后才迫得蒋氏宣布减刑,免了他的死罪。可是人算不如天算,最后他仍心脏病发。在一阵惨呼号叫之后,口鼻流血,死于老虎桥监狱之中。

# 第二十一章 法曹公忠，不纵奸邪

周佛海（中）

诚如前述,周佛海以上佳的口才、煽动的言词,声称他之所以参与汪伪组织,目的实在拯陷区同胞于水火,且以此博得法庭外听审群众的喝采。但是就法言法,这种诡辩怎样也掩盖不了投敌卖国的事实。因此首都高院在慎重审理之后,依然在一九四六年十一月七日判以死刑,判决主文简单明了:周佛海通谋敌国,图谋反抗本国,处死刑,褫夺公权终身,全部财产,除酌留家属必需生活费外,没收。

## 自认有功仍遭判死刑

这一判决,对于自以为"自首"于先,"立功"于后的周某而言,也许大感意外。但自法律上言,却一点也不冤枉。因为周的犯罪意图与犯罪事实十分明确:一、他早在抗战初期即与梅思平、陶希圣、高宗武等在其西流湾八号住宅组成低调俱乐部,强调"战必大败,和未必大乱";二、他也是怂恿汪精卫附敌叛国的大谋士;三、及汪某离渝出走,周又成为代汪与日方交涉投降的首要代表;四、周佐理汪组织伪府:为汪安排人事,复集伪府外交军事、特工及财金大权于一身,成为汪伪最大实力派领袖。虽然他见机得早,一见日本败象已露,便回头转向国府暗中投效,但附敌叛国罪行已成铁铸,无法狡赖。

世人尽知周某在被判死刑之后未久,即由当时担任国府主席的蒋中正下令减处无期徒刑。其实,这中间还有着无穷的变化与悬疑的起伏。综计自一九四六年十一月七日首都高院判处周以死刑,到次年三月二十六日国府主席下令为周减刑,这一百三十八天之间,攸关周某生死的案件便有着如此曲曲折折的发展。

先是在抗战胜利之初,周佛海等因曾戴罪立功,有助国府复员,乃由军统局长戴笠"邀"赴重庆暂避风头。是时,周亦曾以亲笔悔罪书状托人呈送蒋氏。言道:"此次回渝,似堕落子弟回家,实无颜以见家长,辱承钧座宽大为

21-1 右——周佛海遭处死刑新闻
左——国府下令减刑新闻（《世界日报》，舍我纪念馆提供）

怀,特予爱护,虽粉身碎骨,亦无以报宏恩于万一。"呈文中,他并恳求,如果当局爱惜,不加诛戮,他当长期幽居深山密谷,将八年亲身经历形诸笔墨,以警戒后人。蒋先生当时虽无明确表示,但期有功于国府,复得蒋氏亲信有力人物如戴笠者卫护,应无生死之忧。及翌年三月戴笠乘机撞山而亡,全国各地复迸发惩奸之声,特别是左派人士以周年前曾为国府守护沪杭,不让他人染指之言,更表不满,如上海《文汇报》便曾刊登《周佛海怎么样了》的"读者投书",指出：

> 惩处汉奸是大家的要求,可是当局虽也如此高喊,而实际上这工作是做得如此迟缓,并且令人失望,试问罪大恶极如周佛海者,为什么至今没有发落？而且像他那样的人,难道真的还要调查犯罪证据？……如果周佛海不立即明正典刑,那么中国根本无汉奸,中国根本无叛逆,我要为沦陷区同胞大哭！

## 周妻上演救夫记

终于,出于周犯行大重,被押返京受审,法庭在法言法,严正判以死刑。

此际,周某及周妻杨淑慧发觉事态严重,乃紧急采取两项措施应急:一、急请名律师戴修瓒及杨嘉麟写好向最高法院声请覆判诉状,以周妻名义立即呈递,除提具周某迭向国府请准自首之证据外,并历述其秘密供应国府情报及协助国军之事实,要求覆判。二、周妻为救夫心切,病急乱投医,经人介绍,据称曾与一保密机关首长内眷见面,并送去黄金一百五十大条,言明钱到刑除,从此便可高枕无忧。

不料公私双管齐下结果,依然无济于事,最高法院刑事第一庭(审判长叶在均、推事李绍言、孙葆衡及陈朴生)于一九四七年一月二十日宣示的判决书中,依然核准了首都高院所做判处死刑的原判。最高法院在判决书中,虽参证杜月笙、蒋伯诚、李明扬、吴开先的举证函件、军统局及组织部的作证公函,承认周某"协助抗战工作,固不能谓为无功",但接下去却严正指出:

> 惟查《汉奸自首条例》第一条规定,汉奸于发觉前自首且合于所列各情形之一者,始得免除其刑或免除其刑之执行,被告于二十八年十一月四日已经最高法院检察署明令通缉在案;与发觉前自首之条件不合,自无适用该条免刑之余地。且汉奸曾为协助抗战工作证据确凿者,依《处理汉奸案件条例》第三条第一项得减轻其刑。其减轻与否,审判官仍有自由裁量之权。

再接下去,话题一转,覆判书更义正词严指出:

> 原审以日寇处心积虑并吞我国,我政府忍无可忍,起而抗战,并决定宁为玉碎不为瓦全,从事持久之战斗,争取最后之胜利,凡有血气,无不同仇敌忾。被告受命中枢,尤宜如何同心协力,尽忠报国,竟于敌寇深入。国家危急之秋,私通敌国,背叛中央,私自言和,将使国家陷于万劫不复之地,实属法无可恕。虽事后稍树微功,仍不足蔽其过,乃处以极刑,于法并无不合。声请覆判意旨殊不足,原判应由本院予以核准。

周妻虽曾双管齐下,但一则由于两审法官之在法言法、铁面无私;另一方面,她私下图以买命的一千五百两金子,更是被人讹诈,毫无效用。至此,乃再与律师及亲友商量，连忙采取三项对策：首先，由杨淑慧向首都高院具状声请再审，指出依照《刑事诉讼法》第二条规定，法官审案时，对于被告有利及不利证据均应给予同等注意，而高院审讯时，被告重要证人彭寿、程克群（均为军统派在周处潜伏的情报人员）二人正由军统羁押中，未能对代周办理自首及在周寓设立电台与重庆联络之事到庭作证。现二人均获释放，已能到庭，故请准予再审，否则前审既对若干重要证据"漏未审酌，遽予判决，氏实难甘服"云云。

同时，也由杨淑慧出面，另于一九四七年一月二十九日具状最高法院检察署检察长郑烈，指出已向首都高院声请再审，"惟查声请再审并无停止执行之效力，但氏夫判处死刑，人死不可复生，设使再审之后，幸获较轻之判决，但死者已矣，岂不抱屈九泉。谨呈请钧长本好生之德，稍缓执行，俾氏夫缓死须臾，候最终法律上之救济。哀哀上告，伏乞矜鉴，不胜迫切待命，感激之至。"状末并仿照古代妇女代夫陈情请命格式，谦卑地写上一行"罪妇周佛海之妻杨淑慧谨呈"字样，与一年半前犹充伪行政院长兼伪上海市长再兼伪中储银行总裁一品大命妇时的显赫，简直不可同日而语！

这种写法虽不免落入俗套，但读之也颇感人，无怪当日以革命元勋出任检察长的郑老先生，看了之后，果然按捺住他的火爆脾气，不曾立即下令行刑，这样，也才让国府主席在两个月后有着下令减刑的余裕。

## ＣＣ派与陈布雷皆求情

也就在声请再审、并哀求稍缓行刑同时，周妻也三番两次向陈果夫、陈立夫兄弟恳请赐助，声言周某在战前原是ＣＣ派内特级上将，在附汪之后也曾掩护陈氏派驻上海代表林尹等进行敌后工作，二陈如尚念及旧情，实不应不伸援手。陈家兄弟以情不可却，也赶在同月二十五日联名函呈当局，请求免周死刑。函并写道："惟周于胜利前一年所表现者，全能按照第三战区预定计划，例如派罗君强为上海市长（实为市府秘书长）、丁默邨为浙江省长，在京沪一带暗中部署军事，颇为周密，胜利后更使江浙两省不致尽陷共党之手，国府之得以顺利还都，并运兵至华北各地，不无微功。"这封信说得非常直率，相信对周之最后得以减刑，应有助力。

21-2 连陈果夫（右）、陈立夫（左）兄弟都联名上书求情

不料那些据理守法的各级司法官员就是不肯稍让一步，周妻声请高院再审的状子一九四七年一月二十三日刚递进去，该院在四天后便毫不犹豫地驳回。此时，周妻眼见循司法途径以求救济之路已穷，一面抱着姑且再试心理，仍然针对高院驳回再审声请的裁决，向最高法院提出抗告；另一方面则全力缠住蒋主席的幕僚长陈布雷，请陈设法安排她径自拜谒蒋氏，当面代夫求情，哀恳蒋氏以国家元首身分，使用约法（当时宪法）赋予特权，对周加以特赦或予减刑。

陈布雷一生行事守分守法，可是对当年相交至深、朝夕相处的首席助手周某，却无法置身事外，见死不救，乃乘间破例向蒋氏请求，而蒋氏念及周某当年扈从之勤，与战后助守京沪之功，也不能全然无动于衷。于是在陈氏安排下，当年二月某日，周妻乃得由保密局长毛人凤陪同，前往南京黄埔路官邸晋谒蒋氏。据随周附逆且为周某密友的前辈报人金雄白记述当日情况如次：

（杨淑慧）进入室内，蒋氏已经坐候在那里，周太太一见到这国家的元首，是她丈夫多年忠心相事的领袖，现在，生死就操在他的手上，她止不住眼泪簌簌地下流，面向着他，立刻就跪在地上，她只剩得抽咽与悲泣,什么话也没有讲。其实,什么话还用得着讲吗?佛海为什么要参加汪政权?参加以后与蒋氏的关系如何?胜利前六年中他做了些什么?戴笠虽然死了,蒋氏应该是最清楚的一个人。今天,周太太所祈求的,不是什么功罪是非,而只是能留得她丈夫的一条性命。她以无言来代表千言万语,除此之外,她还能说些什么呢?

　　室中的空气,显得凄凉而严肃,除了周太太的泣声而外,万籁俱寂。蒋氏面色也很郑重,还不时皱着眉头。终于他向周太太以轻缓的语调说话了。蒋先生说:"这几年,对东南的沦陷地带,还亏了佛海,我是明白的。起来,安心回去吧!让他再在里面休息个一两年,我一定让他再归来的。"蒋氏的寥寥数语,以一个私人的家室来讲,已经是生死骨肉的纶音,她趴在地上再磕了三个挚诚的感激的头,含着眼泪,随了毛人凤出了官邸。(见金著《汪政权的开场与收场》)

21-3　陈布雷不忍见死不救,安排周妻见蒋

　　据金说,周妻拜谒蒋氏经过是她"在怅惘与悲痛中亲自告诉我的,应该不会是什么空中楼阁"。照我们判断,除了记述中所引蒋氏谈话有添油加醋为周洗刷之嫌外,其余当不致距离事实太远。

## 逃过法网难逃天谴

　　就在这次会面之际,蒋氏曾写信给国府司法院长居正和司法行政部长谢冠生,承认他曾透过戴笠对周某表示过"准予戴罪立功,以观后效"之意,并提出"该犯似可免予一死,可否改判,即希望司法院核办可也"的建议,还想把免周死罪的责任,让司法机关负起。这封信是以国民政府代电方式,于一九四七年二月十一日发出。但司法机关仍未因此改变主意,即在次日,最高法院刑事第六庭(审判长周韫辉、推事冯庆鸿、罗人骥、胡恕与罗国昌)便确切指出首都高院拒绝再审理由充足,当将周妻抗告驳回。至此司法救济之路已穷,蒋主席便不能不自损威信也自负责任地在当年三月二十六日,勉强发布如次的减刑命令:

> 查周佛海因犯《惩治汉奸条例》第二条第一项第一款之罪,经判处死刑,褫夺公权终身。现据该犯呈报:某在敌寇投降前后,维护京沪杭地治安事迹,请求特赦。查该犯自民国三十年以后,屡经呈请自首,虽未明令允准,惟自三十四年八月十九日军事委员会调查统计局续为转呈,准备事实表现,图赎前愆。曾令该局奉谕转知该犯,如于盟军在江浙沿海登陆时响应反正,或在敌寇投降前后确保京沪杭一带秩序,使人民不致遭受涂炭,则准予戴罪图功,以观后效等语,批示该犯在案。似可免其一死,经交司法院依法核议,兹据呈复,该犯在敌寇投降前后能确保沪杭一带秩序,使人民不致遭受涂炭,对社会之安全,究属不无贡献。可否将该犯原判死刑减为无期徒刑,理合呈候鉴核等情。兹据约法第六十八条之规定,准将该犯周佛海原判之死刑,减为无期徒刑。此令主席蒋中正。

周某在老虎桥监狱闻此喜讯,得知绝处逢生,一时高兴得如痴如狂,当即在囚室之中,赋诗一首如次,"惊心狱里逢初度,放眼江湖无事殊。已分今生成隔世,竟于绝处转通途。嶙峋傲骨非新我,慷慨襟怀仍故吾,更喜铁肩犹健在,留将负重度崎岖。"此时周五十初度,自以为行年不过知命。设能善变如昔,未始不可卷土重来,因此在那段时期,他的心情相当好,在狱中接见同乡诸友旧属易君左时,还不停与易氏大开玩笑,要易氏回去写篇文章,题为"虎牢探奸记",并强调是汉奸的"奸",不是监狱的"监"!

不过,这种心情也没有维持多久,渐渐的他孤处狱中,同牢亲信如罗君强、杨惺华亦因"被他拖下水去",而与他远离,视同陌路。于是在内心大感空虚之余,再全然转调另赋《春夜》一诗曰:"那堪伏枕听鹃声,寂寞春宵怨恨深;好梦乍回魂欲断,半窗明月照孤衾。"

未久他患上慢性心脏病,渐次更感染了其他的并发症,几近一年挣扎之余,周已是灯尽油枯形销骨立,终于变得既不能坐、更不能睡,只得把被褥叠高,日夜俯伏其上不断喘息呻吟,特别是最后三十八天,更是不断惨呼嚎叫,一直到全身销尽,困顿至死。时间是一九四八年二月二十八日,有人说这就是天谴,死得比绑赴法场一枪毙命还要难过痛苦!

## 刚正赵琛拒蒋说情

回过头来,从周案前后的曲折迂回,我们也大可看出旧日司法人员的嶙峋风骨与公正胸怀。犹忆当年蒋主席在颁发手令,指示"各党、军、政府机关应将已捕之汉奸一律移交法院审理"之后,原则上早将审奸之事完全委诸法曹裁决而未加干预,例如陈公博、陈璧君、王揖唐、王克敏、梁鸿志、褚民谊、林柏生、殷汝耕及丁默邨辈巨奸大恶,均任由法庭判以应得重刑。只是对于确曾戴罪立功的周佛海如何处置,则自始即感踌躇。他先让戴笠把周送往重庆暂避风头,其后为了对历史有个交代,又不得不把周押返南京移付法庭。据知即在此时,他曾召见司法行政部长谢冠生,以对周似可以将功折罪为由,谓法曹减无期徒刑。当谢氏将此一旨意转告负责审奸的首都高院院长兼审判长赵琛之后,赵氏却立予顶回,说周某叛国情节之重,远在群奸之上,无论是在法言法,或者为整饬民族风纪气节,都不能不判以唯一死刑。赵氏也曾提出折中建议,指出在法,周某虽不能不判死刑,但元首基于政治或政策上考虑,却可依约法加以特赦,或予减刑,借最高行政权力以为救济。

赵氏意见经谢氏转报后,蒋主席当下也没说什么,原以为最高法院仍可酌情改判较轻之刑,不料最高法院刑庭诸公,一样不肯屈法轻判。蒋虽不得已亲函居正、谢冠生,明示欲请轻判之意,但法曹依然未允遵办,最后,蒋才捡回抛不出去的滚烫番薯,自行负责,很不情愿地发出减刑命令。

不过,正直、强硬的赵琛,也因此影响了自己的前程。本来赵氏精研法理、刑法尤称大师,各方原期必有综理法部之命,乃历届阁揆呈送所拟阁员名单之际,赵氏虽屡列司寇首选,但上头批下来的总是另有某人!就是这样,公正廉能的一代法学大家,便枯守在友人让住的不及二十席的"官邸"之内,以最高法院检察长致仕以终!

五〇年代中,在下曾与赵氏谈及周案,他总是肃容正色而言:"周佛海叛国大罪,难以历数,依法,除判以死刑之外,别无他途可循。否则,我便是昧于忠奸之分,上对不起中华民族列祖列宗,下无以对中华民族的子子孙孙,中也有愧于公正廉明的司法同僚!"听他言来,依然是无怨无悔!

# 第二十二章 巨奸诡辩，万众欢呼

## 周佛海（下）

在现代中国政治人物中，最能兴风作浪、也最会见风使舵的，莫过于纵横于中共、国府、汪伪组织之间，然后在作奸之余再企图投回国府怀抱的周佛海。《西游记》上说孙猴子善于七十二变，只活了五十一岁的周某，一辈子恐怕变得更多、更快，也变得更为离奇。早年，他调皮捣蛋、投机取巧，参加共产党的创立，并随即倒向国民党猎取高官的糗事不谈，单说他在对日问题上的善变、多变，便够叫人眼花缭乱的了。

## 戴笠一死大喊完了

抗战前夕，周某在国民党内虽已挣出了头，但是在他和极峰之间，总还有那么一个人挡在前面，他出版了《三民主义之理论的体系》一书，由是成为国民党的理论权威，但是在他的头上，还有着戴传贤这位顶尖第一的大权威；在党最大派系 CC 中，他被人目为最佳干才，但上面也还有着开基主派的二陈（果夫、立夫）兄弟；在最高领袖幕僚组织里，他能文而有谋略，可是蒋氏最听信的还是忠心耿耿、心无旁骛的陈布雷。

恰于此时，他发现在国民党内素有亲日倾向的汪精卫，与他所倡对日低调合弦，资历最高而屈居蒋下的汪更有别树一帜意图，于是乃纠合梅思平、陶希圣之流，奔走汪门。进陈与日密谋和议，另立炉灶之计，果然一拍即合，遂有一九三八年底汪某出走河内，响应日相近卫声明，并从而组织伪府、出卖国家之举。

汪精卫可说是周佛海一伙人拥上台、拉下水的，可是，身任汪伪实际首辅，一朝功成利就的周，却一开始便为自己预留后路，很早便暗中派人向重庆输诚；及日本败象一露，更进一步与军统戴笠联系，在家中暗藏军统人员并设置电台，及一九四五年八月日本在挨了两颗原子弹之后突然投降，重庆以陷区鞭长莫及，不得已任命以伪行政院长而兼伪上海市长的周担任上海行

## 第二十二章 巨奸诡辩,万众欢呼

动总队总指挥,并令其指挥伪中央税警团、上海市警察与保安队、第十二军所属三个师以及浙江保安队等伪军,负责维持上海及沪杭一带治安。周奉命之余,大感欣慰,乃上电重庆极峰,指出决维护上海完整以奉还中央,不让中共插手,电文中还向蒋氏表示:"与其死在共产党之手,宁愿死于主席之前。"其感激之情,溢于言表!

同年九月下旬,国军主力部队陆续开到,接下京沪防务,在全国一致要求惩奸声中,军统也开始逮捕大小汉奸。此时,周某接受戴笠"劝告",辞去总指挥职务,把指挥军警权力及其兼任伪中央储备银行所存家当统统交出之后,同月三十日,即偕罗君强、丁默邨、杨惺华(周的内弟),及伪中储行总务处长马骥良,由戴笠亲自陪同自沪飞往重庆。这段期间,周等虽被安置在嘉陵江畔著名的"白公馆"特别监所,但接受优待,与分囚各地大小汉奸所受待遇大异其趣。一度,周且获准接妻杨淑慧、儿周幼海同住。当时,周以为既立"大功",复获强而有力如戴笠者的保护,一切麻烦自可化解,不料次年(一九四六)三月,戴笠撞机意外死亡。周某闻之,感于靠山之失,不禁赋出了"惊心旧友成新鬼、彻耳呼声变怨声"的哀调,并大声叫出"雨农(戴笠字)一死,我也完了"的悲鸣!

果然,同年九月,在惩奸呼声高涨下,周与罗、丁、杨、马原班人马复自渝押解南京,立即关押于首都老虎桥监狱。同月二十一日起,首都高院检察处即开始对周进行侦讯,一连四天中,周对自己策划投敌的行径多避而不谈,对参组伪府的罪行也轻描淡写略略带过,但对其如何向国府"自首"及"戴罪立功"经过,却说得既详且尽。但是,检方不理他这套说辞,认定他既冒天下之大不韪,做了事实上的头号汉奸,便应治以卖国求荣之罪,乃依《惩治汉奸条例》,正式控诉周某"通谋敌国,图谋反抗本国"的汉奸罪,当要求高院刑庭处以死刑。

22-1 周佛海与戴笠关系密切,戴死后顿失靠山。

## 展口才法庭狡辩

高院刑庭审理这天，法庭内外万头攒动，在下在人墙中钻隙寻缝，好不容易才在法警朋友帮助下，爬到公案下觅得一块只堪容膝之所，席地缩着身子在那儿记录下审理经过。当晚返社，还写下了五千字上下的听审新闻与旁听杂记，一直到午夜过后方才交卷。记得那时，即使像南京《中央日报》这样的大报，人手依然有限，这样大的新闻也只派出摄影记者尹立静兄陪同在下前往采访，好在当年在下年轻体健而瘦（只有五十八公斤），尽管蜷身庭下听审竟日，继之以伏案写稿彻夜，依然不觉得怎么疲倦，而且在稿子写完之后，还伙同几位同事，前往汪精卫当年"御厨"主持的餐厅宵夜聊天，如果像今日之我，背着八十五公斤的肥油胖肉，要想挤进"客满"的法庭，也只有望门兴叹，徒呼负负了！

记得高院审理这天，在庭上庭下为周某变节是否"想当部长"争辩过后，即进入主题，检方与庭上根据周某通敌叛国、共同组织伪府、协助日寇、剥削人民，以及承认伪满洲国、割裂国土等犯罪事实，一一严加讯问。对此周某早有成竹在胸，竟出人意料地在法律条文上大玩文字游戏，把庭上指控他的罪名，颠三倒四加以曲解。他一开始便"理直气壮"指出，给他戴上"通谋敌国，图谋反抗本国"的罪状是不公平的，而在事实上，"我参加南京政府的前半段，是'通谋敌国，图谋有利本国'，因为民国二十八年底我随汪先生离渝之时，唯一国际通道的滇缅公路被英国封锁了，我们的与国英美两国，仍然对日本一味抚绥，抗战情势，极度危险。我希望能与日本直接谈和，以挽救危亡。我参加南京政府后半段的情节，是'通谋本国，图谋不利敌国'。在与日本直接谈判之后，我发觉日本并无诚意，我更通谋了本国，希望做些不利于敌国之事。我与中枢数年之中，既已取得直接联系，我的一切工作也大都奉中央之命而行，假如不是原子弹提早结束了战争，在中美联合反攻时，或许我能有更多的表现。"

周某这套玩弄文字的狡辩，不仅让我们这批记者听来不禁有些惊异，即使庭上法官也为之颇觉意外。紧接着，不甘示弱的审判长随即从另一方向，逼问下去："陶希圣当初跟你们一道搞所谓的和平运动，一见日本条件过苛,立即悔悟归来。可是,你却依然跟随汪逆精卫与日方签约卖国。陶希圣在历来发表的文章中,便屡次对你们的卖国行径,加以指责。"接下去,只听周某先哼了一声,然后幽幽地说:"陶希圣如何与我们合作,又怎样与我们分手,彼此都非常清楚,审判长要明了此中内情,不妨传这位陶希圣先生来对质。"

此时,担任《中央日报》总主笔,且不时为当局撰拟文稿的这位陶先生适在日前请假赴沪料理私事,犹未返京,本来,审判长当日不过提了一下这段往事,以图驳正周的诡辩,其实并无票传陶氏作证之意。至于周某虽在答话之际脱口而出,要与陶氏当面对质,但是,鉴于陶氏当时置

22-2 为证明清白,周要求与当时已任《中央日报》总主笔的陶希圣对质。

身枢要,得罪不起,因此也就没有坚持票传人证之事,等到陶氏假期自沪返京,周案早已审结待判,也就不需麻烦他上庭作证了。犹忆当日总主笔请假赴沪之事,《中央日报》社内只有上层知晓,而知晓者也都闭口不谈,免惹是非。

## 演说煽动民众情绪

说来,周佛海天生便有口才,在学及从政后复加以锻炼。譬如早年留日在鹿儿岛第七高等学校就读之际,便曾纠集十多位中国同学,组成一个讲演会,由他每周演说一次,当日即大受同侪赞赏,自己也就自命不凡,居然以中国的列宁自命。这天在庭下,他仍凭其口齿便给,侃侃而谈,如果对他煽动汪精卫叛国的真相不大明了,只听他口若悬河,滔滔不绝地辩白,还以为他是国府派往汪伪组织卧底的老大哩!

再说,中国司法界在审案时一向注重书状,历来,常听说某法官的判词写得好,某讼棍的状子撰得妙,却极少出现过包龙图这样口才上佳、问案条理清晰的法官。如此这般,就在这种多刀笔而乏辩士的传统下,庭上的赵琛、

金世鼎、葛之覃诸公既乏辩才,便不由得增长了惯扯歪理的周某的气势!

其实这天审讯,虽然一路高潮迭起,但"潮峰"却意外地出在庭外,记得当天的报纸、广播,对此都因忌讳而未加报导,六十多年之后,且容我写在这里,以供未来史家参考。

审讯那天一早,周佛海从老虎桥监狱被一群法警押解向朝天宫高院,囚车一转进到法院左邻的白下路,他便发现路上涌现一片人潮,一俟囚车转过朝天宫左边角门,宫前广场更已结集千计男女,最后,进入大门,映进眼帘的更是密集人海。

一看路上院内群众对他不但并无敌意,而且表情大多和善,聪明如周,当已察觉这多半是当日的南京平民,也即是当年陷区百姓。于是当审讯告一段落,审判长循例问他还有什么话说时,周某居然变调,改以悲天悯人语气,发表了一段激情煽动的演说。

首先,他语带悲切地说,七七抗战开始未久,平津京沪穗汉各地即相继陷入日军之手,国军既捐弃国土撒手西走,留下一亿五千万哀哀无告的子民便只有赤手空拳地待人宰割……此语一出,庭内一片静寂,但庭外天井里以及大门外的广场上,渐次便有嘈杂议论之声。

周佛海是何等聪明的人,他一见上述言辞激起了反应,找对了倾诉的对象,马上便打铁趁热接了下去,改以狡辩方式,自我脸上贴金,继续以慷慨激昂语调陈述,大意约为:眼看着上亿同胞陷入水深火热险地,我们这批人不顾自己名誉,牺牲自己前途,赶回沦陷区来照顾他们、保护他们,给他们阻挡日军,做了一层缓冲,以减轻他们所受苦难……而今,国军回来了,我们却变成了万恶不赦的汉奸!

周某这番煽动性的供词还未说完,庭外即已爆发了一阵欢呼喝彩鼓掌之声。如果不是审判长反应灵敏,一发现情况有异,连忙转换了讯问话题,才及时阻断了周某激情式的发言,否则继续让他煽惑,受审的便不是被告,而是面对群众的法官了。

这一切意外的发展,也正好说开在前文中在下何以要用"盛况空前"而"诡谲多变"来形容审判过程的缘故了,这种变化,相信赵院长和法院其他官员事先都未料及,否则他们就不会在庭外各处费力地装置好扩音机,让周某煽动式的供词得以越过法庭四向传播了。

## 国府崩溃已见征兆

而今六十多年过去了，在下栖身海外，再据实写下当年这段不曾报导的事实，心中着实有着无限感慨。说来，只要是炎黄子孙，有谁不爱国家、爱民族，明敌我之分、晓忠奸之辨。当年日军打下南京后之所以纵兵屠城，主要便是由于南京人不屈不挠不愿做人奴隶之故。

可是沦陷七年之后，为什么有些南京人居然又给周某欢呼？说起来原因无他，只缘一心急待王师归来解其倒悬的陷区民众，巴巴迎来的"重庆客"，竟以胜利征服者的姿态，歧视甚至剥削在陷区业已受尽苦难的人们。除了天上飞来、地下钻出的名为接收而实为"劫收"之徒令人发指的行径不谈，即令是一般来自重庆的政府官员和社会人士也多把当地人看矮一等。举一个例，我们南京《中央日报》返京后招收的一批年轻同事，便为他们所曾就读的学校被人视为"伪校"而大感不平。他们愤激地问："当年国军打败走了，军队既无力带走成亿的民众，把大家留给敌人，而今便不能把这些人视为'伪民'！"

举一个让人不解的例子，央报新招一位名叫程淑英的非常优秀的编辑，头一天还荣获一枚亮晶的胜利勋章，第二天，却又需参加一次为求改发政府文凭令人痛感耻辱的甄别考试！原因是：智勇俱全的她在"伪校"受业之际，曾因参与抗日地下活动而遭受日人苦刑，但留在陷区，读的却是"伪"校！

再说，国府财金当局胜利后所定以中储券二百元始能兑换法币一元的比率，也定得太高，有人比照当时法币与中储券所能购得黄金比率为准，认为兑换应该定为二十八比一才算合理，这等于向陷区老百姓一次征收一笔太重的苛税！先期自重庆飞返南京工作的同仁便都承认此一说法，他们当年在重庆吃八宝饭、住竹草房，生活过得非常之苦，及胜利还都，领来一批法币，几乎等于掌握一笔美元，在暂以中储券计价的地区，一时竟也能夜夜笙歌享受一阵。"不必接收劫收、五子登科（指昧良心接收人员所曾劫收的金子、房子、女子、车子和位子而言），只消有一把法币，也多能生活优裕，受人礼遇。"一位早到南京的同事回忆，"只是这段好景为时甚暂，法币随之也就疯狂贬值！"

说一句有后见之明的话,周佛海审期如能提早,在法币不曾大贬,人心尚未思"汉"(奸)之前便审,也许斯时民众还沉浸在胜利光辉之中,对老周便不致那样大捧其场了。往后再转过半年,南京更发生抢米风潮,"左派"学生们也就发起了反饥饿、反迫害的运动啦!

第三部
## 南京再见

# 第二十三章

## 还都复员,民主是尚

六朝古都多少也沾点洋气

一九四六年夏日的南京是风光明媚令人感到乐观进取的。

## 表相太平的黄金时代

先谈环境,这名闻中外的六朝古都,北依长江、南绕秦淮,玄武、莫愁两湖分踞东西,明孝、中山二陵雄峙东境,临江北走,更有栖霞山与燕子矶之胜。总括而言,在连绵数十里的石头城外固然是龙盘虎踞,山川雄奇,即令是在这城圈子里,也处处是红花绿树、名胜古迹。尽管它地处暖温带而兼有亚热带气温,在盛夏日且有"火炉"之称,但燠热的日子毕竟不算太长,城内城外也多的是纳凉歇夏之地。甚至那最令人谈虎色变的"南京虫"(臭虫),也不若传说中横行肆虐,叫人彻夜不眠。像我们报社四楼宿舍,大约建材采自钢骨水泥,更不曾得见此虫踪迹。

次言国家前途,不也经由胜利的一大急转,而显现得光明一片。就只在一年之前,国土还被人侵占,政府犹偏处西南,而今尽管有组织的共军隐然有坐大之势,但国军依然规复了全国主要都市,相当稳固地控制所有点线。特别是我们这些自渝沿江复员的还都之士,一路上看见的只是一批批俯首帖耳、默然待遣的"皇军"残余,一列列挺胸昂首、军容颇盛的国军雄

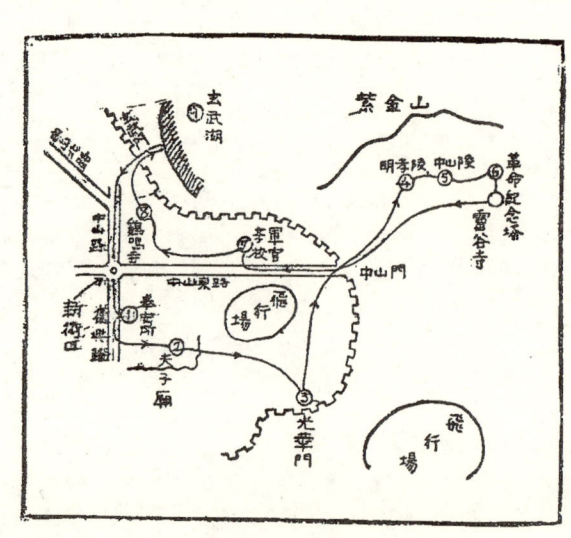

23-1 日本占领南京时绘制的南京名胜地图

师，既听不到一声半响的枪炮，也不曾看过一丝一毫的乱象，一心只觉得天下太平，至少是未来必趋太平。

在这种表相太平的人称盛世之下，国府及其领袖蒋主席的声望着实是达到顶点。国家，在八年苦战之后，大体上重建了统一；领袖，在熬过苦难之余，也变成历史上的英雄，尽管有些人对他不无微词，但是任何人都不能否认他领导全民抗战获胜的功绩。举一个例，战后初期他巡视全国，到处都接受到万人空巷的热烈欢迎，特别是切盼王师的北平，他更曾被狂热涌上的民众挤到一个角落，如非军警上下奋力"保驾"，定然会受重伤！

看上去，一切有若日丽中天，大家也颇志得意满，参谋总长一再夸说三个月内必可以军事解决一切，财经首长也在计划如何动用他们认为即将得自美国援助和日本赔偿的亿计美元，以进行重建。

23-2 国府还都南京的报导（《世界日报》一九四六年五月五日，舍我纪念馆提供）

即令是抗战后期便已出现的通货膨胀，在这段期间也显得相当缓和。外汇市场已于三月四日开放，美元汇价正式挂牌为二〇二〇元，即美元折合法币二千零二十元。一时，一方面由于国共和谈持续进行，时局还算安定，一方面由于中央银行释出大量外汇、中央信托局处理巨额敌伪财产，而中国纺织公司也适时抛出大量纱布，使法币大量出笼，因此一九四六年春夏两季，金、钞、粮、棉市场虽有波动，但幅度不大，乐观之士甚至预测物价终可趋于稳定。这段时期，可说是薪水阶层的黄金时代。尽管我们刚刚出道者的薪级不高，但吃公家伙食、住公家宿舍，生活上不但不显拮据，而且日子过得还相当舒服。

## 美军剩余物资大抛售

记得五月初自重庆搭船东下之前，见过世面、复留心时事的家父知道我要当记者、闯天下，连忙从川西老家卖了几担谷子，汇了一笔款项给我，说是"佛要金装，人要衣裳"，叫我临行前买上两套穿得出去的服装，也好在外头充充场面，我遵父命，即在上船之前一天，匆匆在一家拍卖行买下两套六七成新的旧西装，穿起来虽然不尽合身，但比起大学四年所穿的两套冬夏换季的黑布军装，已经是体面多啦。

可是一到了讲究穿着的下江，和人家新潮又合身的西服一比，虽还不至于窘到自惭形秽，但总觉得比不上人家。因此在连领了两次薪水后，便在老同事的鼓励和带领之下，在太平路一家相当著名的洋服店一口气量身订制了两套进口毛料西装，而且在新装上身之日，还在新街口报社附近的"拔佳"鞋店，买了双据说是捷克名厂产制皮鞋。有了这身行头，不仅到大机关跑新闻时不再招人白眼，晚间偶尔上上歌厅，也不复自感寒酸。今天，我这位八十五公斤的中上个子穿起任何像样衣服都不免显得臃肿，但是回想当年还是个体重五十八公斤一百七十二公分的瘦长青年时，也许还略带几分洋气的帅劲哩。

说到沾点洋气，也真是当日时尚，洋钱、洋装、洋房，甚至进口的西洋制造新型汽车……固然是大家心向往之的对象，即令是升斗小民，只消有闲逛逛中山路，在行人道上相连不绝的大小地摊上，可不就堆满了可吃、可吸、可穿和可用的美国货！这些包括洋烟、洋糖、洋罐头、洋用具、洋军毯、洋军装……在内的美国货，总名之曰"美军剩余物资"，全都由太平洋上美军驻扎过的大小岛屿成批购运而来，算得上有史以来独一无二廉价趸批的古怪生意。

犹忆原子弹在广岛、长崎连续投下之后，美国人从没想到战争会结束得如此之快，乃在急忙中奔返家园，乱糟糟赶着复员之际，不得不把太平洋大小岛屿上存储备战的各种各类军

23-3 中山路、中山东路会合的新街口，是南京最精华的商业区。

用品,一概名之曰剩余物资,迅速加以处理。就这样,美军那批军需官员,明知这些全是上好军品,但既不想劳神花费——运回,便不列单价、不清货品的廉价求售,只消你说出一个价钱,便可把整个岛上积存的各种各类军用品运走。

敝国一批熟悉洋务的亦官亦商人物,便乘机买下了这整批整批的便宜货。也许我只说廉售,读者或难猜测出到底便宜到什么程度,在此我不妨叙述一段史实。战后,国府外交部长王世杰到美国洽购一批弹药和飞机,当时,美国国务卿马歇尔便曾对他说过:"……至于运输机,约有七百二十架 C-46 存货可以提供。这型飞机极好,而且大多数还很新,战时财产公司已把这批存货拨出,准备出售。这些飞机原价每架三十万美元,存货售价为一万五千至两万美元,但美国政府可以按每架五千元的象征价格售给中国……听说这些飞机中一部分目前还存放在太平洋的岛屿之上。"

飞机售价已经订得如此之低,其他运不回去,也不想运回的剩余物资的便宜程度,当不难想象,这些物资经中国商人成批买了回来,成器精品自然转入大店卖给阔人享用,至于洋烟、口粮、罐头、军毯、军装和军用巧克力糖之类,便下放到各大都市的地摊之上,变成了大众用品,一时洋烟取代了土烟、军毯取代了棉被、军装更名为时髦的青年装,而廉价的巧克力便把我们这批洋糖食客的牙齿弄得必须请教牙医。

## 民主自由之风吹起

这时,我因具勤劳、老实和助人美德,兼之工作表现亦颇不俗,渐渐地,在采访组甚至整个编辑部便能广结人缘,备受信托。记得当时我们组里仅有的两位小姐全都被资深编辑娶走。可是由于做编辑的人日夜颠倒,白天太太们要逛街购物,他们既无法分身,便要我代为陪侍,于是这护花使者一职,不知何时竟也由我兼充。

上面说过,我为人老实近于腼腆,初时,先后被这两位洋化了的学姊、同事而兼大嫂者挽手而行,总是觉得有如蚂蚁附身,通体都不舒畅,特别是路上遇到她们久不谋面的亲友。一上来不是亲热地拉手寒暄,叫声 X 先生您好,便是一迳表示歉意,以当日"未及参加您们婚礼"为歉。碰上这种情况,我总是羞得面红耳赤，不知何以启齿应对，结果总由她们大大方方一一解释了事。

自幼，我生长在川西小县一个先有着十个兄弟、最后才有个小妹的人人称羡家庭，小学、中学上的是清一色的男子学校，上了金陵大学，在华西坝上才远远地看见几位女生，便转入政校，在一千七百个男生和七八十位女生对比下，以我这个土气十足、不谙进退的习性，四年里竟不曾和女同学说上一言半句。毕业后到下江进了报社，一见男女同事一个个出落得大大方方，洋气十足，不免有些不解。仅仅在两三年前，这些作风自由、一身洋气的学兄学姊，不也和我同在重庆穿土布军装，着车胎底鞋，一身土里土气，而今怎么一转眼间，便都彻彻底底变了个样子？

大而言之，也不止他们在变，而是整个社会在转型，从保守退缩变得自由进取，从谨言慎行变得敢说敢为，特别是知识分子群集的大学校园和文化新闻圈子，更是意气飞扬，激进急躁地不复对当局当道有所顾忌，如果要我举出一个对比来加以说明，六七〇年代美国因反越战而激起的"嬉皮潮"，庶几近之。

我曾对此做过一番不算成熟的研讨，发现下列两个因素十分重要。首先，在消极的一面，政府复员，全国几乎一统，政府的行政管制力量因地域辽阔而顿形减缩，特别是战时一度有力的各种特务组织在人员分散、接收分心和组织分裂的形势下，谋利、内斗之不暇，哪还有工夫去管人闲事；另在积极的一面，中共在高叫民主，第三势力在强调自由，政府也在推行宪政，而举足轻重的美国协调者也一力在中国推销西洋政制，就是这样，在民主大合唱声彻云霄之际，谁唱的调子最高，谁就变成英雄，谁要有点迟疑退缩，这个人便被视为不可救药。

尽管各方高唱民主，各有用心，但是彼此合力哄，确也在战后数年间，让中国和中国人过了一段仅有的颇为民主的日

23-4 战后民主自由之风吹起，政治学校学生拒绝蒋经国（左）出任教育长。

子,而在此一难得的民主时期,反饥饿、反美帝的学潮在学园内外主宰一切,中共、民盟和政府在竞做民主比赛,甚至蒋氏一手创办的政治学校竟也发生拒绝蒋经国出任教育长的风潮,斗到最后,前往调解的前教育长陈立夫被推出门外,而校园内更贴出了"蒋经国可以来,可以请他担任总务主任,蒋宋美龄一样欢迎,专等她出任女生宿舍管理"。

我们就曾在千载一时的民主巨浪中,身历了这昙花一现的自由潮。

# 第二十四章 据实写稿，关掉一报

到今日山残水剩

一九四七年八月初,我们几位派往庐山专等蒋主席驾临夏都的记者,在久候仍无消息,不觉发闷之际,我的政校同班兼央报同事漆敬尧兄却一头撞进了我的房间。一见面,平日遇事便有点慌张的老漆便期期艾艾地说,报社派他前来接替,要我随即下山返社工作。当下我也颇感紧张,以为不久前擅离职守,下山为未婚妻洽购船票的事露光,让报社主管不满,因此才有此调,可是当我老老实实把事情和盘托出时,眼神犹露惊色的敬尧却一连摇头。"出事的是我,不是你,而且我出的是件大事!"他说。急问他出了什么样的大事,他才一五一十叙述了报社处理扬子、孚中违法套结外汇的经过。

## 孔宋贪污向蒋诤言

说来,由孔祥熙、宋子文控制的扬子、孚中套汇,以至于孔、宋两家贪墨不法的事,在社会上业已喧腾甚久。一九四七年初,不论在四月初召开的国民党中全会上,或五月十九日召开的国民参政会里,清流如大炮黄宇人、名流褚辅成、卫挺生、楼桐孙或学者傅斯年等,都争着提出质询,要求国府调查豪门大量套结外汇一类贪污情事,而傅先生当年在《观察》杂志发表的《这个样子的宋子文还不走吗?》鸿文,尤其是脍炙人口。

结果,宋子文固然早在这年三月一日下台走了,但是,孔、宋罪证记录,财、经两部说是业已调查,但依然没有公布。认真说,要求惩办孔、宋之事,不仅早在先一年就已发动,而且主其事者竟是国民党内清流。当时,国民党高层人物如余井塘、赖琏(景瑚)与前述的黄宇人等,因看不惯孔、宋作风,乃纠结同志举办革新运动座谈,倡言"救国必先救党"、"服从领袖亦须诤谏"、"铲除贪墨分子",而"一切措施尤应重视民主"。

这些主张不出于社会贤达,而出自清流党官,不仅叫人大感惊奇,也引起各种猜测。有人一看领头的是人称CC派"四大金刚"之二的余、赖两氏,而

24-1 孔祥熙（左）、宋子文（右）两人都曾任行政院长却违法套汇，引起社会各界批判。

当时已成团方大将的参政会大炮黄宇人早年也出身陈果夫与余井塘领导的组织部，因此遂怀疑这是 CC 分肥不成，欲图蠢动。（中国政坛从来派系林立，惯于彼此猜忌，任何事总要扯上派系。及国府惨败，退往台湾，亦不脱此一作风。一九五二年，黄埔第一期毕业生顾希平中将经营的第八信用合作社，因恶性倒闭，触犯众怒，而在党方《中央日报》据实报导之余，外间亦有 CC 借机打击黄埔之说。其实，吃倒账的多是顾希平的黄埔同学，被倒得最惨的竟是顾的乡长兼党国大老吴稚晖先生。事实上，第一位对此案加以谴责的更是蒋总统，他老人家在听说吴老先生棺材老本竟也全部泡汤之后，即迁怒顾的兄长，军方大老顾祝同氏指令侍御通知顾老，要他不要继续出席总统府月会。当时，我奉派主持专案小组，与老友蔡策、朱稼轩诸兄进行采访时，即曾受到诸多的诬蔑与阻碍。）

这件事，很快便加油加醋地传到在庐山消夏的蒋主席耳中，不久，井塘与景瑚两先生乃被召上山听训。一见面，蒋主席便责问他们抨击的贪污人物是谁？一向耿直敢言的景瑚先生立即答以是行政院长宋子文。蒋主席闻言大感不悦，当即声色俱厉告以指人贪墨必须有凭有据。谁知即在此时，一向温和寡言的井塘先生亦挺身而出，肃立而言："宋子文贪污不法，天下之人皆知，唯主席为小人蒙蔽，以是不知罢了。"

就这样，秉性分别是耿直与温和的部属大胆把话说完，蒋主席倒是一言不发地一个劲儿抹脸，显然部下说得有理，纵然顶撞，他也就无话可说了！

## 央报揭发陆铿辞职

说起打孔击宋，我们中国人当年也着实打得十分辛苦，遭遇十分可怜，抗战前后那段很长时期，推倒了宋，当道用孔，打垮了孔，当局复起用了宋。事实上，如不是孔、宋郎舅不睦，彼此攻讦，造成此上彼下、先后接班的局面，否则，他俩若是联起手来，相信谁都不能动其毫毛！更惨的是，当年中国人也明知只有在孔、宋之间，做一痛苦选择，因此他俩不论是谁，在刮够下台、大家还在庆幸之际，又不得不欢迎新人，浑忘所谓新人，也正是旧人，彼此只是一丘之貉！

不过在贪墨上，这对郎舅不论谁上谁下，干起来总是有志一同，譬如广受各方攻击，要求公布案情的扬子、孚中套汇案，便发生在一九四六年。当时，宋子文依然在朝官居首揆主持大计，孔祥熙虽说是下野，但他留在财经机构的班底，依然习惯性地竭诚报效，不敢有违。因此他俩才能在短短八个月中，把国府全部五亿美元外汇存底，违法结汇三亿三千四百万元。那时，官价外汇与美金黑市之间，还差上了那大一截，谁能结汇，谁便能大赚特赚。

关于此案之揭发，当年主持央报采访组的陆铿兄在其出版的《陆铿回忆与忏悔录》中，曾以"揭发孔、宋贪污与蒋公直接冲突"为题，列为专章，详加叙述。事发之初，对他爱护部属，独力背负新闻发表重责，且不惜在蒋先生面前据理力争一节，新闻业内业外，无不同表钦佩。事实上据我所知，这件大事虽在蒋先生声言"我什么人也不处分"之后，显得雨过天晴，但不久，大声兄即辞去采访主任兼职，专任副总编辑，并推荐他的老友乐恕人兄接掌采访部门。第二年，老报人成舍我先生决定在南京复刊他的《民生报》（战前被汪精卫查封），原约央报总编辑李荆荪、主持编务的首席副总编辑朱沛人和光杆副总编辑陆铿一同前往代为主持，可是，当他们联名向央报请辞时，社方却独留在上述套汇案发表前曾主慎重的李老总，而一力坚持刊登和连声叫好的陆、朱两位，便让他们另谋高就了。

可是，谁也想不到局势发展竟比国、共两方想象得快，连自民初即进入报界,经历无数变局的成先生也看走了眼。结果,国军一路惨败,共军节节进逼,成先生一看南京形势不妙,不得不放弃《民生报》复刊计划,临时改聘朱先生为北平《世界日报》总编辑,陆先生留在南京担任《世界日报》特派员。及共军席卷大陆,未几,朱先生即受斗争清算致死,而陆先生在远走日本,急飞昆明接眷不成之后,也被捕在大陆系狱二十二年。

说得更准确一点,大声兄离开《中央日报》之后,不仅长期坐了中共的牢,而且远在广州,先坐了为时一月的国府之牢。当时如非出山组阁、声望至高的阎锡山先生出面大力营救,恐怕还会有性命不保之忧。这件事说来与我颇有关联,如不乘此补叙一番,将来也许就会想不起来。

## "台湾难官百态"一文封报

约略记得五十多年前,当丁中江兄自香港返台,接受老友欢宴之际,我曾有此一问:"当初你和大声兄在广州合办的《天地新闻》,也曾轰动一时,为什么一下子便被人关掉了?"当时,做主客的中江兄只略略作答:"还不是为了刊登你的一篇通讯。不过当时,我们虽然干得轰轰烈烈,但本钱太少,实在拖不下去,正想找个机会光荣下台,你的报导适时刊登,正好引致当局大怒,结果他们真的便把报纸封了。"

那天,大家主要是在聆听中江兄在滇缅、香港打游击、办报纸的传奇经历,不容我乱以他事,因此,在下"一文封报"的光荣事迹,也就不好追问下去。一直到大声兄一九七八年从昆明牢里出来,再来美国居留,我才从他那里弄清楚我是怎样把他们的报纸搞垮的。

一九四九年初,当大声兄和中江兄决定在广州创办《天地新闻》之前,我已经被央报派为驻台港特派员,因此,顺便也就兼任了"老朋友们所创报纸"的特派员。未久,南京、上海情势危急,国府大官纷纷逃往台北,我在松山机场采访,几乎天天得见这批往日神气活现、当时垂头丧气的要员。这码子事,在我服务的《中央日报》是不好刊登的,但对立场自由开放的民间报纸,却是绝好材料。于是,在央报写了"正文"之余,乃另以颇带讽刺的"杂文"写法,把大官们的狼狈疲惫和黯然神色,据实写了篇通讯寄给《天地新闻》。大声、中江他们一见该文生动、刺激,乃以"台湾难官百态"为题,以显著地位刊出,而

24-3 前《天地新闻》主持人丁中江自港移居台北,受到曾在该报工作的同仁欢迎,图中自左至右分别为:潘启元、漆敬尧、丁中江、李蔚荣及龚选舞,丁氏手中所持,即为停刊前一日的《天地新闻》。

且为了加重该文的耸动性,中江兄更在文前加上孔尚任《桃花扇》的一段激情曲调,作为引子:

> 当年气焰掀天转,如今逃奔亦可怜。养文臣帷幄无谋,养武夫疆场不勇,到今日山残水剩。

读者而今看来,也许觉得虽然有些影射,倒也不算十分讽刺。可是,一考对南明与国府徒因文官无谋,武官不勇之故,先后都从南京溃败的史实,便会察觉这引子和本文,虽然写作时间隔上了三百零五年,但"可怜"、"逃奔"却配合得可谓天衣无缝,说句老实话,我的文章原本写得不佳,但中江兄画龙点睛的配合却是太妙,也就是由于这一文一引,惹起大官们勃然震怒,方才造成报纸被封和大声兄被捕,几遭不测的后果,这都是我当初激于义愤、撰写通讯时不曾想到的,谨在此地向陆、丁两位兄长致十二万分歉意。

至于在下自己,在深表歉意之余,偶然回忆也颇为自得,在新闻界,一个人办报已是困难,但写篇文章引起封报后果,更属不易。记得我初入报馆时的老总编辑王新命先生便曾有过写文章让人报社被封的经验,约近六十年前,他在报社聚会之中,还频频道此,引以为傲哩!

文章写到此地,已是不短,亟应打住,至于大声兄如何在揭露孔宋罪案之后未立遭处分,敬尧在不眠不休之余如何逮到这一天的大新闻,以及敬尧与我当年在庐山的一些经历,只好留在下文再叙了。

# 第二十五章 藉新书手,释孔宋权

## 从扬子、孚中案的揭发说起

一九四六年夏，南京《中央日报》记者漆敬尧兄因揭发孔祥熙、宋子文的扬子、孚中公司套汇巨案，被派上（庐）山避祸，并接替我原来在山上的采访工作。照理他一来，我便该走，可是南京报社当时正因政府追查套汇新闻来源甚急，忙成一团，简直就忘记了我仍在庐山，让我得以在山上多留几天，多享受一阵山间的悠闲与凉爽。白天，我和敬尧在牯岭周遭走走，入晚，便待在胡状元裔孙开设的小小夜总会里谈天、纳凉。

当然，在我们戏称为"状元坊"的夜总会里，谈论的主题总离不了套汇巨案。

## 无惧当道的新闻追击

原来这个"空前绝后"的套汇大案，早在先一年里就发生，各方也迭有闻。不过一般人可从来不曾想到这贵为国戚的孔、宋，心肠竟是如此其狠，竟然一口气便以低价套走了国家总额百分之八十八的宝贝外汇！

起初担任《中央日报》财经记者的敬尧兄，对此虽微有所闻，也打听其久，但在孔、宋执掌二十多年的财经界，消息密不透风，任你怎样钻，总挤不出一条细缝，即令一九四七年四月行政院长宋子文下台，孔、宋表面上正式退出政府，但财经两部以至中央、中国两大国家银行，仍为这两大家族的门生故吏所严密控制。天幸，彼时国府决定在行宪之后，扩大政府，并延揽青年、民社两党人士入阁，青年党人李璜及左舜生并受命分掌经济、农林两部。稍后，李璜虽坚辞不就，但国府仍将经济部分给了另一青年党人陈启天。

这样，原为孔、宋控制的财经系统，开始裂出一条缝口。尽管该部新官们依然管不了大事，但是他们仍能在政府依照惯例正常运作之际，得知一些内情，譬如说，扬子、孚中套汇案原由财经两部会同调查，且有结论秘密呈报极峰，这码子事便瞒不过新上任的经济部主管官员。

记得我被派上山去之前，敬尧跑了一天新闻回社，一坐下来，便愤激又无奈地发了一顿牢骚。他说,这天他照例在经济部各单位打了一转,一直没有搞到一条值得上报的新闻,意兴阑珊正准备打道回社,突然想到商业司长邓翰良为人开阔豁达,口气不是太紧,也许找上了他会钓上几条小鱼。谁知敬尧一进了邓司长办公室,这位司长先生劈头便半开玩笑对他说:"你们天天逼着我要新闻,真正把重大新闻给了,你们却没有胆量去登。"敬尧当时已与邓司长处得很熟,在一再追问之下,才知道邓司长所说的,正是主任陆大声一直逼着要他采访的扬子、孚中公司违法套汇案的财经两部调查报告。

当然,这种大得不能再大的新闻不是随便就能搞到的。就在陆主任与敬尧兄合力进行此案的艰苦采访历程之际,我刚好奉派前往牯岭静候蒋主席登山,也就不明其中极为离奇的过程。一直到敬尧上山避祸,才把这事经过见告。这件在美国一定会拿到普利策新闻奖的采访经过,隐藏多年一直没有完全公开。其间,为了维护属下同仁安全,大声兄一直独力顶住,即令在坐牢、杀头的威胁下,面对着威严无比的蒋主席,也没有说出新闻来源。至于《中央日报》内部,尽管不少人或多或少知道这一事件的经过,但兹事体大,也都没有对外透露分毫。

一直到四十年后,一件再巧不巧的巧事方才发生,就在香港、台湾和美国三地,大声、敬尧和我偶然心血来潮,竟同时分在三个刊物之上,披露了这一事件的回忆。奇怪的是,三个老同事彼此之间,既未知会,更说不上有什么默契。大声兄在台出版他的《陆铿回忆与忏悔录》,更以"揭发孔、宋贪污与蒋公直接冲突"为题,用二十二页篇幅,详详细细把全案公布。说来,此一巨案说得上旷古巨案,而这一报导,当然也就成历史纪录。

孔、宋两位财神,前者是孙中山和蒋介石的连襟,后者更是孙、蒋两公舅子。他们一路上为孙、蒋两公理财,权倾天下,财通四海,为什么一经党报几个小伙子揭发,当局只在严厉追查一番之后,却又雷声大、雨点小地急急收场,即令在陆大声当面顶撞之余,蒋主席也不过连称"我什么人也不处分",不了了之?

## 蒋介石亲自下令调查

对此,陆大声在他出版的回忆录中列举了五点理由,加以解说:第一,蒋

25-1 孔宋套汇案遭揭发期间，正值蒲立德访华。

先生不以为《中央日报》几个青年记者敢于出如此大事，怀疑控制该报的CC派定在幕后作祟，但是在听了陆大声直指陈立夫褊狭自私之后，也就解开了派系轧的原来心结。第二，国府一向重视美国舆论，就在央报揭载弊案时，素有"中国之友"之称的美国名流蒲立德（William Bullitt）正代表《时代》、《生活》杂志访问南京，且询及此事。第三，这时，代表美总统杜鲁门前往中国调查的魏德迈（Albert Coady Wedemeyer）也到了南京，蒋主席且以此一事件说明中国正向民主之途迈进。第四，如果查出是经济部透露，对身为部长的青年党人不好交代。第五，蒋先生对陆大声本人，原也是颇为赏识。

上列五大理由，不仅言之成理，而且都有佐证，在下只有高举双手赞同，可是，另外却还有一个理由，值得我们考虑：多年来，蒋先生之所以让孔、宋轮番主持财务、国务，第一是由于他俩同是至亲，信任得过；第二，自北伐开始，为了在政客军头之间纵横捭阖，收买收编，随时都急需大量现金，这些金钱，既不能正式列入国家预算，更需要立即筹措，如果主持财政的不是连襟、舅子，便难以随意开口。

长久便宜行事，免不了给予他们以敛财机会，初时捞点小钱，还可视而不见，可是到了大捞大刮，进而动摇国本，做头的人便不能熟视无睹。即以胜利后呈现的接收"劫收"，"五子登科"的严重弊端而论，明智如蒋先生者当不至于一无所闻。及扬子、孚中套汇案起，国家的宝贝外汇百分之八十八都被两家人套走了，蒋先生又岂能佯作不知。事实上，根据其时新任财政部长俞鸿钧在参政会上所言，这件事"最高当局（指蒋氏）已命令财政经济两部会同调查"，调查结果也

25-2 曾在参政会与报章上公开批判孔宋的傅斯年

"已呈报最高当局"。换言之,这件大事,蒋先生不仅早已多有所闻,且在亲自下令调查之后,收到了孔、宋果然大量违法套汇的调查报告。

因此,在《中央日报》揭发之后,蒋先生并没有指责报章造谣,而是一味追查什么人泄露了这个天大的秘密。事实上,如果央报所刊是谣传,或不尽确实,以最高当局仅为小事便可将人交付军法处理前例,陆大声(甚至漆敬尧、李荆荪等)早都被关进大牢,哪还有机会在他面前侃侃而谈!再说,此案也早在参政会中和国民党内闹了很久,之前我们便曾指出,国民党内清流领袖余井塘和赖琏在先一年夏间被召上山听训之际,便曾当着蒋先生之面,直指"宋子文贪污不法,天下之人皆知……"其时,宋子文还在一人之下万人之上的行政院长任上,但余、赖二人当面顶撞之余,蒋先生也不过一言不发一个劲地抹脸!

## 财政改革失败丢大陆

从上述这一件事来看,蒋先生对孔、宋贪污之事,不仅是知道,而且是早已知晓。可是这桩糗事,蒋先生只希望把它压下来,不想把它闹大,如果因此而兴大狱,反而会把事情搞得不能收拾。国家的事,最怕的就是"师出无名",如果放掉大奸大恶,而把正义之士惩处,恐怕是天理难容,事实上,这件套汇案的发展,正好悄悄转了方向,种下了宋子文在第二年四月下台的因子。

俗话说,百足之虫,死而不僵,孔、宋虽在战前战后相继下台,但其徒子徒孙依然遍布财、经、政界。举一个例,两年后,国府发行金圆券,厉行财、经改革之际,蒋经国先生以"太子"之尊,亲往金融重镇的上海声言"打虎",结果,虽然一度吓退了沪上闻人杜月笙,却又在"姨丈"、"舅父"和"表兄弟"(指孔祥熙之子孔令侃,扬子公司即为其主持)手下栽了筋斗,铩羽而归,结果天下大乱,大陆也由之巨变。

25-3 为挽救通货膨胀,国府一九四八年发行金圆券,但仍改革失败,金圆券出现一百万元的面额。

国府为此失去大陆，诚属绝大不幸，不过不幸之中，也有点小幸。犹忆撤守大陆之前。美援不来，财源枯竭，包括蒋主席亲信的陈布雷先生在内，都曾建议蒋氏，谓他促请孔、宋捐输，以纾国难，结果，就在忠贞的陈先生遭受苛责，一死上报之余，护财重于救国的孔、宋两家吓得逃难赴美，把成亿的钱财全都搬到了新大陆。这样，他俩和他俩的后裔不屑赴台，也正好救了台湾和迁往台湾的国府。如果说这嗜财如命的贵戚稍有远见，预知台湾外汇存底迟早会超出美元千亿，他们又哪里会轻易放下这块肥肉。

凡此，当年在牯岭"状元坊"中我与敬尧彻夜穷聊之际，虽稍有触及，却多未料及此，特别是大陆变化如此其快，更出乎我俩、甚至天下人的意料。

# 第二十六章 处变不惊，燕燕争鸣

## 隔江但闻征战声

抗战胜利之后的第二年夏间，我这个没见过世面的川西土包子，随着复员人潮，浑浑噩噩也自陪都到了首都。由于是在无意间闯进了新闻界，骤然接触到政治圈，只觉得眼前的一切不仅新鲜，而且新奇得叫人茫然！说是茫然，当然夹杂着无措，但是展望前途，胜利也容易令人盲目感到乐观。仅仅在十个月前，大部国土依然被人侵占，国府国军犹是局处一隅，甚至稍早的湘桂撤退和滇黔苦守，其困厄危难之状，都还活生生地留在国人脑际。

有人说，这只是场因人成事的惨胜，但是惨胜也是胜利，这总比被东洋人打败亡国更好。何况在盟军的大力协助下，国军不已规复了一切的大城重镇，也控制了重要的交通点线。诚然，有组织的共军隐隐然犹在点线之外坐大，但是战前地方军阀割据的情况却已大有改善。

领袖，我们读书时名义上的校长，在熬过苦难之余，也已变成历史上的大英雄，大家都以为在他顺理成章的领导下，在进入全球四强之林后，必能重建、开展、强大。看上去，一切有若日丽中天，众人也都志得意满，如果谁还心存丝毫悲观，那他的脑筋便是有一点什么样的问题！

## 歌舞升平掩盖炮声

如此这般，在国府牢牢控制的京、苏、沪、杭线上，充满一片光明，特别是政要们更恢复了战前生活的旋律，平常，安住在颇足比美西洋的颐和路上的新建豪宅，周末，乘坐两路局加挂的特别快车，在纸醉金迷的十里洋场小住两宵，据说也足以怡情适性，重注活力！当然，一般公教人员和中产以下人家望不及此，但是凭借胜利初期大量美援，甚至盟方剩余（实则量多而价格极廉）物资的投注，再加上法币对所谓伪中储币不合理的过高比率，大家的日子一度过得比想象还好，特别是复员东下的重庆客。不必"五子登科"，也曾风光一阵。

一般而言,自古圣贤之所以谆谆劝人"居安思危",最大的原因便是一般人惯于燕安沉湎,境遇安适,便看不见隐伏在前途的重重危机。昔年退处西南一隅时,住茅草房、吃八宝饭(意为劣质糙米,内杂稗、沙、土、石……之属),并力一心,但求争取胜利。前途越是黑暗,反倒是越能振奋精神,及胜利忽焉而至,一朝重返繁华乐土,自易精神松弛,被淘来胜利冲昏头脑,便难察觉危机之潜伏。

战后,党、政、军、学……(其时国民党部党人高于一切,高高名列班首)各界人士,一旦耽于安乐,情况就是如此。事实上,大家以为强若东邻都被我们打垮,还有什么问题不能解决。当日,在下虽是个新近来自僻远蜀中的乡巴佬,但头脑还算灵敏,观察也颇精明,在跟着大家坐吉普车、吃美国糖,甚至穿上更名"青年装"的美军制服之后,渐渐地却感觉到国家大事,不仅不是那样乐观,而且还有点不妙。

记得,最早让我内心发出疑问的,是我们经常出差的那位军事记者的行径。这位老哥讲究衣着,平常总是西装笔挺、穿戴整齐,一见他全副美式装备地穿上军服,我们便晓得他就要亲上前线去实地采访了。有次,头晚还听他打电话回社请示主任,询问在他任务完成次日,是否便可返社。可第二天下午,便已看到他老兄端坐采访室内写稿,我脑海里不由掠过一个不解疑问:"回来得如此快速,难道前线就在近处?"

为了打破这个疑团,我婉转问他用的是什么样的交通工具,这样快便能回来?想不到他随口答以:我去的地方距离长江北岸并不太远,搭上军方便车,有时当天便能回来。听了这话,我开始警觉地注意起军事新闻,而且按图索骥仔细查阅地图,结果竟然发现国共战场不仅就在苏北皖东,而且诸如泰县、如皋、海安、高邮、邵伯、天长、泗县一带,都还可以称作是京畿之地,已经是不太安宁,至于更向北方的盐城、阜宁、涟水,更是早被共军和民兵控制。更叫人惊异的是,在稍后日子,南京对岸的浦口,一度居然也曾听到炮声。

一般人注意的国共大战,类多是远在东北、西北、晋、冀、豫、鲁、察、绥一带大规模进行,每天报纸上的军事新闻也多集中发生在长春、锦州、四平街、公主岭、怀来、张垣、归绥、大同、阳高、运城、上党、新乡、邯郸等这些广大而遥远的地区,没想到国府视为最重要基地的苏、皖一带,竟亦如此不靖。

奇怪的是,京、苏、沪、杭一带的政、经重心,一般人注意力似乎也集中在东北、华北、西北,而不把近在肘腋的江北安危放在心上。白天大家开会上班,晚上人们顾曲跳舞,周末,京沪夜快车上更是冠盖云集。大伙儿一致把长江视作天堑,视京畿固若金汤,认为没车、没炮、没舰、没机的土包子共军,脚踏草鞋、布履、随带土枪土炮,凭什么要下江南?就是这样,信心十足的国府上下,自己为梦所迷,却笑对方尽在做着黄粱大梦!

## 两个小燕一时风靡

一般而言,由于消息灵通娴于研判,新闻界人士从来都被人视为见事机先,事实上却非如此,从一切可能读到的当日报导和评论上,全都跟定党国制定基调,一味盲目的轻率、乐观,总以为那批先后从井冈山和延安府钻山来的中共军队,人员既少,武器更是落后,理当是不堪一击!

诚如上述,国军既是光明一片,大小同业们也习于安乐、耽于歌舞,吹起了一阵"倾慕小燕"狂风!这阵狂风,虽说只吹了一阵,实际上,却也分成两股。

先是,抗战胜利未久,在巴黎学习声乐有成,巡回欧陆演唱有成的周小燕女士,适时返国献艺,凭其青春玉女形象和轻曼婉转歌声,顷刻之间竟风靡全国,受到了老老少少、高高低低各界各级人士一致的赞赏。昔人称羡柳永所著辞章,道是"世间有井水饮处,即能歌柳词"。而在胜利之初,国人赞誉小燕歌声,亦复类是。同时,无独有偶,在正统声乐家周小燕女士之外,当日的南京也还另有一小燕在。尽管周女士以其醇厚而清脆的绝妙歌声,演唱庙堂,著誉学苑,但在南京的市井之间,歌星陈小燕小姐却也自能撑住自己的一片天。

当日,人们把一时瑜亮的陈、周两家小燕,多有一比,前者虽不及后者清秀挺拔,但艳丽丰腴过之;至于歌声,一位是学院派,另一位走的是大众化的路子,尽管雅俗有别,却也各擅胜场,如论其影响,更大有不同。大体言之,正统派周小燕的阵阵仙乐飘飘,只留存于上层仕女记忆之间,倒是陈小燕不幸适在我们《中央日报》紧邻的龙门歌厅驻唱,倒为我们报界人士无端引来不少烦恼!

记得当年南京大一点的歌厅,除了礼聘几位歌星驻唱之外,总是掺配上三五乐师组成的小型乐队,所幸咱们报社建筑坚实,屋高墙厚,尽管那群洋琴鬼日夜吹奏得十分卖力,乐声总还透不过来。这样,报社与歌厅之间,还算各重所业,彼此相安无事。糟的是那位首席乐师兼歌厅老板之一的男士,乐艺既高,长相不凡,不多时日便与高挂头牌的陈小姐情投意合,竟然同居。更糟的是,他俩的新筑爱巢,凑巧正对着我们报社的一面窗口。

　　这样,大家便有着好戏可瞧啦! 白天,同事上下楼梯,不过偶尔得见洋琴鬼和俏歌星间的一些情爱小动作,入夜,当歌厅打烊,总不记得关灯的他俩,许许多多叫人看得脸红心跳的镜头便一一登场了。

　　最初,这还是报社的"内参机密",不久佳讯传开,同业们微闻央报后窗有着妖精打架活剧可看,每天时近午夜,便前前后后踅到咱们报社来"接洽业务"了。事实上,来客最后都集中在楼梯过道的窗口,睁大了眼睛,一个又一个齐向对楼"观察"。好两次,正经得近乎道学的马星野社长行经其间,还惊问发生了什么事故! 当然,纸包不住火,当马先生查明事由,决定雇工在这些窗口安置厚帘时,一位鲁莽的同业无意间却替央报永远解决了这个问题,原来这位患有深度近视的老兄,为了拉近距离、看得更为清晰,急切间竟撞破了一扇玻璃窗。就是如此,对方一察觉有人偷窥,卡达一声关上了电灯开关。从此午夜前再无来客,而报社也就省下一笔装置窗帘的费用了。

　　说来,这只是小小一个例子,在下六十多年后再把它写出来,原不过在求说明当年京、苏、沪、杭的一片歌舞升平气象。其实,长江对岸就是清剿不完日益坐大的共军,只不过大家依然相信那只是一小撮成不了大事的游击队罢了。

## 国军如何失民心

　　其实,只消用心观察,不必渡江去进窥共军踪迹,就在南京、镇江一带,人们便会得见数以万计自江北被共军赶来南岸的"还乡队"。他们原都是在共方清算斗争前后南渡逃难的地主、富户。只有身历其事的这批人物,方才察觉到世局的险恶。为了了解事实的真相,在下曾和几位生长苏北的老同学们深谈,问他们何以战前曾是国府主要基地的苏北,战后却大都为中共控制？

"你问得好，苏北，甚而至于整个的华北、东北，国军除了全力控制着重要点线之外，其余的广大乡区，却多已落入共军之手。"一位苏北同学感慨而言。"何以至此？"我不禁追问一句。

"让我以亲眼得见的苏北为例，加以说明。远在中共中央自江西苏区（指毛泽东一九三一年在江西瑞金成立中华苏维埃共和国，至一九三七年对日抗战后结束）突围西走之际，部分共军移至苏皖边境，由国府编为新四军，限定它在芜湖一带活动。其后，这支部队在敌后夹缝里逐渐壮大。就中，陈毅、管文蔚等部主力，突于一九四〇年秋渡江北上，先占泰兴所属黄桥，再占泰县境内姜堰。十月间，这股武器不精不多而声势颇大的共军更在一阵呼喝之后，竟然打垮了国军正规部队第八十九军全军。该军军长李守维中将更在仓皇骑马渡河逃命之际，不幸落水毙命。事后，国军反攻得胜，虽然解散了新四军的编制，并俘虏了该军军长叶挺，但陈毅所部，却在国军、日军和伪军之间，乘隙游走，日益壮大。胜利后如非周佛海等伪军固守京沪，以待美军输送国军前来，恐怕江南地区也会被共军捷足先登。

"不过，江南保住了，江北却多为共军和共军所属的民兵控制。当然，国军也曾以精锐部队进剿，但华北、东北、西北，一般都需要国军进驻守土，在备多力分情况下，苏北能守住点线便已经不错了。

"其实，共军最厉害的并不是正规作战，而在其能全力组训民众为其所用。不幸，在苏北，大地主较多，而一些不肖地主对付佃农的手段又失之过分严酷。

"更不幸的是国军、共军在对待民众上的做法也大不相同。国军下乡打仗，只求作战方便，而不顾民生疾苦，大军一临前线，便拉夫征粮，下门拆屋，无所不为，有时为求扫清视界，不惜烧掉城堡外整街整巷。反之，共军进村入居，讲求的

26-1 一九三一年中共第一次全苏大会在瑞金举行

却是不入民居,有借必还,而且客客气气一路老大爷老大娘地殷勤喊叫。结果,民众事实上多变成了共军的业余谍报人员,而国军在脱离民众之余,却多变成了战场上的睁眼瞎子,要民众不给你害人的假情报都已属不易,要他们为你所用,更是难上加难啦。"

想想看,这样的仗怎么能打?更叫人遗憾的是,国军统帅却永远执著在正统的军事理论上,成天只知道我方有多少飞机、大炮、坦克、军舰和兵员,可是算来算去,就不曾计及民心!

26-2 一九四七年三月二十日《世界报导》报导延安遭国军攻陷(舍我纪念馆提供)

老同学全凭亲身体验的实话实说,当日在下还不十分听得进去,从军方发布的战报看,承德、四平街、归绥、张家口、延安、黄泛区都频传捷报,津浦路的浦口、济南段也曾一度打通行军;同时,在政治运作上,制宪国大终于召开,青年、民社两党在参与制宪之余,更实际加入了政府,当政府积极准备实施宪法促进民主时,南京市上,不还是歌舞升平、上下沉醉的吗?

可是,翻过一九四七年,紧接着国军攻入延安空城,再在黄泛区打个平手也夸说大捷之余,粮仓的成都竟然发生抢米事件,而各地大学也传掀起反内战、反饥饿的学潮。此时,眼见大事不妙,像我这样的乐观派,也着实有点惊心了!

# 第二十七章 打打谈谈，纠缠不清

## 冷眼旁观直觉一头雾水

记得那一年从庐山下来，道经九江之际，当日同事、其后经商致富的张仕杰兄建议我把家里汇来的钱做点生意。他说九江的皮鞋价廉物美，贩回南京一定赚钱，我跟着他买了十双新鞋带回南京。未久，他回学校贴了张售鞋招贴，果然被同学们一抢而光，在下由于事忙，不及求售，暂时把存货放置床下。说来这批货品，价格虽廉，式样却嫌陈旧，同学们在学校穿穿还过得去，但在讲求时髦的报界，便乏人问津。日子一久，我自己也忘却囤有这批存货，一直到工友老王打扫宿舍，发现我床下鞋积为丘，才好意问我可否让售一双？

我这人好面子，心想，哪能与工友讨价还价做买卖，一听他提出要求，立即慨赠一双，谁知此例一开，全社工友无不前来"索售"，为了避免厚此薄彼，我一概有求必送，直到赠完为止。想不到，在下此一散财之举，竟意外赢来尊荣。从前只有社长、总编辑之流的最高级主管上下楼梯，才能接受到人们肃立致敬的礼遇，而今，末流如在下者竟亦意外获此，一时好事者遂造如一联相戏，联曰："小记者慷慨赠鞋，众工友肃立致敬。"

所幸我幼承庭训，最懂得安分守礼之道。自省初入报社，虽也曾一度遭受白眼，但不久便派上庐山目睹庙堂之盛，而下山返社，更跳过初入道者必经的苦跑警局阅练，置身国会从事采访，凡此都已是超等越级，如再有非分之想，便有失做人处世之道啦。记得那时国共之间谈谈打打，打打谈谈，采访这行，最高级的任务，便是竞逐所谓的政治、军事要闻。特别是以国共和谈为主的新闻，更是政治记者与采访主任的禁脔，而诸如国民政府、梅园新村和马歇尔行馆也只有一小群高级记者能涉足其间。像我们这些初入道的记者，不要说参与，就连多问几句，都是犯忌的。

不过，人在南京最大报纸的采访组兼首都新闻交换所，尽管要闻采访非所职司，但听到、看见的台上台下新闻以及传闻，就颇不少。

## 马歇尔调停国共失败

记得一九四六年这一年,从一月到十月,在国共双方谈谈打打,打打谈谈之中,实力较强,声势犹盛的国军在各个战场,获利颇多,而国府自上而下,在表面应付美国特使马歇尔调停努力之余,几乎是一致主战。以当时实地策划作战的参谋总长陈诚将军为例,他便不只一次公开宣称:三个月内击溃关内中共主力,六个月后全力解决东北问题。有了军事上的进展,国府自蒋主席以次,更决定尽快召开拖了近十年的国民大会,以期及早制定宪法,建立民主、合法而能以控制的新政府。

中共的立场刚好相反,他们一不承认这年的战争结果,一力主张国、共恢复当年一月二十三日以前战场态势;二不同意召开国大,通过他们并不完全同意的宪法草案。总而言之,如果这两方面不能让他们满意,他们绝不参加国大,也不再继续参与和谈,中共和谈首席代表周恩来为了表示坚定立场,干脆离开南京,避居沪上。

至于美国调停和谈特使马歇尔将军,为了完成使命,不惜八上八下庐山,一力从事折冲樽俎,但当一切努力绝望之后,也只有建议华府,把他召回美国。同时,华府还不断宣示,在战争没有停止,中国没有统一和民主化之前,不会给予中国任何财政或经济援助。记得那时,通货膨胀之势虽已加速,但各方估计,只需抛出当日币值极高的美金两亿,即可将全部发行法币收转回笼。可是,美国国务院此际却一再宣称:在中国大局未能改善之前,即令允诺给予南京的五亿美元贷款,也不拨发。也许,或多或少为了满足美方民主化的要求吧,国府中人乃力主早日召开国大,以期结束所谓的军政、训政,如期实现宪政。

## 纷乱中的制宪与行宪

一直到今天,在下还是不能了解国府为何一定要在当年召开国民大会(一九四六年十一月十五日)?更不明白两年之后,国府再度召开行宪国大(一九四八年三月二十九日)又是为了什么?事实上,在这两次国大之间,国

27-1 一九四八年制宪国代到中山陵追思

民党内争取提名既已打破了头,加深分裂;在强迫党员"礼让"友党,当选之后立即继之以放弃之际,更造成了党内的离心与法制的破坏;此外,各级竞选之买卖选票,浪费财源,也加速了财、经的紊乱。本来,国民党便是派系的凑合,在选经国大、立、监委以至于总统、副总统的选战之后,更是纲纪荡然,四分五裂,最后更加速了整个大陆的沦丧!甚至,狼狈撤退赴台之后,这一大批的万年国代、立监委员还盘踞权位,垂老不退,一心吃定了中华民国。有人说,如果国府舍弃这些荒时、破财、耗资、费力、制造分裂的难务,或则全力作战,或则尽力谋和,即令不能保全全部江山,至少也足以划江自守。

当然,也许有人说当年如不遵从孙先生行宪还政于民遗教,国府恐亦不免贻人以不民主之讥。但是,当时犹是全国陷于战乱分裂之局,连反对党的中共以及各民主党派都不主张召开国大,又有谁来讥笑国府保守落伍呢?这些个说法,也许反映当日许多人的想法,写在这里,不敢说是留做历史记录,就说它是闲话也罢,牢骚也好。

在这里,再让我稍出题外叙说一段掌故。记得一九四九年国府播迁台湾之初,这批当年曾在南京抬着棺材请愿、大闹国大会场、触尽国家霉头的中央"民意"代表们,一般的本性不改,迭作无理要索,而政府为了维系"法统",

也只有百般容忍。当其时也,艰苦迁台,自力更生的《中央日报》同仁实在看不过去,乃著文加以规劝,仅因题目火辣一些,标出了"清除政治垃圾"片语,不料报纸出来,一般民众虽然齐声叫好,却开罪了这些自命代表全国民意的代议士,未久他们借题发挥,大举反扑,竟因此迫走了两番把央报办成第一的马星野社长。

闲话少说,书归正传。本来,国民党之要召开制宪国大,实施宪政、还政于民,早在对日抗战之前便已是决定了的大事。当时,国府是要以孙中山先生遗教,特别是五权宪法为准,制定一部新宪法,在经过一批专家研究讨论之后,乃决定在西洋奉为经典的行政、立法、司法三权分立的架构之外,再加上中国传统独立的监察、考试两权,合为政府的五大支柱。这种自创的五权并立之说,相当受到学自西洋的公法学者怀疑,他们既以为监察、考试两权分属司法、立法两大部门,原不足以与互相制衡的三权并行,总认为遗教中立法权之被列入治权,亦不甚妥。可是当日国府中人,坚持奉行遗教,仍以五权分立为经,拟定《中华民国宪法草案》,经训政时期立法院于一九三六年五月一日三谈通过后,即在同月五日由国府明令公布,即所谓"五五宪草"。"五五宪草"原定于战前召开的国民大会通过之后实施,继因国内外情势日趋紧张,国府为求全力应付,乃于同年十月十五日经国民党中央常务委员会决议,延期召开国大,而这部宪草一经搁置,就历经十一年之久。

及八年抗战结束,行宪的问题再被放置台面,就国民党人而言,他们当然竭力主张维持其一手拟订的"五五宪草",但中共及其他党派却不能完全同意五权分立的架构,其后,经各党派及所谓社会贤达组成的政治协商会议(一九四六年一月十日)加以折腾,一方面顾及国民党面子,在形式上维持了五权分立的架构,在另一方面却冲淡了监察、考试两权,而赋予新宪以三权分立的

27-2 一九四六年政治协商会议之中共代表团

实质。犹忆在政协宪草拟订公布后,即一直受到不少国民党传统派人士攻击,认为在迁就中共及民主党派意见之后,事实上等于放弃了"五五宪草"和"五五宪草"据以拟定的孙中山先生遗教。

记得一九四六年秋天之前,国、共双方在谈谈打打,打打谈谈之际,宪草、国大应否召开与何时召开,也成了举国争辩不休的问题。国府鉴于在各个战场颇多进展,不仅力求维持这些得来不易的果实,且进一步决定召开国民大会制定宪法,改组并强化政府基础;而中共则一方面要求恢复当年初的军事状态,另一方面更反对在这一情势下召开国大。

最后,在双方坚持不让的情况下,美使风尘仆仆,一力协调的国共和谈遂告停顿。特别是在北方重镇张家口攻防战发生之后,国共双方关系更由对立而致完全破裂。

# 第二十八章 制宪国大,五光十色

国民大会巧遇家乡土豪

要说明国共和谈破裂原委,不能不从一九四五年八月日本无条件投降说起。犹忆,天皇刚要日军放下武器,在当日察、绥地区,国、共两军便同时发兵,竞相接管日军驻地。一方面,国府为第十二战区司令长官,傅作义所部,自绥西向东出发,八月十五日接收包头,十八日进入归绥(今称呼和浩特)。另一方面,延安也下令聂荣臻的晋察冀军区与贺龙的晋绥军区占据平绥线上的张家口、宣化一带城镇,从此之后,双方即在此一地区对峙。

## 制宪前国共彻底分裂

翻过次年(一九四六年)春天,傅自重庆领回大量美式装备后,即与陈诚密计进攻共区,傅当时为迷惑共方,一面派其亲信周北峰潜赴共区谋和,一面积极备战。九月初,傅军即与自北平出发的第十一战区李文兵团,分头沿

28-1 制宪国大开幕隔天,周恩来在南京召开记者会抨击。

平绥路东西并进,企图打通该线,并解大同之围。在此役中,由西而东的傅部进展得比较顺利,除在攻击集宁时打了一次硬仗之外,很快地支解大同之围,继在十月十一日打下了塞上重镇张家口。此役使傅氏继战前百灵庙抗敌之役及战时克复五原之捷后,再度取得又一次喧腾全国的大胜。

但傅作义的大胜,却促成了国共和谈希望之完全破灭。先是,当国军开始在平绥线上采取行动之初,早已避居上海的共方代表周恩来即向马歇尔特使提出备忘录,指出:"如政府不停止对张家口及其周围之一切军事行动,中共不能不认为政府已公然宣告(和谈)全面破裂,并已最后放弃政治(解决)方针。"对此,国府翌日的反应是,把颁布国大召集令的日期,自十月三日延至十二日。再隔一天,国府请求各方提出即将改组的国府委员名单,仅青年党提出,共方拒绝,民主同盟则存观望。

同时,周恩来代表在沪宣示,在炮火声中,中共将不参加国大,并谓如无美援,中国内战便不致扩大。此后的发展是双方各走极端,两边在战场上各不相让,在政治上对立加深。终于在国府正式召开国民大会、中共和谈代表周恩来也终止谈判飞返延安之后,双方便完全诉诸战争。再翻过一九四七年一月,美国召回了调停使者马歇尔,闹了两年的和谈也就由此终止。

## 遭逢制宪国大盛会

于是,举世的目光再度转向南京,而制宪国大的大戏遂由此登场。在同年十一月十五日国大召开之前,国大秘书处一面聘请央报的采访主任担任大会新闻组副组长,一面通知我们派四位记者参加采访。当时我们压根儿不曾想到,政府聘任记者兼司发布是否会影响到新闻报导的独立性和新闻自由的大原则。事实上,大家一致关心的是:召开国大制宪是千载一时的大场面,哪四位同仁会幸运地被选中进入会堂,具名撰稿亮相?

终于名单公布,可一头一尾却都爆出冷门。事先,大家一致认定要闻记者祝修廖和首席军事记者朱恒龄两兄必因资深入选,可是就不曾料及时任社长室秘书的吴俊才兄在临时"下放"之余竟名列班首,更没有想到入社不足半年、试用刚才期满的在下也忝附骥尾。

人选决定后,主任召集我们四员"大将",开了一次分配工作的小组会,会

28-2 制宪国大在南京国民大会堂举行

中原决定在全体大会召集期间，我们四人逐日轮流主跑，并具名撰写当天综合新闻。第一天，轮到俊才兄，他当仁不让写了篇洋洋洒洒的大文章。可是第二天、第三天，一连五天下来，他依然一路挺笔，就是写个不停，尽管修麐、恒龄两兄不断抗议，亦无效果。此后，他们两位也相继来了个萧规曹随，一上来便不肯放手，轮到我上场已经是十二月五日，议程上赫印明明的是"分组讨论"开始。三位大哥一个个好心语我："老弟，今天要看你独力表演啦！"

那天进得会堂，一见集会牌上所列十五个小组议题、场所，便头昏眼花、莫知所措。所幸自己曾是个法科学生，还能在诸多议程上分得出一个轻重。当天稍一考虑，便选择了几个重要审查会场，抓住了几个主要议题，当晚再参照大会发布稿件，写了几条综合性新闻缴卷。可是这是正规新闻，不能算是特写，龚选舞这三个字当然便挤不上报啦。这样一连几天，炮制如仪，除了主任称赞我理路颇为清晰，综合工夫还算不错之外，报端扬名之事，便只有让三位老兄专利于前了。不过有失亦有所得，还不等到大会闭幕，傅作义将军那边来电邀请京沪记者组团往访张垣，大约是主任为了要给我点补偿吧，竟破格让我出次大差。此是后话，暂且不表。

## 土豪劣绅因反共而死

末了，我还得费点笔墨，附带记下当日在国大会场的一次巧遇。记得早年我念中学之际，在四川崇庆故乡，曾与县城里的首席土豪施德全紧邻而居。有天，我们兄弟在自家院子里玩球，不提防失脚竟将皮球踢过了垣墙。后来球是讨回来了，但是我这名肇祸者却被那位担任团防局长的施先生好好地教训一顿。

想不到多年后,我在采访国大新闻时,竟在一处审查会上碰到了代表青年党出席的施先生。记得当时他一见到我,便有点结结巴巴地问:"你、你就是隔壁龚家那个淘气的孩子,怎么你也赶来开会?"我连忙告诉他:"我不是代表,而是到场采访的《中央日报》记者。""记者、《中央日报》,巧得很,施伯伯今天代表青年党在一项重要问题上发言,你可要好好替我记下来登上报去。"

当天,我耐心等着,轮到他照着一张稿子发言时,觉得他说得颇有道理,因此在审查会照他所代表的青年党意见通过之后,也据实酌为报导。这本是我分内该做的事,可他在次日再度相遇时,却一个劲儿地向我致谢,还说我小时好动而具冲劲,长大了果然能在"中央"做事。敢情,他还记得几年前我踢球过界的糗事。不过,他也许没有搞清楚,我只在《中央日报》做个小记者,可不是在"中央"做什么样的大事。

事后我得到家信,说是这位施先生回家之后,还一个劲在县城里为我吹嘘,说是一个人"从小看大",我这人自小调皮而具活力,长大了果然能在京城报馆做事,随便摇摇笔杆便能让他的名字登上大报云云。我得信后,不敢在报社提起,生怕报社负责人怀疑我写消息兼做人情,其实我写那段新闻,仅因他是代表青年党提出修正法条建议,而审查会也顺利加以接受,如斯而已。

这位施先生,也说得上是大时代里一个小小的悲剧人物。他出身一个地主家庭,初中毕业后先在家里闲居,继在刘湘部下担任采买处长,赚了些钱,便回老家做起绅乡。青年党这时在四川极为活跃,到处吸收党员,施在地方既饶有家财、复颇具势力,乃为该党吸收,先后出任县清共委员兼捕缉科长,进而升充名列士绅之首的团防局长兼征收主任,在县内擅设关卡,滥收商税路捐。记得我们两家比邻而居之际,便常见他穿着中山装、大摇大摆、神气活现纵横市上,背后总是跟着两三个腰悬盒子炮(指手枪)的保镖,路人为策安全,无不退避三舍。

及政府决定召开制宪国大,邀请中央及各路民主党派补提国大代表,这位在地方上有财有势的施先生在报效、争取之余,更被青年党遴选为新科国代,穿着一身宽宽大大英国毛料裁制的西装晋京参与庙堂议事盛会。那天,居然还拿着党部交给他的发言要点,当场战战兢兢照念如仪。

他本来是个彻头彻尾土里土气的土豪劣绅,自从捐班弄了个制宪国代,再打从京城里镀银(非金,因仍未远渡重洋取经也)归来,据说完全变了一个人,往日的长袍马褂早已封存箱底不说,即使是当团防局长时穿着的中山装也被弃置一旁,成天招摇过市之际,穿上的全是上海师傅裁制的时兴合身西装。不过穿着西装并不表示他变得更为"文明",在县里,他越发地恣意横行,枪杀政敌固然无人敢置一词,县中招生让他女婿落榜,也居然强迫校长举行复试,破格录取。大约是在县境里做土皇帝,自我膨胀得弄昏了脑袋,以为自己掌握一群持枪执械的民团,便足以宰割一方。

一九四八年共军入川,他未能权衡轻重,竟与我县另一世袭豪绅黄鳌(润泉)、黄润琴兄弟共组反共救国军,负隅顽抗。可是连胡宗南的五十万大军都不中用,他们那批乌合之众又能起什么样的作用?结果兵败逃亡之后,终于两年后在外地被捕,再押回老家与黄家兄弟一同在公审之后当场枪决。

从小在家之时,便耳闻目击黄、施两家在乡横行霸道、违法不义的种种情节,由于他们一直与官府勾结,而且更不时出入官场,因此全县百万乡民只有忍气吞声,任其宰割。前面提到施某曾捐班出任国代,但势力更大的黄家老四黄鳌在川军干了一阵旅长、路司令后,竟也获得国民党提名,在成都选区,当选行宪后首届立法委员,事实上一般老百姓并不曾亲自投票给他,而他所得选票只不过是在县府大堂上一箱又一箱地戥计出来罢了。另外,我的一位赵姓姨妈早年嫁给后川县的一位索姓土司,后因夫死子幼,而国府复规划为川中少数民族的藏族保留一个立委名额,结果我们这位汉族姨妈,也就当选为代表藏族的立法委员。可是由于她与前述黄鳌同染阿芙蓉癖,赴京上任既然不便,两人只好待在家里享福啦!

我没看过别的地区的国代、立委选举,但就我所知,我们家乡的民意代表便是这样选出来的。我常想,国府当日为了还政于民、实施民主,原是天经地义之事,可是实际付诸施行之际,在外面却出了这许许多多的毛病,特别是在我们家乡,选出来的竟是施、黄一类的角色。无怪有人说过,国府不实施民主诚然遭人诟病,但实施这个样子的民主,到头来却加速远离民意,造成分裂,终致提早离开大陆。

不过话又得说回来,忆昔国共战争末期,正途出身军官们领导下的正规军队,在共军势如破竹的追击扫荡下,不是弃甲曳兵、成千上万地望风而降,便是乘坐杭船,近走台湾,远遁海外。一个个逃之夭夭,像施、黄之辈留了下来,敢以少数乌合之众而与气势方盛的共军顽抗者,殊不多见,如果当日国军官兵也能如此,国府纵不能起死回生,在大陆多拖一些时日,恐怕也有其可能。这样看,执著的土豪劣绅在这一点上,也不见得比不过统军大员。

## 第二十九章 三垮齐至，怎么不垮

### 战后闹垮国府的学潮

在国外安安静静、轻轻松松住了多年,出于生活近似隐居,心理上没有一点压力,渐渐地,对于过去一些复杂问题,也开始有些置身事外的客观看法。

凭着这点自信臻于客观的修为,我开始对大陆变色的原因加以思考与检讨,最后也做了个自以为是的结论:对日抗战胜利后,国民政府之所以在三年间便由盛而衰,再由衰而被迫撤出大陆,主要当是由于同时遭逢了三垮——被经济拖垮、被共军打垮、也被学潮闹垮!

经济与军事的问题大家都已经谈得很多,兹不复赘,倒是人们讨论最少的战后澎湃汹涌的学潮,以曾研读史实并亲身采访之故,谈论起来,也许还能引起大家一点兴趣。

## 浙江大学率先发难

说来,学潮不始于今日,远自古代,每当末世政治不修、经济衰退,学潮党祸往往便继之而起。第一个发生庞大学运的朝代,应该是东汉桓、灵之世。当时,外戚宦官相继为祸,太学里众达三万学子为求改革,遂成清议中心,而为首论政引致党锢之祸的郭泰、贾彪也就成为中国第一代的学运领袖。往下数,唐有清流、宋有党祸,特别是在北宋之末,太学三舍的三千九百多名学生,也曾在陈东的领导下,迭次伏阙上书。续降至明代,以东林学院为首的地方学校,也多成为清议抗拒中心。再降自清末,康有为等联合入京应试举子,公车上书言事于先,而新式学校学生与关外留学归来的学人更成为问政及革命主力。最后,到了民国初年,先有"五四"运动,继有"三一八"学潮,规模之巨更是空前。最让人警惕的是,王朝也罢,民国也好,只要大型学潮一起,统治者莫不随之垮台!

也有人说,"七七事变"之前,以倡言抗日而起的各地学潮,不也曾风起

第二十九章　三垮齐至,怎么不垮　243

云涌,为什么抗战八年之间,学子们含辛茹苦,而弦歌不辍？答复很简单,学生们要抗日,政府便抗战,既能顺应潮流,把套解开,自然没有问题。

及抗战胜利,人心望治,而国府因循迟疑,和战不决,先在美国调解下与中共和谈,答应在中央建立以国民党为首的联合政府,在地方给中共五个省区治理,而军队在国家化之后,实际上也是国(民党)大共(产党)小。这原是让大家都能喘口气的解决办法,可是双方对此都不满意,于是一路谈谈打打、打打谈谈,渐渐地,国府以为在美国支持下,统一终必有望,而共方在打了几仗下来,也开始发现国军虽仍占优势,但并不像从前那样大得可怕。等到制宪国民大会在一九四六年十一月如期召开,拒绝参加的中共代表撤离南京,双方便索性大打开来,在前文所述的延安之战展开之后,和谈更成为历史名词。

打仗是最花钱的行当,而战区的破坏,更益发导致了经济萧条。根据京沪区铁路工会一九四七年五月十三日发表统计,京沪地区物价上涨最高者为战前的三万五千倍,最低者为一万五千倍,平均增高了两万六千倍！在这种情况下,当富庶之区如上海、南京、芜湖、成都、常熟、无锡、合肥、杭州都发生了抢米风潮,教授薪金和公费生的伙食费,自然是越来越跟不上飞涨的物价了。

学生们本来对战乱便已心存不满情绪,头一年(一九四六)年底,便曾源于美兵强奸学生沈崇一案而激起游行抗议风潮。在下当时与一批同业自张家口采访回归路上,便曾在北平街上凑巧目击了游行实况。一度更因穿戴塞外衣帽,竟被高喊打倒美国帝国主义的学生们误为蒙古王公,成了请愿者的申诉对象。

中共一向接近群众,自然注意到日益不满现状的学生。早在一九四七年二月一日,中共

29-1　物价高涨使工人也走上街头(《世界日报》一九四七年五月十三日,舍我纪念馆提供)

主席毛泽东便在为中共中央起草"迎接中国革命的新高潮"的党内指示中，赞扬了"蒋管区"人民的斗争，号召全国人民要为独立、为和平、为民主而奋斗。同月，中共中央对晋察冀当局发出指示电更是："……积极扩大深入坚持学生爱国运动。"同期，周恩来也在其"关于在蒋管区的工作方针和斗争策略的两个文件"中，具体指示在国府辖区的工作原则，说是"针对目前蒋的镇压政策，我们应扩大宣传，避免硬碰，争取中立分子，利用合法形式，力求从为生存而斗争的基础上，建立反卖国、反内战、反独裁与反特务恐怖的广大阵线"。

在这种情况下，原已吃不饱的大学公费生和缴费困难的私立学校学生，在外力的鼓动下便纷纷开始罢课、游行，第一个发动的当数一向比较平静的浙江大学。早在一九四七年二月十五日，该校学生自治会便发表宣言，要求停止内战，彻底实行政协决议。这一呼吁，煞似森林野火，一发而不可收，于是在"反饥饿"、"反迫害"、"反内战"，以及"要民主"、"要自由"、"要吃饭"的火辣辣口号下，全国各地大学纷纷发动罢课、罢教、游行、示威。即在此时，下列的一些问题也同时发生，形成了助火的风势：一、各大学要求停止毕业总考，各中学请求废除毕业会考。二、各大学师生要求增加教育经费并充实仪器设备。三、上海交通大学呼吁恢复已被停办的航海、轮机两科。四、英士大学为迁校问题晋京请愿。五、各地药专要求提高地位。

凑巧，学潮又赶上了"五四"，各地学生也就展开了"争取民主、保障人权"的运动。这一连串的学潮，迭经南京《新民报》、上海《大公报》、《文汇报》等相继加强报导，越发令人惊心动魄。我们《中央日报》的立场相当困难，一方面，摆在眼前闹哄哄的学潮，不能加以忽视；另一方面，宣传当局又不愿看到我们也参与煽风助火，在几经报社主持人计议之余，才决定采取客观报导但不加油添醋的平实做法。

原则决定了，但做起来却非常困难，特别是主跑教育新

29-2 北平地区学生发起的反饥饿反内战游行

闻的黄汉珢小姐,更是大感麻烦。她原是位远离政治力主平实报导的好记者,这也是此后她拒绝提名应选新闻界国大代表的缘故,事实上由于有所谓的妇女保障名额,谁被提名谁就当选。平时她跑教育部既可随时闯进部长室,跑各大学也普受同学欢迎,可是一等到这次特级学潮一来,"左派"的学生领袖便开始敌视她这位置身党报的教育记者。记得当学潮上升,南京最大的中央大学同学因请增副食费未遂,在一九四七年五月十二日开始罢课之后,平常热忱欢迎她的中大,对她立即成为禁区,只要她一走进中大校园,一群群的同学便开始对她高唱起"你、你、你,你这个坏东西"的新歌歌词之内诸如"只管你内战为自己,学生的营养你是全不理"一类的尖锐歌词,尽管她脾气很好,但被人笑骂追逐,对一位女士而言,总是难以忍受的。

于是为了继续采访、报导,报社决定换人,而我这名平素为人和善而不大激动、更极少在教育场所出现的年轻记者便成为首选。

## 学生罢课要饭吃

往日,在下或为访友,或为欣赏体育表演,也去过中大几次,当时,只觉得它校区辽阔,气氛安和,特别是诸如"六朝松"一带名胜古迹,更能在宁谧中令人发怀古之幽思。可是,此番专访,情况却又迥异于昔。记得初去那天,时近黄昏,大操场里幽幽地颇有凉意,在几处稀稀落落的篝火四周,分别围坐着一群群聚会的同学,他们或歌或舞、或慷慨陈词,唱的多是《五块钱》、《古怪歌》、《跌倒算什么》、《团结就是力量》和前述的"你、你、你,你这个坏东西"一类反战、反政府的歌曲,至于有否唱过《跟着共产党走》和《没有共产党就没有新中国》明白拥共的歌,则人言人殊,至少我去的那两次,便没听到,或者没有听得清楚。事实上,我们《中央日报》记者既被罢课同学视为来自敌对阵营,我们也总是匆匆"巡视一周"便走。其实,像我这样刚出学校不久的年轻人,仅仅在一两年前,还不是因领食公费之故,得成天咽下稗、糠、沙、石……掺和的所谓"八宝饭"。

中大领先罢课后,其余公、私立学校一路跟进。同月十四日,中大继续罢课的同学推派代表分赴教部及行政院请愿,指出政府按月发给的副食费现仅二万四千元,营养固谈不到,三餐尚难期一饱。因此代表们请求将上述副食费增为十万元,如物价再涨,再以十万元为标准,继续调整。教部总务司贺司长接见学生代表时表示,学生副食费已准增至四万四千四百元,同学请增至十万元要求,将转达朱家骅部长,但此案既经前国防最高委员会通过,教部实无力更改。继各代表函政院请愿时,政院秘书长甘乃光的答复也与教部相同,会晤中,甘并曾感慨说:"中国人员过多,耕地面积太少,所以中国穷,物资缺乏,所以物价亦涨,你们吃不饱,是实在的情形,可是全国人民都吃不饱,我也吃不饱,我的女儿也吃不饱。"

中大学生代表们请愿既未获得完满答复,同月十五日乃发动本校及国立音乐院及国立剧专三校同学,一共四千余人,出发做饥饿游行请愿。这天九时以前,我们一群记者便赶到四牌楼中大,只见学生们手执纸张、芦席及铁皮制成旗帜,上书"炮弹?面包?"、"我们要饭吃"、"我们饿上不得课"……一类标语,列队而出。

大队转个弯便到了成觉街教育部,队伍齐入部内,全院一片拥塞,一度因人多路狭,致将门窗及布告牌挤碎。首先,群众要见朱部长,却只见田培林次长代为出面。这位素以粗线条作风名世的田先生,一出场便直截了当说:随着公务员待遇调整,公费生副食费也已增为四万八千元,这是全国性整个问题,教部实无法再请增加。

对此,请愿学生不表满意,并高声喊叫:"朱家骅快出来,不要搭架子。"

29-3 中央大学在五二〇事件后出的画集,名字就叫"拿饭来吃"。右为《拿饭来吃》的歌谱。

此时,一向衣着鲜洁、风度翩翩的朱部长也闻讯适时自外赶回,但一进门即为学生所阻,乃立于阶前,即以学生携来麦克风向学生讲话,大意是说:学生伙食由政府负担的公费制度,原为战时临时措施,战后政府经济陷入极度困难但为救济贫穷青年,仍继续加以维持。而今公务员生活辅助费调整后,学生副食费自五月起已可增为四万八千元,并决将六七月提前发放,这是政府所能勉力做到的事,所请增至十万元之议,为顾及国家整个财政,是绝对办不到的。词毕,即上楼返办公室。

写到此处,在下不禁连带想起两桩旧事。首先,是清贫学生食宿公费制度的由来。战前,大学学生学杂伙食住宿费用,原则一律自理,及抗战开始,陷区青年学生不甘接受敌伪统治,成群奔赴后方,教育部一方面为了奖助这些爱国青年,一方面也怕他们走向共产阵营,乃建议在大学实施战区学生公费制度,并创设一系列国立中学,以供更多年轻学子就学。据云此项创举,以所费不赀,当局最初颇感犹豫,迭经当时担任教长的陈立夫先生委婉进言,说是这样做,也不过是多配备几师军队罢了。当局闻此,乃欣然应允,想不到这一制度,不仅为国家培养了一大批人才,而且也滋生了一群荣获诺贝尔奖和研制核弹及飞弹的专家。

其次,是朱家骅先生个人在历次学运中先后担任的矛盾角色。犹忆一九

29-4 时任教育部长的朱家骅(左)与行政院副院长王云五,成为学生请愿的对象。

二六年三月十八日北京各大学师生齐向段祺瑞主持的执政政府请愿时,也曾被段氏指为系受共党煽动,并当场开枪打死四十余人,伤者更超过两百。其时,刚从德国留学归来的年轻的朱家骅教授就与学生们站在一起。不料二十一年后,朱先生又成了另一代学生请愿的对象!凡此,都是与本文有关的题外参考资料,写好了,我们也该转回当日的持续请愿活动。

话说当日同学们在教部请愿之后,认为要解决问题,必须转向更高层次陈情。大约是中午时分,大队抵达中山北路上的画栋雕梁、美轮美奂的行政院,由新近以社会贤达转任行政院副院长王云五先生接见。王先生艰苦自学出人头地,经营蜚声国内的商务印书馆有年,自忖社会声誉最隆,应对口才亦佳,当日乃昂然挺身而出,站在政院门口台阶之上,自以为以长辈身分出面讲理,必可说服请愿的青年学子。一开始,谈到增加副食费至十万元事,王氏即直率以"预算不够,没有钱"做复,不料以此触怒群众,立时引来阵阵讥笑怒骂,剧专学生甚至当场表演"社会贤达"的话报剧,加以讽刺。在下平生在公共场合与岫老接触颇多,只有这天,方才仅有一次地看到他呆立群众之前,脸上红一阵白一阵,表现得难堪尴尬之至。

不过,久经风霜的岫老也够坚强坦白,这天,他与学生们僵持五个小时,最后,对学生要求,仍以"头可断也无力答复"作答。所幸当日在场宪警,仍能自制,即令学生们在行政院金匾上贴上"民瘦炮肥"四个大字,再在门前朱红漆柱上以粉笔写上"朱门酒肉臭、路有冻死骨"的标语,也不曾有着什么样的反应。

## 第三十章 一马当先，万夫莫敌

### 南京五二○国府路学潮

学潮最富于感染性,一经有人发动,便日益升高而难以收拾。一九四七年五月笔者在南京亲身采访过的三反(反饥饿、反内战、反迫害)与三要(要民主、要自由、要吃饭)的特大学潮,便是如此。最先,同学们只是采用罢课与推举代表请愿一类和平方式,很快,政府既未能化解、复一味拖延,学潮乃在有心人拨弄下加速扩大、升高,继五月十五、十六两日中央及金陵两大学游行示威之后,京沪苏杭地区十六个大专学校学生乃决定在二十日联合举行更大规模的示威游行。

## 跨校大游行挑战当局

游行,为什么要选定在五月二十日?据说是国民参政会其时正在南京国府路的国民大会堂举行,而蒋主席也定在当日出席提出报告。学生们以为连日分向教部及政院请愿既未获具体承诺,只有直接诉诸最高当局才会有结果。其实这是一个误会,因为政府指派向当年这一准国会提出国事报告的,实为新近出任行政院长的张群,而日期也是定于五月二十一日。

在政府看来,学生决定在国府路上扩大游行,不啻是向最高当局的直接挑战,因为位于国府路上的机关,不止是国民大会堂,稍远处便是蒋主席发号施令的国民政府。仅仅在几天之前,学生们既可事实上占领行政院,把代表出面的行政院副院长王云五尽情侮弄,谁知道更为庞大的游行队伍在到达国府路上时,又会做些什么?

为此,政府连忙制定公布了《维持社会秩序临时办法》,动员宪警加强安全措施。但是,包括中大、金大、上海交大、浙江英士大学、国立音乐学院,以及国立剧专等十六校学生筹备的大游行,也有如箭在弦上,不得不发!

明了双方对立加深、加高的危险情势,我们几个《中央日报》奉派参加现场采访的年轻同事,虽也意识到情况严重,但是一个个却有似初生之犊,天

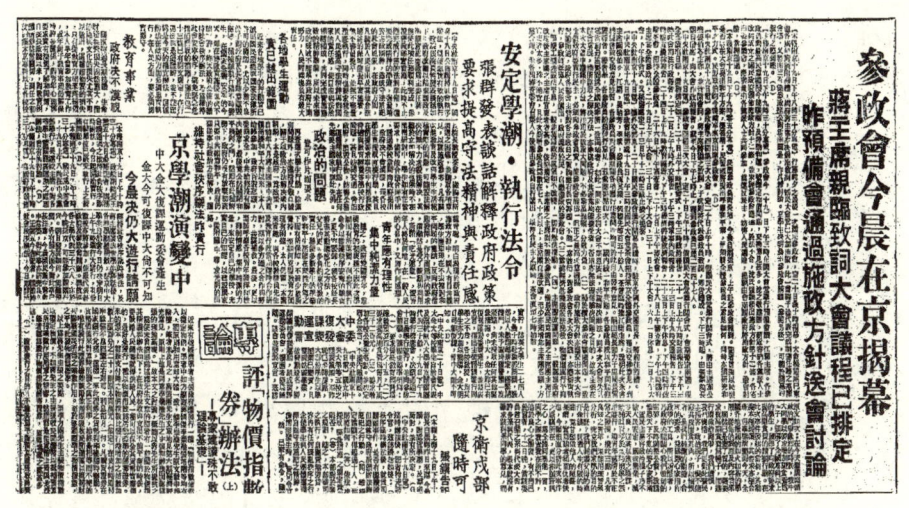

30-1 《世界日报》一九四七年五月二十日报导,可看到参政会与学潮并置在版面上。(舍我纪念馆提供)

不怕、地不怕颇有些唯恐天下不乱的潜在意识,特别是我,在张家口、延安几处战场跑了下来,更觉得街头游行,即令有些冲突也不会有着什么样的危险。说句不当道出的真话,不止我们,就连南京各报纷纷派出采访这场学潮的同业,那天,在彼此见面之际,竟多少有着些看热闹的心情,这大概也就是所谓的"少不更事"吧。

不过,在清晨出发采访之前,同室一位资深的记者不仅劝告我要机警,而且叫我穿上衬衫、系上领带,因为身着时兴的青年装容易被人误为军警,而穿着随便,又会被人视同学生。当时我还认为他是过虑,后来到了现场,才体会到穿着整齐,再带上记者牌子,果然来去方便,免掉许多误会。

## 抗议游行发生肢体冲突

那天,号称万人的游行学生原定先在成贤街中大本校体育场集合之后,再一起出发,可是过了九点,却听说金大、音院与剧专同学出发之前受阻,而中大农、医学院同学亦被警察堵住,未久,英士大学、中大农、医学院与沪苏杭等校代表相继赶来,大伙儿乃决定一道出发为金大同学解围。

大概是为了减少与宪警对立的原因吧,游行队伍乃巧妙地以国父遗像及国父遗言"和平奋斗救中国"做成的巨幅标语横牌前导,以三人一伍的结队走出了右侧校门,取道宝泰街转向鼓楼。这时被阻于好心教授与一队宪兵的金大同学,也突围集队赶来,十时二十分,两队遂在此集合。

于是大队乃沿中山路南下,我们记者一行,也随队一路采访,及行至珠江路口,才开始见到宪警有组织地阻挡——大约三四百名警察,前后三排,手臂相扣,形成了三道横跨过街的人墙,而两辆消防车也分在街旁接上龙头,蓄势待发。这时,学生队伍中忽传出了自来水中溶有石碳酸的谣言,尽管这是不可能的,却也激起了学生愤怒。

就这样,双方相持了约计一刻钟,一边是学生们高叫"中国人不打中国人"、"警察要拿出良心来"一类口号,一边是紧张的警察屏气而立,把手臂扣得更紧。在下从来不曾见过这种阵仗,天真地以为学生只要冲不过这几道紧密人墙,这天的游行或可就此打住。可是,站在一旁的《新民报》记者邵群小姐却不如此想,她一向与学生领袖们接触较多,认为他们应是有备而来,绝对不会半途而废,就此甘休。

果然,在游行前列的主席团略经商议之后,立刻就下达了"冲呀,我们冲过去"的指令,而大队也就应声冲锋。初时,排成人墙的警队还奋力抵抗,可是一经学生有组织地猛冲,并突破一点之后,警队首尾前后不能相顾,遂与学生们扭成一团,发生了肢体接触,再加上街畔两道水龙交相射水,场面越发显得混乱。一度,几位学生跑上前去,以身体抵住水龙喷口,但也只能挡着一时。

30-2 《世界日报》在五二〇游行隔天的报导(舍我纪念馆提供)

这时,中山路、珠江路口,人声、水声交织,而喷雾更阻断了视线。在一片混乱中,我们没有停留,随着冲出的学生队伍,直指向前面的国府路,事后我们听说有四五十位同学受伤,而警方也有人挂彩,在这种敌对冲击的混乱中,没有人丧失宝贵的生命,便该叫人额手称庆了。

第二天,我去中大宿舍探望我县(四川崇庆)同乡,由于都是年轻乡亲,彼此仍存一片天真,大家无话不说。言谈中,一位陈姓同学迟疑一阵后,哭丧着脸,嗫嚅地告诉我们,在珠江路口的一团混乱中,他竟曾不自觉地动手抢夺一名警士的佩枪,所幸他及时警觉住手,而那名警士也未做过分反应,一场危机乃得安然渡过。记得陈兄追述此事之际,仍然浑身颤抖不已。这年夏天,他一毕业便急赶返川,从此便居家不敢外出;至于在下,尽管亲闻此事,为顾及他的安危,不仅当时不曾把此事写入报导,而且从来不敢告诉他人。有人说,做记者理当有闻必录,但是我却认定为了不扩大既有灾难,不有负于友好信任,有些事还是不要公开为好。

特别是,他知道我是人称有闻必录的记者,而且是当朝党报的记者,还信任有加地把此事原原本本告诉我,如果我写上或是说出,让他由此而遭困厄,这辈子我便会在不断悔恨之中度过了。再说这次学潮,尽管有人受伤,也有人被捕,但天幸没有死人,才没有引致更大、更难消解的灾难,既然那位好心的警士为了息事宁人,当场不曾因护枪而伤人,事后也隐忍守密,而我这个在旁采访的记者反而多嘴多舌,把事情闹大,就太不识大体啦!

这位同学是我县元通场陈姓大族子弟,他的叔叔钦仁先生民初考入清华学校,毕业后公费派赴美国留学,曾在密苏里大学研习新闻,是继董显光先生之后在该校攻读新闻学的第二位中国人,钦仁先生归国后,即以英文写作名世,长期主持英文《自由西报》编辑及评论业务,五六〇年代,我曾经多次以陈同学行止叩询钦仁先生,均以未获确讯作答,言下均不禁唏嘘!

## 人马对峙学生撤离

回过头来,且容在下继续叙述当日的请愿实况。说来也是奇怪,在下不算胆大,可这天里当成千上万的人大打群架之际,尽管人潮汹涌、呼声震天,意外的,在下却与这批年轻记者始终在场观察,居然没有丝毫怯意。事后想来,大概只有"任务在身,不容逃避"这八个字可做说明。在此后长期记者生涯中,还曾经历了不少危难,也总是当场只顾完成任务,不计处境,事后回忆,才有着惊惧的余裕!

那天,我们随游行队伍自珠江路口突围而出,继续南下,等到学生们重行整顿好三人一排的队伍,抵达了中山路与国府路的十字路口,转个左弯,面对的便是左侧巍立的国民大会堂,和太平天国天王府和清代两江总督府改造而成的国民政府了。

想象得到的是,参加游行的学生的请愿标的是集党政军大权于一身的蒋主席,即令见不到他本人,也要向他显示一下威力;相对的,一向以具有强势作风闻名于世的蒋主席,在烽火满天、学潮处处的情况下,也不甘向一群毛头小伙子示弱,何况就他所得情报,在学潮背后,还有着一些有心人在煽风助火。

可是,宪警筑成的人墙挡不得,强力劲射的水龙扫不倒,治安当局计议筹划数日之余,还能祭出什么样的法宝呢?枪械,会走火,在紧迫中最易引致流血、扩大事端;战车,拦路诚是利器,但又不免小题大做,予人以割鸡而用牛刀之讥!

令人想不到的,治安当局最后祭出来的法宝竟是一百四十五组人、马结集而成的六列马队。记得那天,当我们随着游行队伍,自中山路转个左弯,便望见约莫两百公尺以外,沿街横向相连,黑压压紧密排列着的,竟不知是什么样的阵式,等到走近端详,方才发现这是六列战马前后封街排列的马阵,而在这每列二十四匹高大雄伟战马之上,则是一个个头戴钢盔、不佩武器执缰挺坐的宪兵战士。读者诸君都知道当年国府宪兵选训极为严格,非高大挺拔者不能中选,不久经训练者不派出勤。这天,他们乘坐的更是一批经过日军改良养殖了好几代的蒙古战马,如果用雄赳赳、气昂昂这两组词儿来形容这批战士战马,当最为恰当。

这六列马阵,分别从左到右,整齐地填满了三十来公尺的街道,而在行列之前,那位一马当先,目不转睛凝视着前方的,则是一位人长得挺帅的指挥马阵的队长。

人,从来便对马心存恐惧,诸如"金戈铁马"、"铁骑横扫",以及"马踏如泥"一类的词儿一直在人类心底发酵。这天,当率领示威队伍,一路冲锋陷阵,势如破竹的游行核心的主席团,一转弯意外碰上了横挡路前的马队时,便不禁有些踌躇。他们先停下来,对骑士们唱歌喊话,要求宪兵在"中国人不打中国人"的大原则下让路,一见对方端坐马上,像石膏像般不为所动,有人便提议利用卡车冲击马队。这时,挺立阵前的骑警队长乃勒马而前,先策动坐骑,似有意让人立雄马,展鬃长嘶示警,一时,前排学生不禁为之一怔,有些人更不经意地后退,接着,这位队长更从容发言警告,他大意说:"人有理性,马却是畜牲,如果各位一定要冲,混乱中,彼此只有同归于尽","大家看得见我们不曾带上武器,自然也不会打人,可是,马却带野性,如果触怒他,他踩死人、踢死人、咬死人,我们也没有什么办法……"

就这样,人群与马队就在这国府路上,整整相持了六个钟头。其间,下过一场大雨、刮过一阵狂风,坐在地上,一身淋湿的学生们还可以喝点水、进些零食,内急时还可以到附近设法解决。可那一百四十五组人马,却整队挺立无法做任何活动。至于我们在旁采访记者,也多在人、马之间活动。幸好南京《益世报》恰巧位于这中立地带,正好给我们以略事休息与饮食的便利。

据说,治安当局在国府路上,除头道马队之外,还布置了防护团、青年军、宪兵和军队四道防线,可是,隔着横街排列有若城寨的马队,我们远远望去,也看不真切,反正,大家都知道防务严密,而街道也不像珠江路口那般宽阔,学生们恐怕是极难冲得过去啦。

渐渐地,人困了,马乏了,时间也接近黄昏,坐在街上、饿久的人都想吃饭,定点久站的马匹更越发地显得暴躁。于是人们开始在想,如果那些畜牲困极不耐发了脾气,又会发生些什么样的问题呢?

终于主席团在几经讨论并宣布不愿做无谓牺牲之余,方才决定前往宪兵司令部及参政会进行交涉,而其所提严惩凶手、撤退宪警、释放被捕同学和负责医治受伤者的要求,也经代表政府的参政会秘书长邵力子接受,并允将请愿书等转达参政会与国民政府。由于邵氏是当日国府最出名的主和派人物,在"左派"阵营中素有信誉,学生们在他的委婉劝告下,也就顺水推舟地答应结束困乏一天的游行。最后,宪警分自街头撤走,学生们也就整队自国府路、碑亭巷口左转,再经成贤街返回中大,而稍远处国府门前戒备森严的警卫也才放心撤走。

南京这次的请愿游行诚如上述,在人困马乏的情况下终止了,但在政府的压制与有心人幕后操纵之下，全国各地学生请愿示威的浪潮却越滚越大，有些地方更因逮捕学生而发生伤害事件，武汉大学更因此而有三位同学死难（称为"六一惨案"），终于，这无法收拾的学潮乃与破产的经济、落败的军事三合一地搞垮了国民政府。

最后，让我回过头来谈谈上述游行中沉着挺立的骑兵队长。在采访当中，官兵只说这位骑士是南京宪兵司令部独一无二的骑兵连长，而不肯透露更多细节。一直到一九七八年国府宪兵司令易人，有关方面才透露，这新任的中将司令刘馨敌，就是当年挺立国府路上避免流血冲突的骑兵队长。他在司令任上六年，到一九九〇年退休，再六年后死于肠癌，终其一生，凭其坚忍性格，前后有效地处理了一连串的麻烦事件，而当年之在国府路上的表现，只不过是初试啼声罢了。

尾 声
# 我的一九四九与《中央日报》

一九四八年底,我和当时京、沪各报记者一道采访陇海线上国共战事新闻,一路上沿线西进,先后在徐州、商丘、开封、郑州访问国军冯治安、黄伯韬、邱清泉、刘汝明及孙元良五个兵团。原以为这些自抗战以来即已蜚声四海的战将及其统领的百万雄师,必然兵强马壮、战志昂扬,谁知沿途所见,几乎多是师老兵弱、无复斗志的队伍。举一个例,当我们在郑州参观阅兵时,所见的便是营养不足的疲兵弱卒,一个接一个地当场连声仆倒!

## 风声鹤唳草木皆兵

等我们回到徐州总部,城南的宿县已为共军袭占,南下南京的津浦路从此被共军切断。我们这群一度意气风发的京沪大报记者,乃不得不困处共军包围下的徐州!

好在我们这批记者大多是三十上下的青年人,一路东闯西荡,颇是豪气,一时竟不识兵凶战危,究为何物!特别是被安排住在当年辫帅张勋大搞复辟闹剧时招待督军们住过的豪宅里,白天逛大街、吃大餐,晚上看杂剧、赌梭哈,过得也还相当惬意哩。久之,单调的生活过久了,也觉无聊,于是大伙儿吵着要回去。可是,南下的津浦路已被共军切断,最豪华的蓝钢皮车也停在站里,走陆路是完全不行的啦!

正当记者群困在总部无法南下时,隶属于徐州"剿总"的济南防守主将王耀武在乘空军专机前往南京请示时,例当先

徐州"剿总"司令刘峙

行告诉他的顶头上司徐州"剿总"司令刘峙。于是，刘总司令便做了个顺水人情，请我们这批记者搭乘王将军的专机回到南京。一路上大家彼此心事重重，面对如此新闻人物，竟不交一语。

脱险后，我向我的顶头上司陆铿副总编辑报告，说是担任徐州城防第三绥靖区的七十七军及五十九军恐怕靠不大住，这两个原属冯玉祥、先编为宋哲元第二十九军、再扩为第三绥靖区的队伍，虽然由西北军老将冯治安担任司令官，但久为对当局不满的两位副司令官张克侠及何基沣所控制。张、何两将不但与国军当局不洽，连他们视为腐化的老上司冯司令官也不看在眼里。此番我们在徐州，总是看到、听见张、何两位与总司令刘峙抬杠，即使是名为司令官的冯治安也长期躲在南京，不敢回防。依照我得自前线传来传闻，和该军与总部经常抗对情况，我认为其间似存在不稳情势。当时，一向敢言的陆先生听后虽表骇然，但告诫我切不可对此再说什么，以免闯祸。

不料，"徐蚌会战"（中共称为淮海战役）刚刚开始，从徐州城防调往贾汪前线的七七、五九两军即在张、何两将率领下投共，致使方自鲁中南下的共军陈毅所部，不费一兵一卒即迅速进军，及时截住了自海州方面西撤的黄伯韬部第七兵团，在碾庄消灭了黄部素称能战的五个军。接下去，徐州弃守，素称国军王牌的邱清泉、李弥及孙元良三大兵团也被一齐打垮，而"徐蚌会战"也好、淮海战役也罢，也就由此结束。

多年后，经张克侠本人证实，他远在国共和谈初期，即在南京一处街角潜上共方和谈代表周恩来座车，与周氏商定日后牵军投共细节。陆铿人称"陆大胆"，一向敢说敢为，但那次听了我的话后却十分谨慎，告诉我军机大事不可随便发言。所幸不久我即在"抢婚"之余，由《中央

淮海战役五位总前委粟裕、邓小平、刘伯承、陈毅、谭震林（由左至右）。

日报》派往台湾任特派员，走入我一生的另一里程。

## 逃难到宝岛台湾

说我是"抢婚"，一点也不夸张。斯时也，东北初失，徐淮续败，而华北共军在东北林彪乘胜入关之后，平、津、太原三失，也在意料之中。

此时，南京在各大战场连连失利，金圆券改革跟着失败，全国学生反饥饿、反政府的运动又复进入高潮之际，委实是风声鹤唳，草木皆兵。看样子，大家又得逃难。一般说来，男女一道逃难，先得有个名分。此际，我与杨惜玉小姐情投意合，愿订终身，既然眼看到非逃不可，理当先行依法结合。于是乃在丈母娘杨陈春梅主持，与其时连襟、我的上司陆铿及姨姐杨惜珍女士的协助下，在南京闪电式地结了婚。

虽说是闪电抢婚，但在一向爱热闹、讲排场的陆铿兄的相助下，却举行得十分隆重，特别是请到了居正、于右任两位元老福证，谢冠生、陶希圣两位名士权充介绍，更是十分难得。

就在此时，我服务的南京《中央日报》也正酝酿巨变。先是在一九四八年十月二十五日，台湾热烈庆祝光复三周年，规模宏大的博览会在台北隆重开幕。在魏道明主席的邀请下，南京《中央日报》社长马星野先生应邀前往参加。未久，社内社外即传出该报即将迁往台北传闻，而总经理黎世芬也就派往台北，先行为开报筹备了。

适于此时，《中央日报》派驻台北的特派员容又铭兄原为桂林首富，一见大局不妙，便向报社请辞，说要赶返老家应变护产。这下子派谁去台北继任，顿成大家猜测对象。其时我犹在婚假之中，对此事不甚了了。

大约是两年多前我曾奉派继王洪钧兄出任平津特派员，临时因故改派另一资深同仁的缘故吧，这次社方乃决定派我前往台北，继容兄负责该地新闻采访。于是，我这名也算资深的记者，乃于婚假未满之际准备远行。

没想到平常一路愉快的京沪特快车旅行，一下子竟变成一场灾难。首先，买了票竟上不了车，只好在里应外合之下，才从窗口被人连推带拉地挤了上去。一路上像沙丁鱼罐头般堆在一起，妇女们在动弹不得的情况下，也就只好裹着毛巾被褥方便了！终于，花了平日三倍的行车时间，总算到了上海站。

行程中，唯一气定神闲的是一名手挂带上刺刀步枪的大兵，只见他安坐在一捆包袱之上，目无余子地不时左顾右盼，吓得旅客们在极度拥挤之下，还得与之保持一点点儿安全距离。

到了上海，立刻赶到北四川路的报社驻沪办事处。一进门，只见黑压压地挤满老老少少的十几口人，原来社内编、经各大部门主管的眷属全都挤在这里。这下我才明白这群老老少少，大家都是在赶往台湾逃难。想不到我请婚假离社的这十来天，报社已经决定迁往隔着一道大海的台湾，而且专门指派原籍上海的总务主任赶来沪上为"疏散"的人购买船票。谁知不论是招商局或者专跑沪台线的中兴轮船公司，平时舒舒畅畅客人买票上船便走，而今当大伙儿都要赶往宝岛逃难，一下便出现了一票难求的现象。

妻是首次来到这十里洋场，我也就不免伴着她到处逛逛。一天，正当我俩迷了路，一时不知置身何处时，猛抬头，不就是黑漆金字的"中兴轮船公司"大招牌。平常，我们这般外勤记者就习惯东瞧瞧、西打听，而今，一见是专走台湾的轮船公司，便顺道进门打个招呼。

谁知我刚向卖票窗口打听船期，那位和蔼的售票员便开口相问："中兴轮明天便开台北，请问要买几张？"一听可以买票，连忙与妻凑钱，原准备多买几张，谁知当日时局日益紧张，购买船票检验身分证明之余，还得缴上半身照片两张。当下我既知船票难买，乃凑好款项买了两张，临时还不得不把身分证上所贴照片撕下送上，以凑足购票所需两张之数。回到办事处，正当我高高兴兴就要道出买票经过时，那位总务主任连忙将我拉到一旁，叫我不要声张，以免久候的眷属们群起责难。

第二天，总算总务和上海办事处两位主任还有一点神通，临时串通中兴轮上的水手头，买下了船上七八处水手伙夫舱位，说好先由我们夫妇持票正规上船，然后由船员将我俩船票带下码头，再由两位同仁眷属持原票登船，这样上上下下，周而复始。包括马星野夫人和李荆荪、黎世芬、周天固、耿修业、王洪钧等同仁眷属乃得一一登船，分别屈住在低级船员铺位。至于那些船员得了一笔外快，也就临时在船上各处凑合凑合去了。

这样，船上各处住上十七八位大小报社眷属，只有我们夫妇俩正式上船坐定客舱。由于只有我一人是成年男士，这责任可就大了，此后我只好在船上摸索，到处探访问候，安抚老少。其间还有着一件趣事，原来在上海登船时还是冬天,大家穿的多是棉、毛甚至皮货,一上船驶向台湾,气温日高,舱位靠近锅炉间的便热得大肆抱怨,说是这样逃难受难,不如待在老家更好!

## 蒋介石暗中安排后路

一九四八年十一月间,终于到了基隆,先到台北的总经理黎世芬来迎,他把眷属们安置在台北衡阳街颇富热带情调的"三叶庄",该处紧靠新公园,小桥流水,花木扶疏,特别是临街多有骑楼,并遍植高大整齐的亚热带行道树,每当凉风起处,更觉遍体生凉,让人不觉在战乱之余,置身福地宝岛!

一到台北,我们就爱上这个地方,它既非闹市,也非僻野,街道洁净,处处绿地,瑠公圳外,犹是稻田小村,古亭以南,还多有幽幽林庄。市区以内,除几处热闹的商业楼区之外,处处是日式榻榻米式净洁房舍,就中,一些桧木建成精舍,更是幽雅宜人。

此刻,继东北、徐淮失守,平津、太原连败之余,国府蒋、李(宗仁)之争益烈,从海外的台湾西望,我们几位新闻界的朋友注意到时局的几件发展。首先,从东北下来,先在上海开刀治疗苦苦缠身的胃溃疡后,宿将陈诚悄悄地渡海赴台休养,静静"隐居"在而今总统府南边延平南路一幢不太起眼的精舍里。其次,早年在四川主持省政八年的川中耆宿、他的老友张群也回到重庆,出掌重庆绥靖公署。隐隐看得出来的是蒋介石在大陆蒋、李之争日益明显,而中共坐大已不可遏之际,已经在李、白(崇禧)逼退之前,暗中布置后路。

未久,隐居台北的蒋氏第一亲信陈诚果然东山再起,于一九四九年元旦奉命出任台湾省政府主席。未久,张群也

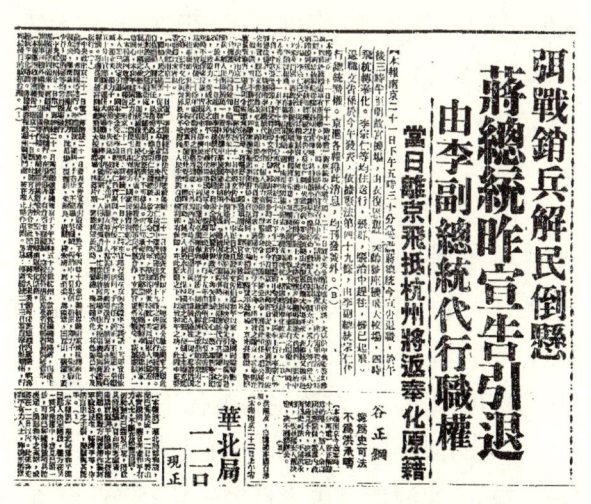

《世界日报》一九四九年一月二十二日蒋介石引退新闻(舍我纪念馆提供)

出任西南长官公署长官重任。显然,蒋先生预知在桂系李、白内逼与中共外压之下,他必将暂时从第一线上退隐一时,但是远在海外的台湾,和曾为抗战基地的西南,都是他心目中重整江山的基地。果然,在两边安排好之后,他便在一九四九年一月二十一日,宣布暂行引退,但仍在幕后紧握大权,让一路嚷嚷不休、节节夺权的李宗仁终于出任了代总统,暂时替他挡在前面。

蒋先生军事教育家出身,一路北伐、抗战、"剿共",固然胜败迭见,但军事上的知识在同辈中也属翘楚。当年对共战争,在东北、华北、华中甚至华南,势难与锐起的共军抗争,但西南当年抗日基地,如刘(文辉)、邓(锡侯)、潘(文华)、王(陵基)、卢(汉)等川康诸军续予支持,再加上自陕南下的胡宗南劲旅,未尝不可重演抗战八年胜事。至于台湾虽小,但远离大陆,凭他二十年来建立的一支凝聚已久的空军,和自前清、北洋继承下来以及战后得自日本赔偿和英美援赠的大小军舰,当足以力拒陆军特强而海、空军依然极度薄弱的中共。当然,他期待的还有美援,谁都知道当年名列世界首强的美国,早已在全球建立起一言九鼎的实力。

## 国共终成两岸对峙

回到六十年前目睹的台湾。记得当年由法界、外交官转任台湾省主席的魏道明先生,原是地道职业文官,但在台湾、大陆相继动荡之后,来守是邦的他也深知军力维安的重要。因此在大陆国共大战、台湾军力空虚之际,也在台湾建立一支警卫旅的部队。记得一九四九年元旦一早,他还兴冲冲前往中部检阅他的新军,谁知一回台北便接获中央发表陈诚继任主席的命令。当我们一小群记者赶到台北宾馆打听时,只见他神色黯然地向大家宣布,他已定期移交。果然,五天之后我们便参加了魏、陈的交接典礼。事后,曾任"驻美大使"的魏先生远赴美国退休,一直到多年后再被召返,出任"外交部长",足见他的"圣眷"一直甚隆。

值得一提的是,在陈主席就任不久,为了重视新闻界,还特别举行一次别开生面的记者会。记得那天在省府大厅里,出席的计有中央社的张任飞、《新生报》的沈源璋、《中华日报》的钱塘江、《公论报》的黄毅辛、《大公报》的吕德润、《新闻报》的王康、《申报》的吴守仁,和代表南京《中央日报》的在下。

一开始，省府人员请我们在安排好的座次上坐定，一俟主席入场，典礼人员先呼起立，与主席相互一鞠躬，接着，主席即手持记者名单，一一点校，上下观察，并在名簿上还写了点什么之后，宣布在此国难当头，大家允宜合作。事后大家的感觉是，这是召见、点阅，与平常的记者会完全有异。未久，《大公报》的吕德润更在悄悄变卖省府配给房屋后，连忙返回大陆去了。

蒋李两人一九四八年就职总统、副总统，李宗仁（右）最后远走美国。

再说此后时局发展，依次是蒋总统引退，但仍在幕后主持大局；李宗仁愿以代总统名义上台，但无法统合指挥，最后出走远赴美国，在告洋状不获理睬之余，只好困居纽约，最后重返大陆退隐。至于蒋先生，则是一败一成。在西南，尽管不断与西南地方势力周旋，但在川康军阀纷纷投共，云南卢汉反复之余，只好听任他的爱将胡宗南在丧尽全师之后，乘西昌起飞的最后一架飞机逃出大陆！但以当年绝对优势的海、空军，配合仅存的效忠陆军以保台、澎、金、马的构想，却完全成功。特别是金门古宁头一役，共军虽在一队机帆船的运送下登陆了金门，但在陆上受到国军全力抗拒，海上全被封锁，在无法觅船运送援军的情况下，登陆部队不死即俘，完全失败，形成了国共台海长期对峙之局。

在国际方面，美国发表对华政策白皮书，一度全然遗弃在台国府，如果不是韩国南侵，刺激了美国改弦更张，指派了第七舰队协防台湾，退守台湾的国府，此后日子也不会好过。

## 复刊与否的争议

再追述一下当年在台际遇。一到台北，尽管没人正式告诉我，但一切迹象显示,向在首都出报的《中央日报》是决定迁台出版了。首先,马社长和黎总经理一口气用中央拨款,在郊区天母购置了整整万坪土地,同时,另在市区为先到的同仁眷属购置住房。我这个编辑部派出的特派员也临时征调,改做临时总务人员,天天跟着黎总经理分向省府及省党部各有关单位请求协助。我们除在市内各地为先到的同仁眷属价购日式住宅安置之外,并先后在中正四路及汉口街觅致了将来用做社址的楼房。

《中央日报》编经两部同仁多为中央政治学校师生,在洽购房舍时多少也利用了同学的关系。那时担任新竹市长的陈贞彬先生早年也曾就读政校,他一口答应我们价购市郊的一组公寓,黎总经理当即派我前往接洽。看到这组建在千坪绿地上的十几幢桧木建造平房,我满意极了,当即报告黎总经理决定一齐购下。记得那天我携带一张数额不算太小支票前往市府订约时,心里突然觉得应该先去看看房屋情况再说。

不料我一到那里,发现小村已为一群妇孺占住,一度我曾以合法租赁人资格进门理论,可是一发现他们全都是气焰犹高的空军单位眷属时,我知道我是输定。在军事紧急时期,谁能与保台卫国的军人军眷抗衡呢。终于,我带了那张支票回到台北,黎先生还一再夸我知道权衡轻重。在失去房子时,没有再付出那张支票!

也就在几次前往新竹时,饱览到宝岛绿野的秀色。其时,台湾居民不多而田野净洁,在一片碧绿中,衬托着精致的农舍,与宏伟挺立的学校一类建筑,大有中西合璧的精致。最值得回忆的,是我一夜跻身皇家园林的特别际遇。记得那天我也是在新竹洽租房舍,一天,公事完了,赶不回台北,市府临时招待我住一夜大内寝宫。那是日本昭和天皇做太子时来台访问时的行宫,它建立在一片翠绿田野之中,在一列石制东洋宫灯的指引下,我取道精致的玄关,跨过一派东洋情调的客室,独个儿,登上了硕大高耸的龙床,静静地睡了一夜。大约是日间太累了吧,我熟睡如常,不曾入梦。

一九四八年底,南京《中央日报》同仁及其眷属陆续从大陆赶来台北,为他们准备食宿已经把黎世芬老哥和我累得精疲力竭,我这个特派员只好放弃采访工作,担任事务人员。因此尽管社长马师星野迭次函电交加,要我们向"蛰居"在台北延平南路的前任参谋总长陈诚将军,及时烧烧冷灶,我们都抽不出一点功夫!

说来，陈先生也是我们报社领导之一，当年报社改组之际，为了平衡国民党内的党团关系，分别邀请党团实际领导人陈立夫、陈诚分任董事长和常务监察人（实即监事长）之职。其时，陈诚先生先后担任参谋总长及东北行营主任，极少来社指导业务，只派了一位闲下来的亲信担任监事会秘书，偶尔来社走走。国民党大会正在南京集会，会上，福建选出的国代林紫贵怒责军方作战不力，连遭挫败，一时曾有"请杀陈诚，以谢天下"之豪语，当日央报采访国大新闻的徐佳士兄照实写稿，编辑部也在头版照实刊登。翌日，当包括《大公报》在内的全国报纸一致以"请杀XX"字样刊载时，央报却单独对自己的监事长毫不留情。（此一新闻处理与央报单独刊载漆敬尧兄所撰孔宋暴结国家外汇一讯，同让央报在中国新闻史上留下极为光耀的纪录。）

为此，黎先生与我虽与陈诚住处近在咫尺，却迟迟未能尊嘱前往拜访。素患胃溃疡的陈诚已经由名医张先林割治成功，迁往台北也似为老蒋总统预置的一步棋子。果然，就在老蒋总统一九四九年一月二十一日宣布暂时引退之前的二十一天，任命"隐居"台北延平南路的陈诚出任台湾省主席。

记得那天，我们一群记者曾应当时台湾省政府主席魏道明之邀前往台北宾馆听取他当日前往中部军事基地检阅部队的报告。会中，南京任命陈氏继任主席的电报适时送上。魏氏脸色非常难看，立即起立告退，不久即径自台北启程前往美国首度退隐。直到二十多年之后，再由政府征调他回国主持外交部务，也许，这是当局给他的一点补偿！

犹忆当日，魏氏夫妇留法老友，时任高雄市长的黄强将军也随即辞职，并乘船前往他当年留学习武所在的法国。其后十年，我自巴黎飞往非洲马达加斯加参加该国独立庆典，竟在会场见到这位高挺如昔的黄老将军。原来他当年留法时的一位学长，在马国独立前曾任法国派驻马岛末任总督，任命他出任马岛某区公卖局长，从此他也就在马岛留住下来。记得当时正值月圆之夜，蒙他邀我前往他的湖边别墅，先检视他的中国古玩收藏，然后在畅饮红酒之余，乘兴一同朗读苏东坡居士的《前赤壁赋》。前前后后，他居然能不遗一字地背了出来，最后还慷慨郁郁地含泪自语："今生今世，怕只好留此荒岛，继续沽酒维生啦！"此后多年，就再也不曾听到黄老将军的讯息。

## 第一大报的陨落

最后,我们来谈谈《中央日报》在台复刊的艰苦过程。

说来,央报在台复刊固然是当日自大陆迁台民众的愿望,实际上也得到老蒋总统的大力支持。犹忆央报有意迁台之初,蒋氏即准自党库拨出巨款支持,当日央报能一次付款在天母购置万坪土地,即为明证。

可是,当时出长台湾省府的陈诚上将,却持不同意见,他一则说央报彼时在台出版,徒乱民心士气,再则指出当日台北,党报已有《中华日报》,而《新生报》也是省府的机关喉舌,再来一家大陆报纸于事无补。当然,我们不能说这是他对不久前独刊"请杀陈诚,以谢天下"的报复,但弥漫各个阶层的党团对立气氛却不无关系。可笑的是当日央报的人事配备也正好是"人为的扭曲",既让控制党的陈立夫担任董事长,也要掌握团的陈诚挂名监事长。而今,监事长就是不准董事长控制的央报在台复刊。

理论上,陈监事长说得也是振振有词,在当日报纸常与政府唱反调的情

《中央日报》迁台出版,董事长陈立夫与社中同仁合影。前排自左至右依次为:黎世芬、戴杜衡、李荆荪、马星野、陶希圣、陈立夫、钱纳水、萧自诚、沈阶升、周天固。后排右起第四人为龚选舞。

况下,陈监事长说的话"不无理由",但事实上南京央报的编、经两路人马连带家眷,足足有着三百多人已经来台,不出报、没收入,岂不要这些人饿死!最后,该是上头暗中出面调解。《中央日报》终于在一九四九年三月十二日在台北勉强出版,只是从此二陈裂痕更深,终于陈立夫氏不得不被放逐美国,养鸡维生!

说老实话,当年《中央日报》在台北贸然出版,设备既差,人员更少,前途可真的有点茫然。所幸社长马师星野领导有方,老主笔王新命、戴杜衡等冲刺有力,一时在这一党的机关报上竟出现了"清除政治垃圾"的鸿文,要把当年在台当道的政治人物一概清除!这种连当年《大公报》也不敢说的话,竟出自中央党报主笔之手,虽然各方一致赞好,但也种下了马社长此后在央报极盛时期黯然下台的命运。

当然,《中央日报》在台湾猛然冒起,在极短的时间成为销路最大的报纸,其锐利的言论固然是一大功臣,但国府迁台前散在各地的忠勇的央报记者群,也提供了绝大的助力。他们多能勇立岗位,把各地最佳、最后的消息,用电报、电话,分别传来台北,让央报经常有着来自各方的重要独家讯息。这里,我要举出一个例证。

一九四九年五月二十七日共军攻进上海,当日午后央报驻上海特派员丘舜文兄在共军列队进城之际,犹打来长途电话报告当地当时情况。犹忆丘兄一度曾要我不要放下话筒,等他出门看看街头情况再说。移时,丘兄返室,告诉我进城共军正在北四川路列队游行之后,方才向我殷殷道别。当时我一面接听,一边流泪,对这位老同事的负责态度,感动至极。当然,这通临危不乱的电话,翌日即成为央报独家最为特别抢手的大新闻!

像这类来自大陆各地记者传来的新闻,每天都有,而且每天都是独家,成为央报最大特色。未久,台北其余各报电讯部门研究之后,发现技术上可以截收央报各地拍来电讯,结果央报花了人力财力拍来的新闻,竟为各报分享。一天各报截得一条新闻指出,国府已派旅美侨领何锦章氏出任驻美大使,各报一致在头版显著刊登,可是翻阅央报,独不见此一重大消息。经查询后,方知是央报预设的圈套,而所谓的何大使也者,正是天天在台北上班的央报工人。此公虽出身工房,但穿着华丽,派头很大,冬天里戴上南京盛锡福帽庄特制的宽边呢帽,穿着上海师傅特别缝制西装和苏格兰呢绒的大衣,再

龚选舞（右）初到台北时，访问运动界耆宿郝更生（1899—1975）。郝氏是中华民国奥林匹克委员会的主要推动人，一九七五年十月被摩托车撞伤去世。其妻高梓女士为教育家，曾任新竹竹师附小校长。

踏上拔佳雪亮的高贵进口皮鞋。说他是中国新近选派的驻美大使，谁能有一丝半毫的怀疑！这下子，往日盗用央报电讯的各报，不由得一齐栽了个好大的筋斗！

写到这里，读者不禁要问：你说央报如何好怎么棒，为什么在报摊上却好久不见了。答案是有关历来央报主持人的抱负。自从马社长被人攻击下了台，继任诸公也都还兢兢业业，全力以赴，后来一位来自官邸秘书出长，为了一心要替他的两代老板在各报之间做一个称职的"文胆"，便一直以联络拉拢各民营报纸老板为职志，既不努力争取新闻，也不强化评论。本来是国民党部第四组的职责，他却要一力揽来，全力以赴。在这种只要记者一有突出表现，便会影响他拉拢对象的作风下，央报上下又有谁愿意为了争取新闻，和同业们争个打破了头？

任何一个行业，竞争求进原是兴业的唯一法门，一旦要息事宁人，为上头去拉拢原该是竞争对象的同业，这样的报纸还能有什么样的前途？果然，一个活泼蹦跳、天天争取独家新闻、晚晚撰写爱国利民社评，销路最好的党营第一大报，最后逃不了关门大吉的命运！说起来，这该是角色的混淆，要替大老板做"文胆"，搞调和，这原该是官方、党部主持宣传部门者的职责，实用不着新闻业者自我牺牲，损己利人地去自我淘汰！

一家大大成功的报纸就是如此这般沦落，甚至消逝，在这里我不禁感慨系之地忆起一件沉痛的往事。一九六六年元月九日凌晨，当我正在台北寓所酣睡时，"国防部"一位友人突然打来电话，告以中共海军登陆艇一艘，由共方海军人员吴文献、吴珍如及吴春富驾驶，投奔马祖。在当日国共高度对抗时期，这当然是个大好消息，于是我立即赶往报社，约同央报军事首席记者刘毅夫兄，立即电洽航空业巨子陈文宽先生，包下一架小型航机，并派定刘兄与当日采访组副主任王嗣佑兄一同前往实地采访。

就在刘、王就要出发前往机场之前，我突然想起，早在马星野先生主持社务之际，我这位副总编辑兼采访主任，单独即可做此决定。但是，当时担任社长的曹圣芬先生与我之间便缺少这种关系，于是我及时拦下刘、王两兄，先给当日社长曹圣芬先生知会一下。谁知曹先生一接电话便立加阻止，抬出蒋经国先生最近曾面许以重任，要他充任蒋的文胆，负责联络各个新闻机构。如果我们单独包机采访新闻，势必开罪各报同业，从而有负当道付托云云。

于是在他的强力指示下，我们只好遍告各报同业，邀请他们派人一同乘机前往采访。不幸的是，这三位前来的共军，在台北国防部派机接来台湾途中为中共派机击落丧生。就这样，我们派出的航机延迟赶到马祖，资深摄影记者郭琴舫兄也只能在三位吴先生在马祖登机之前，远远拍了张照片。

当晚我们的飞机安然返回，记者们也费力赶写了非常翔实的新闻，可是社方的处理方式竟是：第一，新闻尽量删节，琴舫兄冒险摄得的独家照片，另冲几份分别送给各报一同刊登。就这样，接受我们邀请登机前往采访的各报记者大写特写，我们分送的照片各报也大登特登，只有一心要为当道充当"文胆"者所主持的报纸，图文都登得小而又小。

第二天开社务会议，这位"文胆"社长还当众把我大大修理一番，指责我既破坏报社间的协调，也危急采访同仁的安全。不久我也就被社方放逐美国，再过三年更被解职。前后在央报干了长长二十四年有余，临走一文退休金也没摸到！

犹忆我到美国，虽然生活说得上相当困苦，但我仍全力投入工作。首先全力注意当年美国大选情况，撰写了一连串分析及预测，当时其他报纸资深记者一致指出民主党候选人、时任副总统的汉弗莱铁定当选时，我却根据选情，独持共和党尼克森必可东山再起，结果我这个新手预测果然实现。二、注意美国一直无法解决的黑白族裔分离问题，加以研究并予分析报导，甚获读者重视。三、对麻州巨富肯尼迪家族的兴衰，做了较有系统的报导，尤对罗伯特之被刺与泰德之骄玩，特别重视，制作系统报导。四、对六○年代肯尼迪开创，由詹森集其大成的"大社会"政策及其措施，加以分析，这都是当日美国政情的主要发展，读者也多认为我抓住了美国政治的脉动。

即在此时，报社却来通知，指出我任期已满，业已派人前来接替，并主动告以我可继续留在美国，不必返社工作。当天我真是丈二金刚，摸不着头脑。心想央报驻外特派员从未有过任期，前任陈裕清兄一做就是二十整年，为什么轮到我便一下子有了制度。

于是我马上想到后路。先检视家当，全家积蓄不过四百元（存放在抽屉，所幸枉顾偷儿，竟未发现），不过，困苦，也未尝不是一次激励，特别是两子一女，由此努力向上。老大一才，才只读了两年高中、三年大学，便一跃考入医科，而今在肠胃科上已经执业了三十余年；老二又才，习化学工程，毕业做了多年化工厂长；小女珊才，十二岁进了高中，十五岁升入大学，二十二岁便获得了法学博士，顺利进入大律师楼，成为美国第一位派往大陆执业的华裔律师，回美后一直担任曾列世界第一的瑞士药厂专利律师。他们早都结了婚，孙子女辈已有三位博士、一位经济分析师、一位麻省理工学院毕业的桥梁工程师和三位仍在大学的学子。

回想起来，当初如果不是那么穷、那般苦，他们或许不会有着多大成就。

图书在版编目(CIP)数据

龚选舞回忆录 / 龚选舞著. ——北京：世界图书出版公司北京公司, 2012.3
ISBN 978-7-5100-4457-1

Ⅰ.①龚… Ⅱ.①龚… Ⅲ.①龚选舞—回忆录 Ⅳ.①K825.42

中国版本图书馆CIP数据核字(2012)第038006号

## 龚选舞回忆录——一九四九国府垮台前夕

| 著　者：龚选舞 | 筹划出版：银杏树下 | 出版统筹：吴兴元 |
| 责任编辑：马春华 | 营销推广：ONEBOOK | 装帧制造：墨白空间 |

出　　版：世界图书出版公司北京公司
出 版 人：张跃明
发　　行：世界图书出版公司北京公司（北京朝内大街137号　邮编100010）
销　　售：各地新华书店
印　　刷：北京鹏润伟业印刷有限公司（北京大兴长子营镇李家务村委会南200米　邮编102615）
（如存在文字不清、漏印、缺页、倒页、脱页等印装质量问题，请与承印厂联系调换。联系电话：010-80261198）

开　　本：690×960毫米　1/16
印　　张：18　插页4
字　　数：277千
版　　次：2012年9月第1版
印　　次：2012年9月第2次印刷

读者服务：reader@hinabook.com　139-1140-1220
投稿服务：onebook@hinabook.com　133-6631-2326
购书服务：buy@hinabook.com　133-6657-3072
网上订购：www.hinabook.com　（后浪官网）

ISBN 978-7-5100-4457-1/C·209　　　　　　　　　　　　定价：32.00元

后浪出版咨询（北京）有限公司常年法律顾问：北京大成律师事务所　周天晖　copyright@hinabook.com

版权所有　翻印必究